01-02 빈출 어문 규정 끝내기 ○× 퀴즈

★ 퀴즈를 풀고 틀린 단어는 박스에 체크하여 ☑ 복습하

01 맞춤법 ○× 퀴즈

단어의 표기가 맞으면 ○, 틀리면 ✕에 표시하시오.

☐ 1 잠궈야 (○, ✕)　　☐ 26 실력이 딸리니 (○, ✕)

☐ 2 인사말 (○, ✕)　　☐ 27 뻐꾹이 (○, ✕)

☐ 3 개수 (○, ✕)　　☐ 28 부스러기 (○, ✕)

☐ 4 우연찮게 (○, ✕)　　☐ 29 싯퍼렇다 (○, ✕)

☐ 5 돼라는 (○, ✕)　　☐ 30 자리를 빌어 (○, ✕)

☐ 6 적잖은 (○, ✕)　　☐ 31 닐리리 (○, ✕)

☐ 7 삐주기 (○, ✕)　　☐ 32 햇님 (○, ✕)

☐ 8 선짓국 (○, ✕)　　☐ 33 남존녀비 (○, ✕)

☐ 9 하마터면 (○, ✕)　　☐ 34 통채 (○, ✕)

☐ 10 일함으로써 (○, ✕)　　☐ 35 싯누렇다 (○, ✕)

☐ 11 제작년 (○, ✕)　　☐ 36 웃어른 (○, ✕)

☐ 12 오뚜기 (○, ✕)　　☐ 37 사흗날 (○, ✕)

☐ 13 머리말 (○, ✕)　　☐ 38 베갯잇 (○, ✕)

☐ 14 붇기 전에 (○, ✕)　　☐ 39 홑몸 (○, ✕)

☐ 15 머물었다 (○, ✕)　　☐ 40 밋밋하다 (○, ✕)

☐ 16 잇몸 (○, ✕)　　☐ 41 선율 (○, ✕)

☐ 17 나뭇잎 (○, ✕)　　☐ 42 섭섭지 (○, ✕)

☐ 18 생각건대 (○, ✕)　　☐ 43 익숙치 (○, ✕)

☐ 19 하노라고 한 것 (○, ✕)　　☐ 44 흔타 (○, ✕)

☐ 20 어떻게 (○, ✕)　　☐ 45 요약토록 (○, ✕)

☐ 21 걷잡아서 말하다 (○, ✕)　　☐ 46 노래말 (○, ✕)

☐ 22 치사를 가름하다 (○, ✕)　　☐ 47 순대국 (○, ✕)

☐ 23 서툰 (○, ✕)　　☐ 48 하교길 (○, ✕)

☐ 24 동그라미 (○, ✕)　　☐ 49 북엇국 (○, ✕)

☐ 25 시하얗다 (○, ✕)　　☐ 50 새빨갛다 (○, ✕)

01 정답

1 ✕ 잠가야	2017. 지방직 9급	26 ✕ 실력이 달리니	2021. 지방직 7급
2 ○ 인사말	2019. 지방직 9급	27 ✕ 뻐꾸기	2020. 법원직 9급
3 ○ 개수	2019. 법원직 9급	28 ○ 부스러기	2020. 법원직 9급
4 ○ 우연찮게	2020. 국가직 7급	29 ✕ 시퍼렇다	2019. 서울시 9급
5 ✕ 되라는	2020. 서울시 9급	30 ✕ 자리를 빌려	2022. 국회직 8급
6 ○ 적잖은	2019. 서울시 9급	31 ✕ 늴리리	2019. 서울시 9급
7 ✕ 삐죽이	2020. 법원직 9급	32 ✕ 해님	2021. 서울시 9급
8 ○ 선짓국	2017. 국회직 8급	33 ✕ 남존여비	2019. 서울시 9급
9 ○ 하마터면	2019. 국회직 9급	34 ✕ 통째	2022. 서울시 9급
10 ○ 일함으로써	2021. 서울시 9급	35 ✕ 싯누렇다	2019. 서울시 9급
11 ✕ 재작년	2022. 서울시 9급	36 ○ 웃어른	2019. 서울시 9급
12 ✕ 오뚝이	2021. 국가직 9급	37 ○ 사흗날	2019. 서울시 9급
13 ○ 머리말	2022. 서울시 9급	38 ○ 베갯잇	2019. 서울시 9급
14 ○ 붇기 전에	2018. 서울시 7급	39 ○ 홑몸	2019. 서울시 9급
15 ✕ 머물렀다	2020. 지방직 9급	40 ○ 밋밋하다	2019. 서울시 9급
16 ○ 잇몸	2016. 서울시 7급	41 ○ 선율	2019. 서울시 9급
17 ○ 나뭇잎	2017. 국회직 8급	42 ○ 섭섭지	2019. 서울시 9급
18 ○ 생각건대	2019. 서울시 9급	43 ✕ 익숙지	2019. 서울시 9급
19 ○ 하노라고 한 것	2020. 지방직 9급	44 ○ 흔타	2019. 서울시 9급
20 ○ 어떻게	2017. 법원직 9급	45 ✕ 요약도록	2022. 국회직 8급
21 ✕ 겉잡아서 말하다	2020. 지방직 9급	46 ✕ 노랫말	2019. 지방직 9급
22 ✕ 치사를 갈음하다	2020. 지방직 9급	47 ✕ 순댓국	2019. 지방직 9급
23 ○ 서툰	2020. 지방직 9급	48 ✕ 하굣길	2019. 지방직 9급
24 ○ 동그라미	2020. 법원직 9급	49 ✕ 북엇국	2022. 국회직 8급
25 ✕ 시허옇다/새하얗다 2019. 서울시 9급		50 ○ 새빨갛다/시뻘겋다 2019. 서울시 9급	

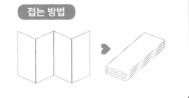
04 표준어 ○× 퀴즈

표준어이면 ○, 비표준어이면 ×에 표시하시오.

□ **51** 억수 (○, ×)

□ **52** 깨단하다 (○, ×)

□ **53** 장에 졸여 (○, ×)

□ **54** 뒤어내고 (○, ×)

□ **55** 뉘연히 (○, ×)

□ **56** 먹거리 (○, ×)

□ **57** 깎두기 (○, ×)

□ **58** 닥달하다 (○, ×)

□ **59** 넓다란 길 (○, ×)

□ **60** 웬간해서는 (○, ×)

□ **61** 부시시하다 (○, ×)

□ **62** 콧망울 (○, ×)

□ **63** 눈초리 (○, ×)

□ **64** 귓밥 (○, ×)

□ **65** 장딴지 (○, ×)

□ **66** 끄나풀 (○, ×)

□ **67** 뜬게질 (○, ×)

□ **68** 치켜세우다 (○, ×)

□ **69** 새벽녘 (○, ×)

□ **70** 세째 (○, ×)

□ **71** 삵괭이 (○, ×)

□ **72** 숫병아리 (○, ×)

□ **73** 구렛나루 (○, ×)

□ **74** 광우리 (○, ×)

□ **75** 언덕바지 (○, ×)

□ **76** 애닲다 (○, ×)

□ **77** 수캉아지 (○, ×)

□ **78** 느지막하다 (○, ×)

□ **79** 새치름하다 (○, ×)

□ **80** 대물림 (○, ×)

□ **81** 손주 (○, ×)

□ **82** 두리뭉실하다 (○, ×)

□ **83** 놀이감 (○, ×)

□ **84** 수나비 (○, ×)

□ **85** 깡충깡충 (○, ×)

□ **86** 계면쩍다 (○, ×)

□ **87** 지리하다 (○, ×)

□ **88** 삐지다 (○, ×)

□ **89** 허드레 (○, ×)

□ **90** 마늘종 (○, ×)

□ **91** 귀뜸 (○, ×)

□ **92** 오순도순 (○, ×)

□ **93** 핼쑥하다 (○, ×)

□ **94** 메우다 (○, ×)

□ **95** 잎새 (○, ×)

□ **96** 위층 (○, ×)

□ **97** 웃어른 (○, ×)

□ **98** 떨어먹다 (○, ×)

□ **99** 허구헌 날 (○, ×)

□ **100** 구시렁거리다 (○, ×)

04 정답

51 ○ 억수   2018. 서울시 7급

52 ○ 깨단하다   2017. 지방직 9급

53 × 장에 조려   2017. 국가직 7급

54 × 뒤져내고   2017. 지방직 9급

55 × 버젓이   2017. 지방직 9급

56 ○ 먹거리   2017. 지방직 7급

57 ○ 깍두기   2017. 지방직 7급

58 × 닦달하다   2022. 서울시 9급

59 ○ 널따란 길   2017. 지방직 7급

60 × 웬만해서는   2017. 지방직 7급

61 × 부스스하다/푸시시하다   2016. 서울시 7급

62 × 콧방울   2016. 국가직 9급

63 ○ 눈초리   2016. 국가직 9급

64 ○ 귓밥   2016. 국가직 9급

65 ○ 장딴지   2016. 국가직 9급

66 ○ 끄나풀   2016. 서울시 9급

67 ○ 뜬게질   2016. 서울시 9급

68 ○ 치켜세우다/추켜세우다   2016. 서울시 9급

69 ○ 새벽녘   2016. 서울시 9급

70 × 셋째   2016. 서울시 9급

71 ○ 살쾡이/삵   2016. 서울시 9급

72 × 수평아리   2022. 서울시 9급

73 × 구레나룻   2022. 서울시 9급

74 × 광주리   2016. 서울시 9급

75 ○ 언덕바지/언덕배기   2021. 국회직 8급

76 × 애달프다   2016. 서울시 9급

77 ○ 수캉아지   2022. 서울시 9급

78 ○ 느지막하다   2022. 서울시 9급

79 ○ 새치름하다   2016. 서울시 7급

80 ○ 대물림   2022. 서울시 9급

81 ○ 손주   2015. 지방직 7급

82 ○ 두리뭉실하다   2019. 서울시 7급

83 ○ 놀잇감   2015. 서울시 9급

84 ○ 수나비   2017. 국가직 7급

85 ○ 깡충깡충   2017. 국가직 7급

86 ○ 계면쩍다/겸연쩍다   2015. 서울시 9급

87 × 지루하다   2015. 서울시 9급

88 ○ 삐지다/삐치다   2015. 서울시 9급

89 ○ 허드레   2015. 서울시 9급

90 ○ 마늘종   2015. 사복직 9급

91 × 귀띔   2022. 서울시 9급

92 ○ 오순도순   2022. 국회직 8급

93 ○ 핼쑥하다   2022. 서울시 9급

94 ○ 메우다/메꾸다   2021. 국회직 8급

95 ○ 잎새   2018. 서울시 9급

96 ○ 위층   2021. 서울시 9급

97 ○ 웃어른   2017. 국가직 7급

98 × 털어먹다   2016. 서울시 9급

99 × 허구한 날   2017. 지방직 9급

100 ○ 구시렁거리다/구시렁대다   2022. 서울시 9급

빈출 어문 규정 끝내기 ○× 퀴즈

★ 퀴즈를 풀고 틀린 단어는 박스에 체크하여 ☑ 복습하세요.

03 표준어 ○× 퀴즈

표준어이면 ○, 비표준어이면 ×에 표시하시오.

- □ **1** 덩쿨 (○, ×)
- □ **2** 사글세 (○, ×)
- □ **3** 윗돈 (○, ×)
- □ **4** 추켜올리다 (○, ×)
- □ **5** 이쁘다 (○, ×)

- □ **6** 마실 (○, ×)
- □ **7** 주책 (○, ×)
- □ **8** 복숭아뼈 (○, ×)
- □ **9** 자장면 (○, ×)
- □ **10** 강낭콩 (○, ×)

- □ **11** 숫양 (○, ×)
- □ **12** 고샅 (○, ×)
- □ **13** 기세피우다 (○, ×)
- □ **14** 벽지다 (○, ×)
- □ **15** 박달나무 (○, ×)

- □ **16** 남사스럽다 (○, ×)
- □ **17** 잎초 (○, ×)
- □ **18** 밥소라 (○, ×)
- □ **19** 움파 (○, ×)
- □ **20** 성냥 (○, ×)

- □ **21** 솟을무늬 (○, ×)
- □ **22** 가루약 (○, ×)
- □ **23** 사래밭 (○, ×)
- □ **24** 흰말 (○, ×)
- □ **25** 간질이다 (○, ×)

- □ **26** 구들장 (○, ×)
- □ **27** 메찰떡 (○, ×)
- □ **28** 정육간 (○, ×)
- □ **29** 관계없다 (○, ×)
- □ **30** 잔허리 (○, ×)

- □ **31** 푼돈 (○, ×)
- □ **32** 후텁지근한 (○, ×)
- □ **33** 헤매이던 시절 (○, ×)
- □ **34** 내노라하는 (○, ×)
- □ **35** 칠흙같이 (○, ×)

- □ **36** 개발새발 (○, ×)
- □ **37** 기다래지다 (○, ×)
- □ **38** 께름직하다 (○, ×)
- □ **39** 등물 (○, ×)
- □ **40** 두껍창 (○, ×)

- □ **41** 쌉싸름하다 (○, ×)
- □ **42** 까탈스럽다 (○, ×)
- □ **43** 결판지다 (○, ×)
- □ **44** 겉울음 (○, ×)
- □ **45** 찰지다 (○, ×)

- □ **46** 꼬리연 (○, ×)
- □ **47** 푸르르다 (○, ×)
- □ **48** 되려 (○, ×)
- □ **49** 맨날 (○, ×)
- □ **50** 깡그리 (○, ×)

03 정답

- **1** × 넝쿨/덩굴 · 2018. 서울시 9급
- **2** ○ 사글세 · 2020. 서울시 9급
- **3** × 윗돈 · 2019. 국회직 8급
- **4** ○ 추켜올리다/추어올리다 · 2019. 국회직 8급
- **5** ○ 이쁘다/예쁘다 · 2018. 서울시 9급

- **6** ○ 마실/마을 · 2018. 서울시 9급
- **7** ○ 주책 · 2018. 서울시 9급
- **8** ○ 복숭아뼈/복사뼈 · 2018. 서울시 9급
- **9** ○ 자장면/짜장면 · 2021. 국회직 8급
- **10** ○ 강낭콩 · 2020. 서울시 9급

- **11** ○ 숫양 · 2022. 서울시 9급
- **12** ○ 고샅 · 2020. 서울시 9급
- **13** ○ 기세피우다/기세부리다 · 2019. 서울시 9급
- **14** × 외지다 · 2020. 국회직 8급
- **15** ○ 박달나무 · 2020. 국회직 8급

- **16** ○ 남사스럽다/남우세스럽다 · 2018. 서울시 9급
- **17** × 잎담배 · 2020. 국회직 8급
- **18** ○ 밥소라 · 2020. 국회직 8급
- **19** ○ 움파 · 2020. 국회직 8급
- **20** ○ 성냥 · 2020. 국회직 8급

- **21** ○ 솟을무늬 · 2020. 국회직 8급
- **22** ○ 가루약 · 2020. 국회직 8급
- **23** ○ 사래밭 · 2020. 국회직 8급
- **24** ○ 흰말 · 2020. 국회직 8급
- **25** ○ 간질이다/간지럽히다 · 2022. 서울시 9급

- **26** ○ 구들장 · 2020. 국회직 8급
- **27** ○ 메찰떡 · 2020. 국회직 8급
- **28** × 고깃간/푸줏간 · 2019. 서울시 9급
- **29** ○ 관계없다/상관없다 · 2019. 서울시 9급
- **30** ○ 잔허리/가는허리 · 2019. 서울시 9급

- **31** ○ 푼돈 · 2020. 국회직 8급
- **32** ○ 후텁지근한 · 2019. 법원직 9급
- **33** × 헤매던 시절 · 2019. 법원직 9급
- **34** × 내로라하는 · 2019. 법원직 9급
- **35** × 칠흑같이 · 2019. 법원직 9급

- **36** ○ 개발새발 · 2018. 서울시 9급
- **37** ○ 기다래지다 · 2019. 국회직 8급
- **38** ○ 께름직하다/께름칙하다 · 2019. 국회직 8급
- **39** ○ 등물 · 2018. 서울시 9급
- **40** × 두껍닫이 · 2020. 국회직 8급

- **41** ○ 쌉싸름하다/쌉싸래하다 · 2018. 서울시 9급
- **42** ○ 까탈스럽다 · 2018. 서울시 9급
- **43** ○ 결판지다 · 2018. 서울시 9급
- **44** ○ 겉울음 · 2018. 서울시 9급
- **45** ○ 찰지다/차지다 · 2018. 서울시 9급

- **46** ○ 꼬리연 · 2018. 서울시 9급
- **47** ○ 푸르르다 · 2018. 서울시 9급
- **48** × 되레 · 2018. 서울시 7급
- **49** ○ 맨날/만날 · 2018. 서울시 7급
- **50** ○ 깡그리 · 2018. 서울시 7급

접는 방법

접는 선을 따라 접어서 이동 중에 틈틈이 학습하세요.

02 맞춤법 ○ × 퀴즈

단어의 표기가 맞으면 ○, 틀리면 ×에 표시하시오.

☐ **51** 콧병 (○ , ×)
☐ **52** 윗층 (○ , ×)
☐ **53** 곤혹스런 (○ , ×)
☐ **54** 여쭤워 (○ , ×)
☐ **55** 설워서 (○ , ×)

☐ **56** 도우고 살다 (○ , ×)
☐ **57** 합격할께요 (○ , ×)
☐ **58** 변변찮다 (○ , ×)
☐ **59** 쓰여 (○ , ×)
☐ **60** 띄어 (○ , ×)

☐ **61** 답을 잘 맞추기 (○ , ×)
☐ **62** 고깃덩어리 (○ , ×)
☐ **63** 먹었을는지 (○ , ×)
☐ **64** 육손이 (○ , ×)
☐ **65** 곰배팔이 (○ , ×)

☐ **66** 잎파리 (○ , ×)
☐ **67** 얼룩배기 (○ , ×)
☐ **68** 판때기 (○ , ×)
☐ **69** 상판대기 (○ , ×)
☐ **70** 거적때기 (○ , ×)

☐ **71** 나이빼기 (○ , ×)
☐ **72** 자릿세 (○ , ×)
☐ **73** 얻다가 (○ , ×)
☐ **74** 설겆이 (○ , ×)
☐ **75** 얼키고설켜서 (○ , ×)

☐ **76** 구름양 (○ , ×)
☐ **77** 병이 낳았다 (○ , ×)
☐ **78** 옷가지를 이여서 (○ , ×)
☐ **79** 곳간 (○ , ×)
☐ **80** 홧병 (○ , ×)

☐ **81** 쌀을 앉혔다 (○ , ×)
☐ **82** 발체 (○ , ×)
☐ **83** 푸주간 (○ , ×)
☐ **84** 등교길 (○ , ×)
☐ **85** 와훼 (○ , ×)

☐ **86** 꼭지점 (○ , ×)
☐ **87** 희생을 치뤄야 (○ , ×)
☐ **88** 연둣빛 (○ , ×)
☐ **89** 젓갈을 담궈 (○ , ×)
☐ **90** 괴념 (○ , ×)

☐ **91** 욜로 가면 (○ , ×)
☐ **92** 아랫집 (○ , ×)
☐ **93** 쇳조각 (○ , ×)
☐ **94** 귀갓길 (○ , ×)
☐ **95** 공기밥 (○ , ×)

☐ **96** 곰곰이 (○ , ×)
☐ **97** 지혜를 늘리고 (○ , ×)
☐ **98** 실락원 (○ , ×)
☐ **99** 화젯거리 (○ , ×)
☐ **100** 전셋방 (○ , ×)

02 정답

51 ○ 콧병 · 2019. 법원직 9급
52 × 위층 · 2021. 서울시 9급
53 × 곤혹스러운 · 2018. 서울시 7급
54 ○ 여쭤워 · 2018. 서울시 7급
55 ○ 설워서 · 2018. 서울시 7급

56 × 돕고 살다 · 2018. 서울시 9급
57 × 합격할게요 · 2018. 서울시 9급
58 × 변변찮다 · 2018. 서울시 7급
59 ○ 쓰여/쓰이어 · 2018. 서울시 7급
60 ○ 띄어/뜨이어 · 2018. 서울시 7급

61 × 답을 잘 맞히기 · 2021. 서울시 9급
62 ○ 고깃덩어리 · 2018. 서울시 9급
63 ○ 먹었을는지 · 2018. 서울시 9급
64 ○ 육손이 · 2018. 지방직 9급
65 ○ 곰배팔이 · 2018. 지방직 9급

66 × 이파리 · 2018. 지방직 9급
67 × 얼룩빼기 · 2018. 국회직 8급
68 ○ 판때기 · 2018. 국회직 8급
69 ○ 상판대기 · 2018. 국회직 8급
70 ○ 거적때기 · 2018. 국회직 8급

71 × 나이배기 · 2018. 국회직 8급
72 ○ 자릿세 · 2022. 국가직 9급
73 ○ 얻다가 · 2017. 서울시 7급
74 × 설거지 · 2017. 서울시 7급
75 × 얽히고설켜서 · 2017. 서울시 7급

76 ○ 구름양 · 2021. 국가직 9급
77 × 병이 나았다 · 2017. 국가직 9급
78 × 옷가지를 이어서 · 2017. 국가직 9급
79 ○ 곳간 · 2021. 국가직 9급
80 × 화병 · 2021. 국가직 9급

81 × 쌀을 안쳤다 · 2021. 지방직 7급
82 × 발췌 · 2017. 지방직 9급
83 × 푸줏간 · 2017. 국가직 7급
84 × 등굣길 · 2017. 국가직 7급
85 × 와해 · 2017. 지방직 9급

86 × 꼭짓점 · 2021. 국가직 9급
87 × 희생을 치러야 · 2017. 국가직 7급
88 ○ 연둣빛 · 2017. 국회직 8급
89 × 젓갈을 담가 · 2017. 국가직 7급
90 × 괘념 · 2017. 지방직 9급

91 ○ 욜로 가면 · 2021. 서울시 9급
92 ○ 아랫집 · 2022. 국가직 9급
93 ○ 쇳조각 · 2022. 국가직 9급
94 ○ 귀갓길 · 2017. 국회직 8급
95 × 공깃밥 · 2017. 국회직 8급

96 ○ 곰곰이 · 2021. 서울시 9급
97 ○ 지혜를 늘리고 · 2021. 서울시 9급
98 × 실낙원 · 2017. 국회직 8급
99 ○ 화젯거리 · 2017. 국회직 8급
100 × 전세방 · 2022. 국가직 9급

빈출 어문 규정 끝내기 ○× 퀴즈

★ 퀴즈를 풀고 틀린 단어는 박스에 체크하여 ☑ 복습하세요.

05 표준어 발음 ○× 퀴즈

단어의 발음이 맞으면 ○, 틀리면 ×에 표시하시오.

☐ **1** 송별연[송:벼련] (○, ×)
☐ **2** 한여름[한녀름] (○, ×)
☐ **3** 불법적[불뻡쩍] (○, ×)
☐ **4** 차례[차례] (○, ×)
☐ **5** 신문[심문] (○, ×)

☐ **6** 공권력[공꿘녁] (○, ×)
☐ **7** 동원령[동:원녕] (○, ×)
☐ **8** 넓둥글다[넙뚱글다] (○, ×)
☐ **9** 밟다[밥:따] (○, ×)
☐ **10** 휘발유[휘발류] (○, ×)

☐ **11** 헛웃음[허두슴] (○, ×)
☐ **12** 등용문[등용문] (○, ×)
☐ **13** 눈요기[눈뇨기] (○, ×)
☐ **14** 풀꽃아[풀꼬다] (○, ×)
☐ **15** 옷 한 벌[오탄벌] (○, ×)

☐ **16** 읽지[일찌] (○, ×)
☐ **17** 밟고[밥:꼬] (○, ×)
☐ **18** 일사병[일사뼝] (○, ×)
☐ **19** 납량[남냥] (○, ×)
☐ **20** 읊고[읍꼬] (○, ×)

☐ **21** 물난리[물랄리] (○, ×)
☐ **22** 밟는다[밤:는다] (○, ×)
☐ **23** 계기[계:기] (○, ×)
☐ **24** 넓죽한[널쭈칸] (○, ×)
☐ **25** 늙습니다[늑씀니다] (○, ×)

☐ **26** 열병[열뼝] (○, ×)
☐ **27** 논의[노늬] (○, ×)
☐ **28** 띄어쓰기[띠여쓰기] (○, ×)
☐ **29** 'ㅌ'이[티그시] (○, ×)
☐ **30** 연계[연게] (○, ×)

☐ **31** 대관령[대:괄령] (○, ×)
☐ **32** 입원료[이붠뇨] (○, ×)
☐ **33** 우리의[우리에] (○, ×)
☐ **34** 구근류[구근뉴] (○, ×)
☐ **35** 난로[날:로] (○, ×)

☐ **36** 상견례[상견녜] (○, ×)
☐ **37** 의견란[의:견난] (○, ×)
☐ **38** 백리[뱅니] (○, ×)
☐ **39** 임진란[임:진난] (○, ×)
☐ **40** 광한루[광:할루] (○, ×)

☐ **41** 협력[혐녁] (○, ×)
☐ **42** 웬일[웬:닐] (○, ×)
☐ **43** 밭을[바슬] (○, ×)
☐ **44** 협의[허비] (○, ×)
☐ **45** 넓지[널찌] (○, ×)

☐ **46** 깃발[기빨] (○, ×)
☐ **47** 도매금[도매금] (○, ×)
☐ **48** 젊지[점:찌] (○, ×)
☐ **49** 면류[멸류] (○, ×)
☐ **50** 반신반의[반:신바:니] (○, ×)

05 정답

번호	정답	출처
1	○ 송별연[송:벼련]	2020. 서울시 9급
2	○ 한여름[한녀름]	2019. 서울시 9급
3	○ 불법적[불법쩍/불뻡쩍]	2020. 국회직 8급
4	× 차례[차례]	2018. 국가직 7급
5	× 신문[신문]	2019. 서울시 9급
6	○ 공권력[공꿘녁]	2018. 서울시 7급
7	○ 동원령[동:원녕]	2018. 서울시 7급
8	○ 넓둥글다[넙뚱글다]	2020. 서울시 9급
9	○ 밟다[밥:따]	2017. 법원직 9급
10	○ 휘발유[휘발류]	2021. 지방직 7급
11	○ 헛웃음[허두슴]	2016. 사복직 9급
12	○ 등용문[등용문]	2021. 지방직 7급
13	○ 눈요기[눈뇨기]	2020. 서울시 9급
14	× 풀꽃아[풀꼬차]	2020. 서울시 9급
15	○ 옷 한 벌[오탄벌]	2020. 서울시 9급
16	× 읽지[익찌]	2017. 법원직 9급
17	○ 밟고[밥:꼬]	2019. 국회직 8급
18	× 일사병[일싸뼝]	2020. 국회직 8급
19	○ 납량[남냥]	2020. 국회직 8급
20	○ 읊고[읍꼬]	2020. 국회직 8급
21	○ 물난리[물랄리]	2019. 서울시 9급
22	○ 밟는다[밤:는다]	2019. 서울시 9급
23	○ 계기[계:기/게:기]	2019. 국회직 8급
24	× 넓죽한[넙쭈칸]	2019. 국회직 8급
25	○ 늙습니다[늑씀니다]	2020. 서울시 9급
26	× 열병[열병]	2019. 국회직 8급
27	○ 논의[노늬/노니]	2018. 국가직 7급
28	○ 띄어쓰기[띠어쓰기/띠여쓰기]	2020. 국회직 8급
29	× 'ㅌ'이[티으시]	2017. 국회직 8급
30	○ 연계[연계/연게]	2018. 국가직 7급
31	○ 대관령[대:괄령]	2018. 서울시 7급
32	○ 입원료[이붠뇨]	2018. 서울시 7급
33	○ 우리의[우리의/우리에]	2018. 국회직 8급
34	○ 구근류[구근뉴]	2018. 서울시 7급
35	○ 난로[날:로]	2018. 서울시 7급
36	○ 상견례[상견녜]	2018. 서울시 7급
37	○ 의견란[의:견난]	2018. 서울시 7급
38	○ 백리[뱅니]	2018. 서울시 7급
39	○ 임진란[임:진난]	2018. 서울시 7급
40	○ 광한루[광:할루]	2018. 서울시 7급
41	○ 협력[혐녁]	2018. 서울시 7급
42	○ 웬일[웬:닐]	2017. 국회직 8급
43	× 밭을[바틀]	2018. 서울시 9급
44	○ 협의[혀븨/혀비]	2018. 국회직 8급
45	○ 넓지[널찌]	2017. 국회직 8급
46	○ 깃발[기빨/긷빨]	2018. 국회직 8급
47	× 도매금[도매끔]	2017. 국회직 8급
48	○ 젊지[점:찌]	2021. 서울시 9급
49	○ 면류[멸류]	2017. 국회직 8급
50	○ 반신반의[반:신바:늬/반:신바:니]	2018. 국회직 8급

06 표준어 발음 ○ × 퀴즈

단어의 발음이 맞으면 ○, 틀리면 ✕에 표시하시오.

- □ 51 깨끗이[깨끄치] (○, ×)
- □ 52 내복약[내:봉냑] (○, ×)
- □ 53 직행열차[지캥열차] (○, ×)
- □ 54 솜이불[솜:니불] (○, ×)
- □ 55 막일[망닐] (○, ×)

- □ 56 묻히지[무치지] (○, ×)
- □ 57 꽃 위[꼬뒤] (○, ×)
- □ 58 고가 도로[고가도:로] (○, ×)
- □ 59 낱낱이[난:나치] (○, ×)
- □ 60 끝을[끄츨] (○, ×)

- □ 61 있는[인는] (○, ×)
- □ 62 나뭇잎[나묻닢] (○, ×)
- □ 63 디근이[디그시] (○, ×)
- □ 64 뚫는[뚤른] (○, ×)
- □ 65 밝히다[발키다] (○, ×)

- □ 66 핥다[할따] (○, ×)
- □ 67 홑이불[혼니불] (○, ×)
- □ 68 흙만[흑만] (○, ×)
- □ 69 금융[금늉] (○, ×)
- □ 70 꽃망울[꼰망울] (○, ×)

- □ 71 덮개[덥깨] (○, ×)
- □ 72 뱃속[배쏙] (○, ×)
- □ 73 문고리[문꼬리] (○, ×)
- □ 74 식용유[시공뉴] (○, ×)
- □ 75 이죽이죽[이중니죽] (○, ×)

- □ 76 샛길[샏:낄] (○, ×)
- □ 77 효과[효:꽈] (○, ×)
- □ 78 숙맥[쑥맥] (○, ×)
- □ 79 알약[알략] (○, ×)
- □ 80 선릉[선능] (○, ×)

- □ 81 낙동강[낙똥강] (○, ×)
- □ 82 집현전[지편전] (○, ×)
- □ 83 여덟도[여덜도] (○, ×)
- □ 84 밭만[반만] (○, ×)
- □ 85 닫혔다[다쳐따] (○, ×)

- □ 86 꽃잎[꼰닙] (○, ×)
- □ 87 되고[뒈고] (○, ×)
- □ 88 속임수[소김수] (○, ×)
- □ 89 놓아[노아] (○, ×)
- □ 90 끓이고[끄리고] (○, ×)

- □ 91 색연필[생년필] (○, ×)
- □ 92 앉은[안은] (○, ×)
- □ 93 과반수[과:반쑤] (○, ×)
- □ 94 닳아서[다라서] (○, ×)
- □ 95 얽거나[얼꺼나] (○, ×)

- □ 96 결석[결썩] (○, ×)
- □ 97 논조[논쪼] (○, ×)
- □ 98 맏며느리[맏며느리] (○, ×)
- □ 99 신라[실라] (○, ×)
- □ 100 계절병[계:절뼝] (○, ×)

06 정답

- 51 × 깨끗이[깨끄시] · 2017. 법원직 9급
- 52 ○ 내복약[내:봉냑] · 2016. 국가직 7급
- 53 × 직행열차[지캥녈차] · 2016. 서울시 7급
- 54 ○ 솜이불[솜:니불] · 2016. 국가직 7급
- 55 ○ 막일[망닐] · 2016. 국가직 7급
- 56 ○ 묻히지[무치지] · 2016. 서울시 7급
- 57 ○ 꽃 위[꼬뒤] · 2016. 서울시 7급
- 58 ○ 고가 도로[고가도:로] · 2016. 서울시 7급
- 59 × 낱낱이[난:나치] · 2016. 서울시 7급
- 60 × 끝을[끄틀] · 2016. 서울시 7급
- 61 ○ 있는[인는] · 2016. 서울시 7급
- 62 × 나뭇잎[나문닙] · 2022. 서울시 9급
- 63 ○ 디근이[디그시] · 2016. 서울시 9급
- 64 × 뚫는[뚤른] · 2016. 서울시 9급
- 65 ○ 밝히다[발키다] · 2016. 서울시 9급
- 66 ○ 핥다[할따] · 2021. 서울시 9급
- 67 ○ 홑이불[혼니불] · 2016. 서울시 9급
- 68 × 흙만[흥만] · 2016. 서울시 9급
- 69 ○ 금융[금늉/그뮹] · 2022. 서울시 9급
- 70 ○ 꽃망울[꼰망울] · 2015. 사복직 9급
- 71 ○ 덮개[덥깨] · 2015. 사복직 9급
- 72 ○ 뱃속[배쏙/밷쏙] · 2015. 사복직 9급
- 73 ○ 문고리[문꼬리] · 2015. 사복직 9급
- 74 ○ 식용유[시공뉴] · 2014. 지방직 9급
- 75 ○ 이죽이죽[이중니죽/이주기죽] · 2022. 서울시 9급

- 76 ○ 샛길[새:낄/샏:낄] · 2022. 서울시 9급
- 77 ○ 효과[효:과/효:꽈] · 2016. 국회직 8급
- 78 × 숙맥[숭맥] · 2016. 국회직 8급
- 79 ○ 알약[알략] · 2016. 국회직 8급
- 80 × 선릉[설릉] · 2017. 서울시 9급
- 81 ○ 낙동강[낙똥강] · 2017. 서울시 9급
- 82 ○ 집현전[지편전] · 2017. 서울시 9급
- 83 ○ 여덟도[여덜도] · 2021. 서울시 9급
- 84 × 밭만[반만] · 2018. 서울시 9급
- 85 × 닫혔다[다천따] · 2022. 법원직 9급
- 86 ○ 꽃잎[꼰닙] · 2022. 법원직 9급
- 87 ○ 되고[되고/뒈고] · 2017. 국회직 8급
- 88 × 속임수[소김쑤] · 2016. 국회직 8급
- 89 ○ 놓아[노아] · 2017. 사복직 9급
- 90 ○ 끓이고[끄리고] · 2017. 사복직 9급
- 91 ○ 색연필[생년필] · 2014. 지방직 9급
- 92 × 앉은[아는] · 2017. 사복직 9급
- 93 × 과반수[과:반수] · 2021. 국회직 8급
- 94 ○ 닳아서[다라서] · 2017. 사복직 9급
- 95 ○ 얽거나[얼꺼나] · 2019. 서울시 7급
- 96 ○ 결석[결썩] · 2017. 국가직 7급
- 97 × 논조[논조] · 2021. 국회직 8급
- 98 × 맏며느리[만며느리] · 2022. 법원직 9급
- 99 ○ 신라[실라] · 2022. 법원직 9급
- 100 ○ 계절병[계:절뼝/게:절뼝] · 2021. 국회직 8급

여러분의 합격을 응원하는
해커스공무원의 특별 혜택

FREE 공무원 국어 **동영상강의**	📱 해커스 매일국어 **어플 이용권**
해커스공무원(gosi.Hackers.com) 접속 후 로그인 ▶ 상단의 [무료강좌] 클릭 ▶ 좌측의 [교재 무료특강] 클릭	**3LRTSKZABRHN09MK** 구글 플레이스토어/애플 앱스토어에서 [해커스 매일국어] 검색 ▶ 어플 다운로드 ▶ 어플 이용 시 노출되는 쿠폰 입력란 클릭 ▶ 쿠폰번호 입력 후 이용

* 등록 후 30일간 사용 가능
* 해당 자료는 [해커스공무원 국어 기본서] 교재 내용으로 제공되는 자료로,
공무원 시험 대비에 도움이 되는 유용한 자료입니다.

📄 **회독용 답안지** [PDF]	必 **기출 한자 성어 200** [PDF]
해커스공무원(gosi.Hackers.com) 접속 후 로그인 ▶ 상단의 [교재 · 서점 → 무료 학습 자료] 클릭 ▶ 본 교재의 [자료받기] 클릭	

🎫 해커스공무원 온라인 단과강의 **20% 할인쿠폰**	🎫 해커스 회독증강 콘텐츠 **5만원 할인쿠폰**
39B27986C9D64VCY	**ADEAADEB2AC46C8Y** <div align="right">* 월간 학습지 회독증강 행정학/행정법총론 개별상품은 할인쿠폰 할인대상에서 제외</div>
해커스공무원(gosi.Hackers.com) 접속 후 로그인 ▶ 상단의 [나의 강의실] 클릭 ▶ 좌측의 [쿠폰등록] 클릭 ▶ 위 쿠폰번호 입력 후 이용	

* 등록 후 7일간 사용 가능(ID 당 1회에 한해 등록 가능)

 모바일 자동 채점 + 성적 분석 서비스

교재 내 수록되어 있는 문제의 채점 및 성적 분석 서비스를 제공합니다.

* 세부적인 내용은 해커스공무원(gosi.Hackers.com)에서 확인 가능합니다.

바로 이용하기 ▶

쿠폰 이용 관련 문의 1588-4055

단기 합격을 위한
해커스 커리큘럼

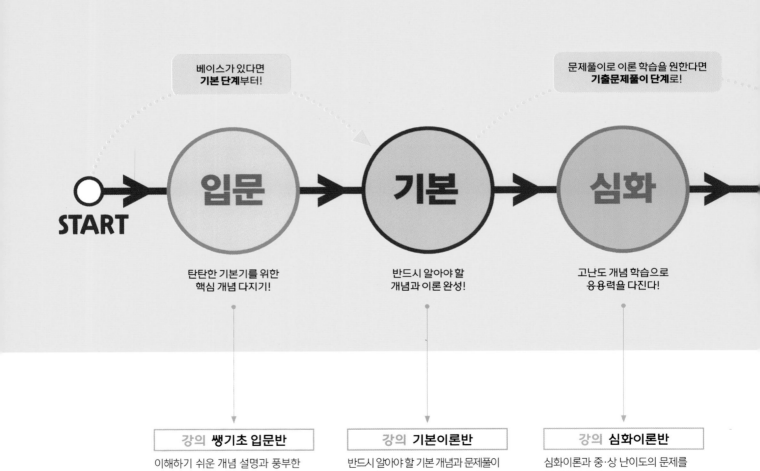

베이스가 있다면
기본 단계부터!

문제풀이로 이론 학습을 원한다면
기출문제풀이 단계로!

START ➤ **입문** ➤ **기본** ➤ **심화** ➤

탄탄한 기본기를 위한
핵심 개념 다지기!

반드시 알아야 할
개념과 이론 완성!

고난도 개념 학습으로
응용력을 다진다!

강의 **쌩기초 입문반**	강의 **기본이론반**	강의 **심화이론반**
이해하기 쉬운 개념 설명과 풍부한 연습문제 풀이로 부담 없이 기초를 다질 수 있는 강의	반드시 알아야 할 기본 개념과 문제풀이 전략을 학습하여 핵심 개념 정리를 완성하는 강의	심화이론과 중·상 난이도의 문제를 함께 학습하여 고득점을 위한 발판을 마련하는 강의

단계별 교재 확인 및
수강신청은 여기서!
gosi.Hackers.com

* 커리큘럼은 과목별·선생님별로 상이할 수 있으며, 자세한 내용은 해커스공무원 사이트에서 확인하세요.

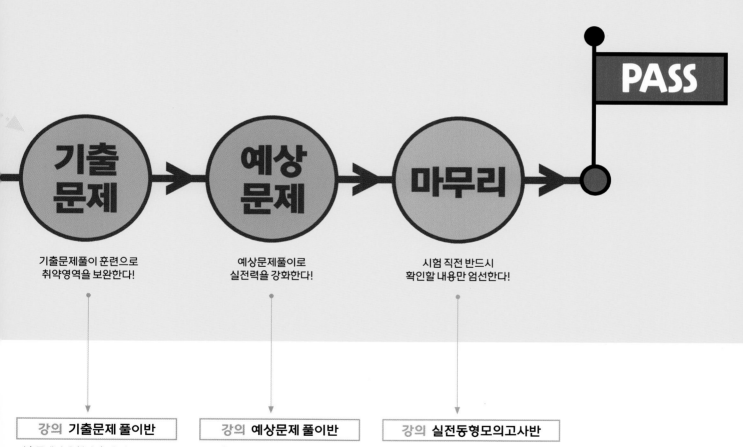

PASS

기출 문제

예상 문제

마무리

기출문제풀이 훈련으로
취약영역을 보완한다!

예상문제풀이로
실전력을 강화한다!

시험 직전 반드시
확인할 내용만 엄선한다!

강의 기출문제 풀이반

기출문제의 유형과 출제 의도를 이해
하고, 본인의 취약영역을 파악 및 보완
하는 강의

강의 예상문제 풀이반

최신 출제경향을 반영한 예상 문제들을
풀어보며 실전력을 강화하는 강의

강의 실전동형모의고사반

최신 출제경향을 완벽하게 반영한 모의고사를
풀어보며 실전 감각을 극대화하는 강의

강의 봉투모의고사반

시험 직전에 실제 시험과 동일한 형태의
모의고사를 풀어보며 실전력을 완성하는 강의

공무원 교육 **1위** 해커스공무원
모바일 자동 채점 + 성적 분석 서비스

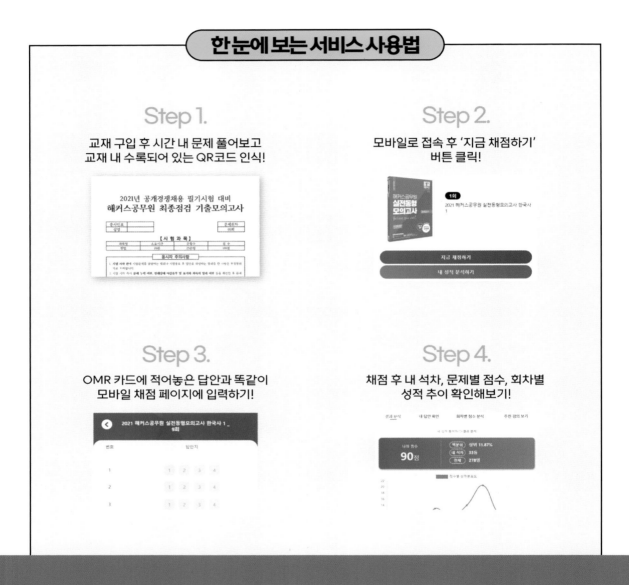

한눈에 보는 서비스 사용법

Step 1.
교재 구입 후 시간 내 문제 풀어보고
교재 내 수록되어 있는 QR코드 인식!

Step 2.
모바일로 접속 후 '지금 채점하기'
버튼 클릭!

Step 3.
OMR 카드에 적어놓은 답안과 똑같이
모바일 채점 페이지에 입력하기!

Step 4.
채점 후 내 석차, 문제별 점수, 회차별
성적 추이 확인해보기!

✓ 모바일로 채점하고 **실시간 나의 위치 확인하기**

✓ 문제별 정답률을 통해 **틀린 문제의 난이도 체크**

✓ 회차별 점수 그래프로 **한 눈에 내 점수 확인하기**

해커스공무원 gosi.Hackers.com

바로 이용하기 ▶

해커스공무원

최신 1개년
기출문제집
국어

"기출문제" 그냥
풀어 보기만 하면 될까?

—

합격자들이 모두 강조하니까 풀어 봐야 할 것 같긴 한데
문제를 풀고 채점한 후 무엇을 더 해야 할지 모르겠어요.
틀린 문제를 다시 풀어 보면 또 틀리기까지 해요···

기출문제, 그냥 풀어 보기만 하면 되나요?

해커스는 자신 있게 대답합니다.
기출문제는 단순히 풀고 채점하는 것으로 끝나서는 안 됩니다. 기출문제 풀이를 통해 실제 시험의 유형과 출제 포인트를
파악하고, 취약한 부분을 파악 및 보완하여 실전에 대비할 수 있는 진짜 실력을 키워야 합니다.

「해커스공무원 최신 1개년 기출문제집 국어」는
한 문제를 풀어도 완벽히 이해할 수 있도록 꼼꼼한 해설을 제공합니다.
기출문제는 출제자의 의도를 분석하고, 정답을 정확하게 찾는 방법을 설명하는 해설로 학습해야 실력이 향상됩니다.
「해커스공무원 최신 1개년 기출문제집 국어」는 '출제 포인트 + 정답 해설 + 오답 분석 + 지문 풀이 + 이것도 알면 합격' 구
성의 풍부한 해설을 제공하여 한 문제를 풀어도 진짜 실력이 되도록 하였습니다.

실전 대비 맞춤 학습을 위한 최신 출제 경향 분석 자료를 제공합니다.
출제 경향을 파악하고 나아가 시험에 어떻게 대비할지에 대한 해답을 제시해 줄 수 있는 것이 바로 기출문제집입니다. 「해
커스공무원 최신 1개년 기출문제집 국어」는 출제 경향을 급수별/시행처별로 세밀하게 분석한 자료를 제공하여, 보다 확
실하게 실전 대비 맞춤 학습이 가능하도록 하였습니다.

합격이 보이는 기출문제 풀이,
해커스가 여러분과 함께 합니다.

차례

최신 1개년 기출문제

실력 향상 고난도 기출

정답 및 해설

어문 규정 관련 빈출 어휘를 OX 퀴즈로 반복하여 완벽하게 암기!
빈출 어문 규정 끝내기 OX 퀴즈

필수 중의 필수, 최근 6개년 기출 한자 성어를 한번에 잡는
시험에 또 나올 **기출 한자 성어 200** (PDF)
해커스공무원(gosi.Hackers.com) ▶ 사이트 상단의 '교재·서점' ▶ 무료 학습 자료

다회독에 최적화된 **회독용 답안지**
해커스공무원(gosi.Hackers.com) ▶ 사이트 상단의 '교재·서점' ▶ 무료 학습 자료

공무원 국어 강의로 실전 대비
점수를 올려주는 **국어 무료 강의 (gosi.Hackers.com)**
해커스공무원(gosi.Hackers.com) ▶ 무료강좌

기출문제집도 해커스가 만들면 다릅니다!

01 한 문제를 풀어도 진짜 실력이 되는 **꼼꼼한 해설**을 제공합니다!

> '정답 및 취약점 확인'을 통해 취약점과 관련된 개념을 보완하고 정답률을 통해 문제의 난도와 자신의 실력을 객관적으로 파악할 수 있습니다.
> '출제 포인트 + 정답 해설 + 오답 분석 + 지문 풀이 + 이것도 알면 합격'까지, 꼼꼼한 해설을 통해 문제를 완벽히 이해하여 실력을 향상시킬 수 있습니다.

▌정답 및 취약점 확인　　　　　　　　　　　**▌꼼꼼한 해설**

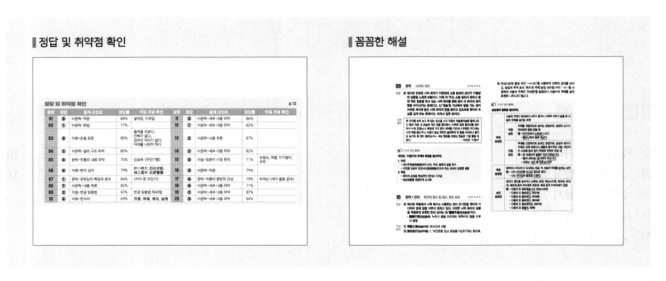

02 최신 출제 경향을 완벽 분석하여 **전략적 학습**이 가능합니다!

> 매년 달라지는 출제 경향을 직급/직렬별로 완벽하게 분석한 '최신 출제 경향 분석자료'를 통해 최신 출제 경향을 파악할 수 있습니다.
> 직급/직렬별 출제 경향에 따라 영역별로 제시된 맞춤 학습방법을 통해 취약한 부분을 효율적으로 보완하고 전략적으로 시험에 대비할 수 있습니다.

▌최신 출제 경향 분석자료 제공　　　　　　　**▌출제 경향에 따른 학습방법 제공**

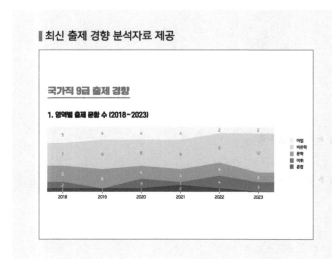

03 다양한 직렬의 기출문제를 수록하여 **실전 경험을 풍부하게** 쌓을 수 있습니다!

> 국가직, 지방직, 서울시, 법원직 등 다양한 직렬의 기출문제를 수록하여 각 직렬별 출제 경향을 파악할 수 있습니다.
> 부록으로 제공하는 국회직 8급, 추론형 PSAT 기출문제를 통해 고난도 시험을 대비할 수 있습니다.
> 기출문제 풀이 직후 해당 회차의 정답을 모바일 페이지에서 입력하여 자동 채점 및 성적 분석 서비스를 이용할 수 있도록 각 회차마다 QR코드를 삽입하였습니다.

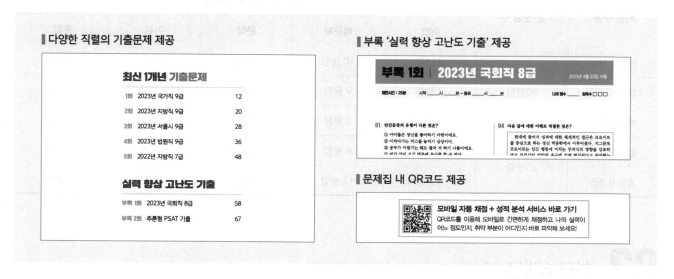

04 필수 암기 영역을 확실하게 끝내주는 **빈출 어문 규정 끝내기 OX 퀴즈를** 제공합니다!

> OX 퀴즈를 풀어 본 후 잘 외워지지 않는 어휘는 체크 박스에 표시하고 이를 반복하여 학습할 수 있습니다.
> OX 퀴즈의 정답을 통해 한글 맞춤법, 표준어 사정 원칙, 표준 발음법, 외래어 표기법에 따른 적절한 표기를 한 번에 정리할 수 있습니다.

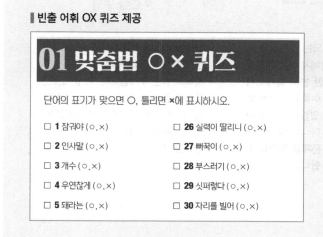

공무원 국어 이렇게 출제된다!

01 공무원 국어 시험 **출제 영역**

공무원 국어 시험은 보통 20문항으로 구성되며, 크게 5개 영역(어법, 비문학, 문학, 어휘, 혼합)에서 출제됩니다. 국가직·지방직·서울시·법원직·국회직 시험은 평균적으로 어법이 31%, 비문학이 40%, 문학이 27%, 어휘가 9%, 혼합이 4%의 비율로 출제되고 있습니다.

시험 구분	총 문항 수	영역별 평균 출제 문항 수				
		어법	비문학	문학	어휘	혼합
국가직 9급	20문항	3 문항	10 문항	4 문항	2 문항	1 문항
지방직 7/9급		3 문항	9 문항	4 문항	3 문항	1 문항
서울시 9급		10 문항	3 문항	5 문항	2 문항	1 문항
법원직 9급	25문항	6 문항	6 문항	12 문항	0 문항	1 문항
국회직 8급		9 문항	11 문항	3 문항	2 문항	1 문항

02 최근 6개년 **공무원 국어 출제 경향**

> 국가직 7급은 2021년부터 PSAT으로 대체되었습니다.
> 서울시 시험은 2020년부터 지방직과 동일하게 인사혁신처에서 출제되며, 추가 시험만 서울시에서 자체 출제합니다.

영역별 출제 비중의 변화

영역별 출제 문항 수는 직렬에 따라 매년 변화하고 있습니다. 특히 국가직 9급과 지방직 7·9급, 국회직 8급 시험에서는 **비문학 문제의 비중이 크고** 법원직 9급은 **문학 문제의 비중이 커지고** 있습니다. 따라서 각 **직렬별 시험의 변화를 파악하고 전략적으로 실전을 대비해야** 합니다.

낯선 작품의 출제

공무원 시험에 출제되는 작품들은 대부분 중등 교육 과정에서 배우는 작품이지만, 최근 들어 **한 번도 출제되지 않았거나 교과서에 수록되지 않은 낯선 작품이** 출제되고 있습니다. 따라서 대표 문학 작품뿐만 아니라 **생소한 작품이 출제되더라도 문제를 해결할 수 있는 능력을 키워야** 합니다.

추론형 & PSAT형 문제의 출제

비판적이고 통합적인 사고를 요구하는 추론형 문제와 PSAT형 문제가 출제되고 있는 추세입니다. 이 문제들은 제시된 정보에 근거하여 논리적 판단을 내리는 것을 요구하므로 지문을 빠르고 정확하게 파악하는 독해 연습이 필요합니다.

03 공무원 국어 **영역별 출제 경향 및 수험 대책**

어법	**출제 경향** 어법 영역에서는 이론 문법(음운론·형태론·통사론)과 어문 규정(한글 맞춤법·표준어 규정·외래어 및 로마자 표기법)의 문제가 약 80%의 비중을 차지하고, 기존 출제 포인트가 반복 출제되는 모습을 보였습니다. **수험 대책** ① 해커스공무원 국어 기본서로 어법의 개념을 학습한 후, 기출문제를 풀면서 개념을 적용하는 연습을 합니다. ② 틀렸거나 개념을 정확하게 알지 못해 헷갈렸던 문제는 다시 풀어 보고, 반복 학습합니다. 이때 해커스공무원 국어 기본서에서 관련 내용을 찾아 함께 정리하는 것이 좋습니다.
비문학	**출제 경향** 비문학 영역에서는 지문의 내용을 직접적으로 묻거나, 지문의 내용을 바탕으로 추론해야 하는 문제가 출제되고 있습니다. 최근에는 작문·화법 문제의 출제 비중이 늘어나는 추세입니다. **수험 대책** ① 해커스공무원 국어 기본서의 문제 유형별 풀이법을 익힌 후, 다양한 기출문제를 풀면서 독해력을 높입니다. ② 작문·화법 이론은 따로 정리하여 틈틈이 암기하는 방식으로 독해 학습과 병행합니다.
문학	**출제 경향** 문학 영역에서는 중등 교육 과정의 필수 작품이나 생소한 작품을 제시한 후에 작품의 내용을 이해했는지 묻는 문제와, 문학 이론을 직접 묻는 문제가 출제되고 있습니다. **수험 대책** ① 빈출되거나 출제가 예상되는 작품을 해커스공무원 국어 기본서로 학습합니다. ② 기출문제를 풀면서 출제 포인트를 파악하고, 해설집의 작품 설명을 보며 작품 해석 방법을 익힙니다. ③ 헷갈리기 쉬운 문학 이론, 문학사 개념, 필수 작품에 대한 이론 등은 따로 정리하여 집중적으로 반복 학습합니다.
어휘	**출제 경향** 어휘 영역에서는 한자어와 한자 성어 문제가 공무원 국어 시험에서 빠짐없이 등장합니다. 특히 한자 성어는 기출 어휘가 반복 출제되는 경향을 보이고 있습니다. **수험 대책** ① 먼저 기출 어휘를 학습한 후, 출제 예상 어휘를 추가로 암기하는 방식으로 어휘 학습량을 늘려 갑니다. ② 기출문제를 풀면서 학습한 어휘를 점검하고, 잘 외워지지 않는 어휘는 따로 정리하여 수시로 암기합니다. 특히 한자어나 한자 성어는 한자를 같이 암기하면 자세한 뜻을 알게 되어 기억에 더 오래 남습니다.

국가직 9급 출제 경향

1. 영역별 출제 문항 수 (2018~2023)

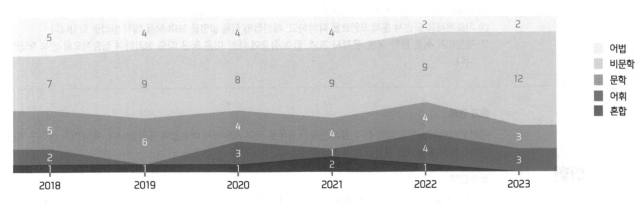

국가직 9급 시험은 비문학 영역이 가장 많이 출제되고 있으며, 특히 2023년에 비문학 영역의 출제 문항 수가 크게 증가했습니다. 그 뒤를 이어 문학과 어휘 영역의 문항 수가 균형 있게 출제되고 있습니다. 또한 어법 영역의 출제 비중은 지속적으로 감소하고 있습니다.

1회
국가직 9급

2. 영역별 최근 출제 경향 및 학습방법

어법

빈출 포인트 중심의 문제 출제
올바른 문장 표현, 한글 맞춤법 등 자주 나오는 출제 포인트 문제가 가장 많이 출제되었습니다.
▶ 빈출되는 출제 포인트와 관련된 개념을 정확히 학습하고 문제 풀이를 통해 개념을 적용하는 연습을 해야 합니다.
[빈출 포인트] 올바른 문장 표현 / 한글 맞춤법

비문학

독해력을 요구하는 문제와 비문학 지식을 묻는 문제 출제
세부 내용 파악, 내용 추론과 같이 독해력을 요구하는 문제가 출제되었으며, 화법에 대한 지식, 말하기 전략을 묻는 문제가 출제되었습니다.
▶ 독해력 향상을 위해 독해 연습을 꾸준히 해야 하며, 비문학 이론도 정리해야 합니다.
[빈출 포인트] 세부 내용 파악 / 화법 / 내용 추론

문학

작품을 정확하게 파악하고 해석하는 능력을 요구하는 문제 출제
선택지의 내용이 작품과 일치하는지 판단하는 문제와 작품을 종합적으로 감상해야 하는 문제가 자주 출제되었습니다.
▶ 문학 작품을 정확하게 파악하고 해석하는 연습을 충분히 하여 생소한 작품이 출제되어도 정확하게 감상할 수 있도록 해야 합니다.
[빈출 포인트] 작품의 종합적 감상 / 작품의 내용 파악 / 시어의 의미

어휘

한자 학습 여부를 파악할 수 있는 문제 출제
어휘 영역은 한자 성어나 한자어를 묻는 문제가 꾸준히 출제되었습니다.
▶ 기출 한자어, 한자 성어 위주로 학습하고 자주 출제되는 한자의 표기와 의미는 반복적으로 암기해야 합니다.
[빈출 포인트] 한자어 / 한자 성어

혼합

어휘와 결합한 혼합 문제 출제
비문학 지문이나 문학 작품을 어휘 영역의 한자 성어를 결합한 혼합 문제가 출제되었습니다.
▶ 비문학 지문의 독해와 문학 작품 감상을 연습하고, 한자 성어를 꾸준히 암기해야 합니다.

01 '해양 오염'을 주제로 연설을 한다고 할 때, 다음에 제시된 조건을 모두 충족한 것은?

> ○ 해양 오염을 줄일 수 있는 생활 속 실천 방법을 포함할 것.
> ○ 설의적 표현과 비유적 표현을 활용할 것.

① 바다는 쓰레기 없는 푸른 날을 꿈꾸고 있습니다. 미세 플라스틱은 바다를 서서히 죽이는 보이지 않는 독입니다. 우리의 관심만이 다시 바다를 살릴 수 있을 것입니다.

② 우리가 버린 쓰레기는 바다로 흘러갔다가 해양 생물의 몸에 축적이 되어 해산물을 섭취하면 결국 다시 우리에게 돌아오게 됩니다. 분리수거를 철저히 하고 일회용품을 줄이는 것이 바다도 살리고 우리 자신도 살리는 길입니다.

③ 여름만 되면 피서객들이 마구 버린 쓰레기로 바다가 몸살을 앓는다고 합니다. 자기 집이라면 이렇게 함부로 쓰레기를 버렸을까요? 피서객들의 양심이 모래밭 위를 뒹굴고 있습니다. 자기 쓰레기는 자기가 집으로 되가져가도록 합시다.

④ 산업 폐기물이 바다로 흘러가 고래가 죽어 가는 장면을 다큐멘터리에서 본 적이 있습니다. 이대로 가다간 인간도 고통받게 되지 않을까요? 정부에서 산업 폐기물 관리 지침을 만들고 감독을 강화하지 않는다면 바다는 쓰레기 무덤이 되고 말 것입니다.

02 다음 대화에 나타난 말하기 방식을 설명한 것으로 적절하지 않은 것은?

> 백 팀장: 이번 워크숍 장면을 사내 게시판에 올리는 게 좋겠어요. 워크숍 내용을 공유하면 좋을 것 같아서요.
> 고 대리: 전 반대합니다. 사내 게시판에 영상을 공개하는 것은 부담스러워요. 타 부서와 비교될 것 같기도 하고요.
> 임 대리: 저도 팀장님 말씀대로 정보를 공유한다는 취지는 좋다고 생각해요. 다만 다른 팀원들의 동의도 구해야 할 것 같고, 여러 면에서 우려되긴 하네요. 팀원들 의견을 먼저 들어 보고, 잘된 것만 시범적으로 한두 개 올리는 것이 어떨까요?

① 백 팀장은 팀원들에 대한 유대감을 드러내는 표현을 사용하며 자신의 바람을 전달하고 있다.

② 고 대리는 백 팀장의 제안에 반대하는 이유를 명시적으로 밝히며 백 팀장의 요청을 거절하고 있다.

③ 임 대리는 발언 초반에 백 팀장 발언의 취지에 공감하여 백 팀장의 체면을 세워 주고 있다.

④ 임 대리는 대화 참여자의 의견을 묻는 의문문을 사용하여 자신의 의견을 간접적으로 드러내고 있다.

03 관용 표현 ⊙~②의 의미를 풀이한 것으로 적절하지 않은 것은?

> ○ 그의 회사는 작년에 노사 갈등으로 ⊙홍역을 치렀다.
> ○ 우리 교장 선생님은 교육계에서 ⓒ잔뼈가 굵은 분이십니다.
> ○ 유원지로 이어지는 국도에는 차가 밀려 ⓒ입추의 여지가 없었다.
> ○ 그분은 세계 유수의 연구자들과 ②어깨를 나란히 하는 물리학자이다.

① ⊙: 심한 어려움을 겪었다

② ⓒ: 오랫동안 일을 하여 그 일에 익숙한

③ ⓒ: 돌아서 갈 수 있는 방법이 없었다

④ ②: 비슷한 지위나 힘을 가지는

04 다음 글에서 (가)~(다)의 순서를 자연스럽게 배열한 것은?

> 빅데이터가 부각된다는 것은 기업들이 빅데이터의 가치를 받아들이기 시작했다는 뜻이다. 여기에는 기업들이 데이터를 바라보는 시각이 변한 측면도 있다.
> (가) 기업들은 고객이 판촉 활동에 어떻게 반응하고 평소에 어떻게 행동하며 사물에 대해 어떤 태도를 보이는지 알기 위해 많은 돈을 투자해 마케팅 조사를 해 왔다.
> (나) 그런 상황에서 기업들은 SNS나 스마트폰 등 새로운 데이터 소스로부터 그러한 궁금증과 답답함을 해결할 수 있다는 것을 알게 되었다. 페이스북에 올리는 광고에 친구가 '좋아요'를 한 것에서 기업들은 궁금증과 답답함을 해결할 수 있다.
> (다) 그런데 기업들의 그런 노력이 효과가 있는 경우도 있었으나 아쉬운 점도 많았다. 쉬운 예로, 기업들은 많은 광고비를 쓰지만 그 돈이 구체적으로 어느 부분에서 효과를 내는지는 알지 못했다.
> 결국 데이터가 있는 곳에서 기업들은 점점 더 고객의 취향에 집중할 수 있게 되었으며, 이에 따라 기업들은 소셜 미디어의 빅데이터를 중요한 경영 수단으로 수용하기 시작한 것이다.

① (가) - (나) - (다)
② (가) - (다) - (나)
③ (나) - (가) - (다)
④ (다) - (나) - (가)

05 ㉠을 이해한 내용으로 적절하지 않은 것은?

> "㉠무진(霧津)엔 명산물이…… 뭐 별로 없지요?" 그들은 대화를 계속하고 있었다. "별게 없지요. 그러면서도 그렇게 많은 사람들이 살고 있다는 건 좀 이상스럽거든요." "바다가 가까이 있으니 항구로 발전할 수도 있었을 텐데요." "가 보시면 아시겠지만 그럴 조건이 되어 있는 것도 아닙니다. 수심(水深)이 얕은 데다가 그런 얕은 바다를 몇백 리나 밖으로 나가야만 비로소 수평선이 보이는 진짜 바다다운 바다가 나오는 곳이니까요." "그럼 역시 농촌이군요?" "그렇지만 이렇다 할 평야가 있는 것도 아닙니다." "그럼 그 오륙만이 되는 인구가 어떻게들 살아가나요?" "그러니까 그럭저럭이란 말이 있는 게 아닙니까!" 그들은 점잖게 소리 내어 웃었다. "원, 아무리 그렇지만 한 고장에 명산물 하나쯤은 있어야지." 웃음 끝에 한 사람이 말하고 있었다.
> 무진에 명산물이 없는 게 아니다. 나는 그것이 무엇인지 알고 있다. 그것은 안개다. 아침에 잠자리에서 일어나서 밖으로 나오면, 밤사이에 진주해 온 적군들처럼 안개가 무진을 뼁 둘러싸고 있는 것이었다. 무진을 둘러싸고 있는 산들도 안개에 의하여 보이지 않는 먼 곳으로 유배당해 버리고 없었다.
> – 김승옥, '무진기행'

① 수심이 얕아서 항구로 개발하기 어려운 공간이다.
② 산으로 둘러싸여 있고 평야가 발달하지 않은 공간이다.
③ 지역의 경제적 여건에 비해 인구가 적지 않은 공간이다.
④ 누구나 인정할 만한 지역의 명산물로 안개가 유명한 공간이다.

06 다음 글의 빈칸에 들어갈 사자성어로 적절한 것은?

> 세상에는 어려운 일들이 많지만 외국 여행 다녀온 사람의 입을 막는 것도 그중 하나이다. 특히 그것이 그 사람의 첫 외국 여행이었다면, 입 막기는 포기하고 미주알고주알 늘어놓는 여행 경험을 들어 주는 편이 정신 건강에 좋다. 그 사람이 별것 아닌 사실을 [   ]하거나 특수한 경험을 지나치게 일반화한들, 그런 수다로 큰 피해를 입는 것도 아니지 않은가?

① 刻舟求劍
② 捲土重來
③ 臥薪嘗膽
④ 針小棒大

07 다음 글을 감상한 내용으로 가장 적절한 것은?

> 어이 못 오던가 무슴 일로 못 오던가
> 너 오는 길 위에 무쇠로 성(城)을 쌋고 성안에 담 쌋고 담 안에란 집을 짓고 집 안에란 뒤주 노코 뒤주 안에 궤를 노코 궤 안에 너를 결박(結縛)ㅎ여 너코 쌍(雙)비목 외걸쇠에 용(龍)거북 즈믈쇠로 수기수기 줌갓더냐 네 어이 그리 아니 오던가
> 흔 돌이 서른 날이어니 날 보라 올 하루 업스랴
> – 작자 미상, '어이 못 오던가'

① 동일 구절을 반복하여 '너'에 대한 섭섭한 감정을 표출하고 있다.
② 날짜 수를 대조하여 헤어진 기간이 길다는 것을 강조하고 있다.
③ 동일한 어휘를 연쇄적으로 나열하여 감정의 기복을 표현하고 있다.
④ 단계적으로 공간을 축소하여 '너'를 만날 수 있다는 희망을 표현하고 있다.

08 (가)와 (나)에 들어갈 말로 가장 적절한 것은?

특정한 작업을 수행하기 위해 신체 근육의 특정 움직임을 조작하는 능력을 운동 능력이라고 한다. 언어에 관한 운동 능력은 '발음 능력'과 '필기 능력' 두 가지인데 모두 표현을 위한 능력이다.

말로 표현하기 위해서는 발음 능력이 필요한데, 이는 음성 기관을 움직여 원하는 음성을 만들어 내는 능력이다. 이 능력은 영·유아기에 수많은 시행착오와 꾸준한 훈련을 통해 습득된다. 이렇게 발음 능력을 습득하면 음성 기관의 움직임은 자동화되어 음성 기관의 어느 부분을 언제 어떻게 움직일지를 화자가 거의 의식하지 않는다. 우리가 모어에 없는 외국어 음성을 발음하기 어려운 이유는 ⟨ (가) ⟩ 있기 때문이다.

글로 표현하기 위해서는 필기 능력이 필요하다. 필기에서는 글자의 모양을 서로 구별되게 쓰는 것은 기본이고 그 수준을 넘어서서 쉽게 알아볼 수 있는 모양으로 잘 쓰는 것도 필요하다. 글씨를 쓰기 위해 손을 놀리는 것은 발음을 하기 위해 음성 기관을 움직이는 것에 비해 상당히 의식적이라 할 수 있다. 그렇지만 개인의 의지와 관계없이 필체가 꽤 일정하다는 사실은 손을 놀리는 데에 ⟨ (나) ⟩ 의미한다.

① (가): 음성 기관의 움직임이 모어의 음성에 맞게 자동화되어
　 (나): 무의식적이고 자동적인 면이 있음을
② (가): 낯선 음성은 무의식적으로 발음하도록 훈련되어
　 (나): 유아기에 수행한 훈련이 효과적이지 않음을
③ (가): 음성 기관의 움직임이 모어의 음성에 맞게 자동화되어
　 (나): 유아기에 수행한 훈련이 효과적이지 않음을
④ (가): 낯선 음성은 무의식적으로 발음하도록 훈련되어
　 (나): 무의식적이고 자동적인 면이 있음을

09 ㉠~㉣ 중 한글 맞춤법에 맞게 쓰인 것만을 모두 고르면?

○ 혜인 씨에게 ㉠무정타 말하지 마세요.
○ 재아에게는 ㉡섭섭치 않게 사례해 주자.
○ 규정에 따라 딱 세 명만 ㉢선발토록 했다.
○ ㉣생각컨대 그의 보고서는 공정하지 못했다.

① ㉠, ㉡
② ㉠, ㉢
③ ㉡, ㉣
④ ㉢, ㉣

10 ㉠~㉣의 한자로 적절하지 않은 것은?

예정보다 지연되긴 했으나 열 시쯤에는 마애불에 ㉠도착할 수가 있었다. 맑은 날씨에 빛나는 햇살이 환히 비춰 ㉡불상들은 불그레 물들어 있었다. 만일 신비로운 ㉢경지라는 말을 할 수 있다면 바로 이런 경우가 아닐지 모르겠다. 꼭 보고 싶다는 숙원이 이루어진 기쁨에 가슴이 벅차 왔다. 아마 잊을 수 없는 ㉣추억의 한 토막으로 남을 것 같다.

① ㉠: 到着
② ㉡: 佛像
③ ㉢: 境地
④ ㉣: 記憶

11 다음 글을 이해한 내용으로 적절하지 않은 것은?

사람의 '지각과 생각'은 항상 어떤 맥락, 관점 혹은 어떤 평가 기준이나 가정하에서 일어난다. 이러한 맥락, 관점, 평가 기준, 가정을 프레임이라고 한다. 지각과 생각은 인간의 모든 정신 활동을 뜻한다. 따라서 우리의 모든 정신 활동은 진공 상태에서 일어나는 것이 아니라, 어떤 맥락이나 가정하에서 일어난다. 한마디로 우리가 프레임이라는 안경을 쓰고 세상을 보고 있음을 의미한다. 간혹 어떤 사람이 자신은 어떤 프레임의 지배도 받지 않고 세상을 있는 그대로, 객관적으로 본다고 주장한다면, 그 주장은 진실이 아닐 것이다.

① 인간의 정신 활동은 프레임 없이 일어나지 않는다.
② 프레임은 인간이 세상을 바라볼 때 어떤 편향성을 가지게 한다.
③ 인간의 지각과 사고를 확장하는 과정에서 프레임은 극복해야 할 대상이다.
④ 프레임은 인간의 정신 활동에 영향을 미치는 어떤 맥락이나 평가 기준이다.

12 다음 글을 이해한 내용으로 가장 적절한 것은?

전 세계를 대표하는 항공기인 보잉과 에어버스의 중요한 차이점은 자동조종시스템의 활용 정도에 있다. 보잉의 경우, 조종사가 대개 항공기를 조종간으로 직접 통제한다. 조종간은 비행기의 날개와 물리적으로 연결되어 있어서 어떤 상황에서도 조종사가 조작한 대로 반응한다. 이와 다르게 에어버스는 조종간 대신 사이드스틱을 설치하여 컴퓨터가 조종사의 행동을 제한하거나 조종에 개입할 수 있게 설계되었다. 보잉에서는 조종사가 항공기를 통제할 수 있는 전권을 가지지만 에어버스에서는 컴퓨터가 조종사의 조작을 감시하고 제한한다.

보잉과 에어버스의 이러한 차이는 기계를 다루는 인간을 바라보는 관점이 서로 다른 데서 비롯된다. 보잉사를 창립한 윌리엄 보잉의 철학은 "비행기를 통제하는 최종 권한은 언제나 조종사에게 있다."이다. 시스템은 불안정하고 완벽하지 않기 때문에 컴퓨터가 조종사의 판단보다 우선시될 수 없다는 것이다. 반면 에어버스의 아버지라고 불리는 베테유는 "인간은 실수할 수 있는 존재"라고 전제한다. 베테유는 이런 자신의 신념을 토대로 에어버스를 설계함으로써 조종사의 모든 조작을 컴퓨터가 모니터링하고 제한하게 만든 것이다.

① 보잉은 시스템의 불완전성을, 에어버스는 인간의 실수 가능성을 고려하여 설계되었다.
② 베테유는 인간이 실수할 수 있는 존재라고 보지만 윌리엄 보잉은 그렇지 않다고 본다.
③ 에어버스의 조종사는 항공기 운항에서 자동조종시스템을 통제하고 조작한다.
④ 보잉의 조종사는 자동조종시스템을 사용하지 않고 항공기를 조종한다.

13 다음 글에서 추론한 내용으로 가장 적절한 것은?

공포의 상태와 불안의 상태를 구분하는 것은 쉽지 않다. 왜냐하면 두 감정을 함께 느끼거나 한 감정이 다른 감정을 유발할 때가 많기 때문이다. 가령, 무시무시한 전염병을 목도하고 공포에 빠진 사람은 자신도 언젠가 그 병에 걸릴지 모른다는 불안 상태에 빠지게 된다. 이처럼 두 감정은 서로 밀접하게 얽혀 있다는 점에서 혼동하기 쉽다. 하지만 두 감정을 야기한 원인을 따져 보면 두 감정을 명확하게 구분할 수 있다. 공포는 실재하는 객관적 위협에 의해 야기된 상태를 의미하고, 불안은 현재 발생하지 않았으며 미래에 일어날지 모르는 불명확한 위험에 의해 야기된 상태를 의미한다. 공포와 불안의 감정은 둘 다 자아와 관련되어 있지만 여기에서도 차이를 찾을 수 있다. 공포를 느끼는 것은 '나 자신'이 위험한 상황에 놓여 있다는 사실을 아는 것이고, 불안의 경험은 '나 자신'이 위해를 입을까 봐 걱정하는 것이다.

① 자신이 처한 위험한 상황을 정확히 인식하는 경우에는 공포감에 비해 불안감이 더 크다.
② 전기·가스 사고가 날까 두려워 외출하지 못하는 사람은 불안한 상태에 있는 것이다.
③ 시험에 불합격할 수 있다는 생각에 사로잡힌 사람은 공포감에 빠져 있는 것이다.
④ 과거에 큰 교통사고를 경험한 사람은 공포감은 크지만 불안감은 작다.

14 다음 글의 내용과 부합하지 않는 것은?

과학 혁명 이전 아리스토텔레스 철학은 로마 가톨릭교의 정통 교리와 결합되어 있었기 때문에 오랜 시간 동안 지배적인 영향력을 발휘하였다. 천문 분야 또한 예외는 아니었다. 아리스토텔레스의 세계관을 따라 우주의 중심은 지구이며, 모든 천체는 원운동을 하면서 지구의 주위를 공전한다는 천동설이 정설로 자리 잡고 있었다. 프톨레마이오스가 천체들의 공전 궤도를 관찰하던 도중, 행성들이 주기적으로 종전의 운동과는 반대 방향으로 움직인다는 관찰 결과를 얻었을 때도 그는 이를 행성의 역행 운동을 허용하지 않는 천동설로 설명하고자 하였다. 그래서 지구를 중심으로 공전하는 원 궤도에 중심을 두고 있는 원, 즉 주전원(周轉圓)을 따라 공전 궤도를 그리면서 행성들이 운동한다고 주장하였다.

과학과 아리스토텔레스 철학의 결별은 서서히 일어났다. 그 과정에서 일어난 가장 중요한 사건은 1543년 코페르니쿠스가 행성들의 운동 이론에 관한 책을 발간한 일이다. 코페르니쿠스는 천체의 중심에 지구 대신 태양을 놓고 지구가 태양의 주위를 공전한다고 주장하였다. 태양을 우주의 중심에 둔 코페르니쿠스의 지동설은 행성들의 운동에 대해 프톨레마이오스보다 수학적으로 단순하게 설명하였다.

① 과학 혁명 이전 시기에는 천동설이 정설로 받아들여졌다.
② 프톨레마이오스의 주전원은 지동설을 지지하고자 만든 개념이다.
③ 천동설과 지동설은 우주의 중심을 어디에 두느냐에 따라 구분된다.
④ 행성의 공전에 대한 프톨레마이오스의 설명은 코페르니쿠스의 설명보다 수학적으로 복잡하였다.

15 밑줄 친 단어가 표준어 규정에 맞게 쓰인 것은?

① 저기 보이는 게 암염소인가, <u>수염소</u>인가?
② 오늘 <u>윗층</u>에 사시는 분이 이사를 가신대요.
③ 봄에는 여기저기에서 <u>아지랭이</u>가 피어오른다.
④ 그는 수업을 마치면 <u>으레</u> 친구들과 운동을 한다.

16 ㉠~㉣을 문맥에 맞게 수정하는 방안으로 적절한 것은?

> 난독(難讀)을 해결하려면 정독을 해야 한다. 여기서 말하는 정독은 '뜻을 새겨 가며 자세히 읽음', 즉 '정교한 독서'라는 뜻으로 한자로는 '精讀'이다. '精讀'은 '바른 독서'를 의미하는 '正讀'과 ㉠소리는 같지만 뜻이 다르다. 무엇이 정교한 것일까? 모든 단어에 눈을 마주치면서 제대로 인식하는 것이다. 이와 같은 ㉡정독(精讀)의 결과로 생기는 어문 실력이 문해력이다. 문해력이 발달하면 결국 독서 속도가 빨라져, '빨리 읽기'인 속독(速讀)이 가능해진다. 빨리 읽기는 정독을 전제로 할 때 빛을 발한다. 짧은 시간에 같은 책을 제대로 여러 번 읽을 수 있기 때문이다. 그래서 문해력의 증가는 '정교하고 빠르게 읽기', 즉 ㉢정속독(正速讀)에서 일어나게 되어 있다. 정독이 생활화되면 자기도 모르게 정속독의 경지에 오르게 된다. 그런 경지에 오른 사람들은 뭐든지 확실히 읽고 빨리 이해한다. 자연스레 집중하고 여러 번 읽어도 빠르게 읽으므로 시간이 여유롭다. ㉣정독이 빠진 속독은 곧 빼먹고 읽는 습관, 즉 난독의 일종임을 잊지 말아야 한다.

① ㉠을 '다르게 읽지만 뜻이 같다'로 수정한다.
② ㉡을 '정독(正讀)'으로 수정한다.
③ ㉢을 '정속독(精速讀)'으로 수정한다.
④ ㉣을 '속독이 빠진 정독'으로 수정한다.

17 다음 글을 감상한 내용으로 적절하지 않은 것은?

> 막바지 뙤약볕 속
> 한창 매미 울음은
> 한여름 무더위를 그 절정까지 올려놓고는
> 이렇게 다시 조용할 수 있는가.
> 지금은 아무 기척도 없이
> 정적의 소리인 듯 쟁쟁쟁
> 천지(天地)가 하는 별의별
> 희한한 그늘의 소리에
> 멍청히 빨려 들게 하구나.
>
> 사랑도 어쩌면
> 그와 같은 것인가.
> 소나기처럼 숨이 차게
> 정수리부터 목물로 들이붓더니
> 얼마 후에는
> 그것이 아무 일도 없었던 양
> 맑은 구름만 눈이 부시게
> 하늘 위에 펼치기만 하노니.   – 박재삼, '매미 울음 끝에'

① 갑작스럽게 변화한 자연 현상을 감각적으로 제시하고 있다.
② 청각적 이미지와 시각적 이미지를 활용하여 시상을 전개하고 있다.
③ 소나기가 그치고 맑은 구름이 펼쳐진 것을 통해 사랑의 속성을 드러내고 있다.
④ 매미 울음소리가 절정에 이르렀다가 사라진 직후의 상황을 반어법으로 표현하고 있다.

18 다음 글을 이해한 내용으로 가장 적절한 것은?

> 루카치는 그리스 세계를 신과 인간의 결합 정도를 가리키는 '총체성' 개념을 기준으로 세 시대로 구분하였다. 첫 번째 시대에서 후대로 갈수록 총체성의 정도는 낮아진다. 첫째는 총체성이 완전히 구현되어 있는 '서사시의 시대'이다. 호메로스의 『일리아드』와 『오디세이아』에서는 신과 인간의 세계가 하나로 얽혀 있다. 인간들이 그리스와 트로이 두 패로 나뉘어 전쟁을 벌일 때 신들도 인간의 모습을 하고 두 패로 나뉘어 전쟁에 참여했다. 둘째는 '비극의 시대'이다. 소포클레스나 에우리피데스의 비극에서는 총체성이 흔들려 신과 인간의 세계가 분리된다. 하지만 두 세계가 완전히 분리되지는 않고 신탁이라는 약한 통로로 이어져 있다. 비극에서 신은 인간의 행위에 직접 개입하지 않고 신탁을 통해서 자신의 뜻을 그저 전달하는 존재로 바뀐다. 셋째는 플라톤으로 대표되는 '철학의 시대'이다. 이 시대는 이미 계몽된 세계여서 신탁 같은 것은 신뢰할 수 없게 되었다. 신과 인간의 세계가 완전히 분리됨으로써 신의 세계는 인격적 성격을 상실하여 '이데아'라는 추상성의 세계로 바뀐다. 신의 세계와 인간의 세계는 그 사이에 어떤 통로도 존재할 수 없는, 절대적으로 분리된 세계가 되었다.

① 계몽사상은 서사시의 시대에서 철학의 시대로의 전환을 이끌었다.
② 플라톤의 이데아는 신탁이 사라진 시대의 비극적 세계를 표현한다.
③ 루카치는 각기 다른 기준에 따라 그리스 세계를 세 시대로 구분하였다.
④ 에우리피데스의 비극에 비해 『오디세이아』에서는 신과 인간의 결합 정도가 높다.

19 다음 글의 내용과 부합하지 않는 것은?

> 몽유록(夢遊錄)은 '꿈에서 놀다 온 기록'이라는 뜻으로, 어떤 인물이 꿈에서 과거의 역사적 인물을 만나 특정 사건에 대한 견해를 듣고 현실로 돌아온다는 특징이 있다. 이때 꿈을 꾼 인물인 몽유자의 역할에 따라 몽유록을 참여자형과 방관자형으로 구분할 수 있다. 참여자형에서는 몽유자가 꿈에서 만난 인물들의 모임에 초대를 받고 토론과 시연에 직접 참여한다. 방관자형에서는 몽유자가 인물들의 모임을 엿볼 뿐 직접 그 모임에 참여하지는 않는다. 16~17세기에 창작되었던 몽유록에는 참여자형이 많다. 참여자형에서는 몽유자와 꿈속 인물들이 동질적인 이념을 공유하고 현실의 고통스러운 문제에 대해 의견을 나누며 비판적 목소리를 낸다. 그러나 주로 17세기 이후에 창작된 방관자형에서는 몽유자가 꿈속 인물들과 함께 현실을 비판하는 것이 아니라 구경꾼의 위치에 서 있다. 이 시기의 몽유록이 통속적이고 허구적인 성격으로 변모하는 것은 몽유자의 역할 변화와 무관하지 않다.

① 몽유자가 꿈속 인물들의 모임에 직접 참여하는지, 참여하지 않는지에 따라 몽유록의 유형을 나눌 수 있다.

② 17세기보다 나중 시기의 몽유록에서는 몽유자가 현실을 비판하는 경향이 강하게 나타난다.

③ 몽유자가 모임의 구경꾼 역할을 하는 몽유록은 통속적이고 허구적인 성격이 강하다.

④ 몽유자가 꿈속 인물들과 함께 현실을 비판하는 몽유록은 참여자형에 해당한다.

20 다음 글을 이해한 내용으로 적절한 것은?

> 디지털 트윈은 현실 세계와 똑같은 가상의 세계이다. 최근 주목받고 있는 메타버스와 개념은 유사하지만 활용 목적의 측면에서 구별된다. 메타버스는 가상 세계와 현실 세계가 융합된 플랫폼으로 이용자들에게 새로운 경제·사회·문화적 경험을 제공하는 데 목적을 둔다. 반면 디지털 트윈은 현실 세계에 존재하는 사물, 공간, 환경, 공정 등을 컴퓨터상에 디지털 데이터 모델로 표현하여 똑같이 복제하고 실시간으로 서로 반응할 수 있도록 한다. 그래서 디지털 트윈의 이용자는 가상 세계에서의 시뮬레이션을 통해 미래 상황을 예측할 수 있게 된다. 디지털 트윈에 대한 수요가 증가하면서 관련 시장도 확대되고 있으며, 국내외의 글로벌 기업들은 여러 산업 분야에서 디지털 트윈을 도입하여 사전에 위험 요소를 제거하고 수익 모델의 효율성을 높이고 있다. 디지털 트윈이 이렇게 주목받는 이유는 안정성과 경제성 때문인데 현실 세계를 그대로 옮겨 놓은 가상 세계에 데이터를 전송, 취합, 분석, 이해, 실행하는 과정은 실제 실험보다 매우 빠르고 정밀하며 안전할 뿐 아니라 비용도 적게 든다.

① 디지털 트윈을 활용함에 따라 글로벌 기업들의 고용률이 향상되었다.

② 디지털 트윈의 데이터 모델은 현실 세계의 각종 실험 모델보다 경제성이 낮다.

③ 디지털 트윈에서의 시뮬레이션으로 현실 세계의 위험 요소를 찾아내고 방지할 수 있다.

④ 디지털 트윈은 현실 세계의 이용자에게 새로운 문화적 경험을 제공하는 데 목적이 있다.

정답 및 해설: p.80

모바일 자동 채점 + 성적 분석 서비스 바로 가기
QR코드를 이용해 모바일로 간편하게 채점하고 나의 실력이 어느 정도인지, 취약 부분이 어디인지 바로 파악해 보세요!

지방직 9급 출제 경향

1. 영역별 출제 문항 수 (2018~2023)

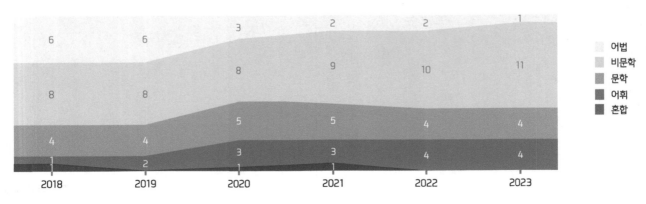

지방직 9급 시험은 비문학 영역이 가장 많이 출제되고 있으며, 문항 수도 꾸준히 증가하고 있습니다. 그 뒤를 이어 문학과 어휘 영역의 문항 수가 균형 있게 출제되고 있으며, 어법 영역의 비중은 지속적으로 감소하고 있습니다.

2회

지방직 9급

2. 영역별 최근 출제 경향 및 학습방법

어법	**빈출 포인트 중심의 문제 출제** 한글 맞춤법, 단어, 올바른 문장 표현 등 자주 나오는 출제 포인트 문제가 가장 많이 출제되었습니다. ▶ 자주 출제되는 어법 포인트를 정리하고, 기출문제 풀이를 통해 개념 적용 연습을 충분히 해야 합니다. [빈출 포인트] 한글 맞춤법 / 단어 / 올바른 문장 표현
비문학	**독해력을 요구하는 문제와 화법 문제 위주로 출제** 세부 내용 파악, 내용 추론과 같이 독해력을 요구하는 문제가 출제되었으며, 화법 지식 및 말하기 전략을 묻는 문제가 출제되었습니다. ▶ 독해력 향상을 위해 독해 연습을 꾸준히 해야 하며, 비문학 이론도 정리해야 합니다. [빈출 포인트] 세부 내용 파악 / 내용 추론 / 화법
문학	**작품의 내용을 정확하게 파악하고 해석하는 능력을 요구하는 문제 출제** 선택지의 내용이 작품과 일치하는지 판단하는 문제와 작품을 종합적으로 감상해야 하는 문제가 자주 출제되었습니다. ▶ 문학 작품을 정확하게 파악하고 해석하는 연습을 충분히 하여 생소한 작품이 출제되어도 정확하게 감상할 수 있도록 해야 합니다. [빈출 포인트] 작품의 종합적 감상 / 작품의 내용 파악
어휘	**한자어, 한자 성어 문제의 꾸준한 출제** 최근 6개년간 한자어와 한자 성어 관련한 문제가 꾸준히 출제되었습니다. ▶ 기출 한자어뿐만 아니라 기출 예상 한자어를 학습하고, 주요 한자 성어 또한 꾸준히 암기하여 어휘 영역을 대비해야 합니다. [빈출 포인트] 한자어 / 한자 성어
혼합	**어휘와 결합한 혼합 문제 출제** 문학 작품과 어휘 영역의 한자어, 한자 성어를 결합한 혼합 문제가 출제되었습니다. ▶ 문학 작품 감상을 연습하고, 한자어와 한자 성어를 꾸준히 암기해야 합니다.

제한시간 : 20분   시작 _____시 _____분 ~ 종료 _____시 _____분   **나의 점수 _____   회독수 ☐☐☐**

---

01 ⊙ ~ ⓔ의 말하기 방식을 설명한 내용으로 가장 적절한 것은?

> 김 주무관: AI에 대한 국민 이해도를 높이기 위해 설명회를 개최할 필요가 있다고 생각해요.
> 최 주무관: ⊙저도 요즘 그 필요성을 절감하고 있어요.
> 김 주무관: ⓒ그런데 어떻게 준비해야 효과적으로 전달할 수 있을지 고민이에요.
> 최 주무관: 설명회에 참여할 청중 분석이 먼저 되어야겠지요.
> 김 주무관: 청중이 주로 어떤 분야에 관심이 있는지 알면 준비할 때 유용하겠네요.
> 최 주무관: ⓒ그럼 청중의 관심 분야를 파악하려면 청중의 특성 중에서 어떤 것들을 조사하면 좋을까요?
> 김 주무관: ⓔ나이, 성별, 직업 등을 조사할까요?

① ⊙: 상대의 의견에 대해 공감을 표현하고 있다.
② ⓒ: 정중한 표현을 사용하여 직접 질문하고 있다.
③ ⓒ: 자신의 반대 의사를 우회적으로 드러내고 있다.
④ ⓔ: 의문문을 통해 상대의 의견을 반박하고 있다.

---

02 (가) ~ (다)를 맥락에 따라 가장 자연스럽게 배열한 것은?

> 독서는 아이들의 전반적인 뇌 발달에 큰 영향을 미친다.
> (가) 그에 따르면 뇌의 전두엽은 상상력을 관장하는데, 책을 읽으면 상상력이 자극되어 전두엽을 많이 사용하게 된다.
> (나) A 교수는 책을 읽을 때와 읽지 않을 때의 뇌 변화를 연구해서 세계적인 명성을 얻었다.
> (다) 이처럼 책을 많이 읽으면 전두엽이 훈련되어 전반적인 뇌 발달의 가능성이 높아지는데, 그 결과는 교육 현장에서 실증된 바 있다.
> 독서를 많이 한 아이는 학교에서 더 좋은 성적을 낼 뿐 아니라 언어 능력도 발달한다는 사실이 밝혀진 것이다.

① (나) – (가) – (다)
② (나) – (다) – (가)
③ (다) – (가) – (나)
④ (다) – (나) – (가)

---

03 ⊙ ~ ⓔ을 설명한 내용으로 적절하지 않은 것은?

> ○ ⊙지원은 자는 동생을 깨웠다.
> ○ 유선은 도자기를 ⓒ만들었다.
> ○ 물이 ⓒ얼음이 되었다.
> ○ ⓔ어머나, 현지가 언제 이렇게 컸지?

① ⊙: 동작의 주체를 나타내는 주어이다.
② ⓒ: 주어와 목적어를 요구하는 서술어이다.
③ ⓒ: 서술어를 꾸며주는 부사어이다.
④ ⓔ: 문장의 다른 성분과 직접적으로 관련을 맺지 않는 독립어이다.

---

04 ⊙ ~ ⓔ과 바꿔 쓸 수 있는 유사한 표현으로 적절하지 않은 것은?

> ○ 서구의 문화를 ⊙맹종하는 이들이 많다.
> ○ 안일한 생활에서 ⓒ탈피하여 어려운 일에 도전하고 싶다.
> ○ 회사의 생산성을 ⓒ제고하기 위해 노력하자.
> ○ 연못 위를 ⓔ부유하는 연잎을 바라보며 여유를 즐겼다.

① ⊙: 무분별하게 따르는
② ⓒ: 벗어나
③ ⓒ: 끌어올리기
④ ⓔ: 헤엄치는

05 (가)와 (나)를 이해한 내용으로 적절하지 않은 것은?

> (가) 청산(靑山)은 내 뜻이오 녹수(綠水)는 님의 정(情)이
>   녹수(綠水) l 흘너간들 청산(靑山)이야 변(變)홀손가
>   녹수(綠水)도 청산(靑山)을 못 니저 우러 녜여 가는고.
>
> (나) 청산(靑山)는 엇뎨ᄒᆞ야 만고(萬古)애 프르르며
>   유수(流水)는 엇뎨ᄒᆞ야 주야(晝夜)애 긋디 아니는고
>   우리도 그치디 마라 만고상청(萬古常靑)호리라.

① (가)는 '청산'과 '녹수'의 대조를 활용하여 화자가 처한 상황을 제시하고 있다.

② (나)는 시각적 심상과 청각적 심상을 활용하여 주제를 강조하고 있다.

③ (가)와 (나) 모두 대구를 활용하여 시상을 전개하고 있다.

④ (가)와 (나) 모두 설의적 표현을 활용하여 화자의 정서를 드러내고 있다.

06 다음 글의 중심 내용으로 가장 적절한 것은?

> 교환가치는 거래를 통해 발생하는 가치이며, 사용가치는 어떤 상품을 사용할 때 느끼는 가치이다. 전자가 시장에서 결정된다는 점에서 객관적이라면, 후자는 개인에 따라 다르다는 점에서 주관적이다. 상품에는 사용가치와 교환가치가 섞여 있는데, 교환가치가 아무리 높아도 '나'에게 사용가치가 없다면 해당 상품을 구매하지 않을 것이다.
>
> 하지만 이 같은 상식이 통하지 않는 경우를 종종 볼 수 있다. 예를 들어 보자. 인터넷 커뮤니티에서 백만 원짜리 공연 티켓을 판매하는데, 어떤 사람이 "이 공연의 가치는 돈으로 환산할 수 없어요." 등의 댓글들을 보고서 애초에 관심도 없던 이 공연의 티켓을 샀다. 그에게 그 공연의 사용가치는 처음에는 없었으나 많은 댓글로 인해 사용가치가 있을 것으로 잘못 판단한 것이다. 안타깝게도, 그는 그 공연에서 조금도 만족하지 못했다.
>
> 이 사례에서 볼 때 건강한 소비를 위해서는 구매하려는 상품의 사용가치가 어떤 과정을 거쳐 결정된 것인지 곰곰이 생각해봐야 한다. '나'에게 얼마나 필요한가에 대한 고민 없이 다른 사람들의 말에 휩쓸려 어떤 상품의 사용가치가 결정될 때, 그 상품은 '나'에게 쓸모없는 골칫덩이가 될 수 있다.

① 사용가치보다 교환가치가 큰 상품을 구매해야 한다.

② 상품을 구매할 때 사용가치와 교환가치를 두루 고려해야 한다.

③ 상품에 대한 다른 사람들의 평가를 반영해서 상품을 구매해야 한다.

④ 상품을 구매할 때 사용가치가 자신의 필요에 의해 결정된 것인지 신중하게 따져야 한다.

07 ㉠~㉣ 중 어색한 곳을 찾아 수정하는 방안으로 가장 적절한 것은?

> 조선 후기에 서학으로 불린 천주학은 '학(學)'이라는 말에서도 짐작할 수 있듯이 ㉠종교적인 관점에서보다 학문적인 관점에서 받아들여졌다. 당시의 유학자 중 서학 수용에 적극적인 이들까지도 서학을 무조건 따르자고 ㉡주장하지는 않았는데, 서학은 신봉의 대상이 아니라 분석의 대상이었기 때문이다. 그들은 조선 사회를 바로잡고 발전시키기 위해 새로운 학문과 지식이 필요하다고 생각했지만, 외부에서 유입된 사유 체계에는 양명학이나 고증학 등도 있어서 서학이 ㉢유일한 대안은 아니었다. 그들은 서학을 검토하며 어떤 부분은 수용했지만, 반대로 어떤 부분은 ㉣지향했다.

① ㉠: '학문적인 관점에서보다 종교적인 관점에서'로 수정한다.

② ㉡: '주장하였는데'로 수정한다.

③ ㉢: '유일한 대안이었다'로 수정한다.

④ ㉣: '지양했다'로 수정한다.

08 다음 글의 맥락을 고려할 때 빈칸에 들어갈 말로 가장 적절한 것은?

> 능숙한 필자와 미숙한 필자는 글쓰기 과정 중 '계획하기'에서 뚜렷한 차이를 보인다. 전자는 이 과정에 오랜 시간 공을 들이는 반면, 후자는 그렇지 않다. 글쓰기에서 계획하기는 글쓰기의 목적 수립, 주제 선정, 예상 독자 분석 등을 포함한다. 이 중 예상 독자 분석이 중요한 이유는 _____ 때문이다. 글을 쓸 때 독자의 수준에 비해 너무 어려운 개념과 전문용어를 사용한다면 독자가 글을 이해하기 어렵게 된다. 글쓰기는 필자가 글을 통해 자신의 메시지를 독자에게 전달하는 행위라는 점을 고려하면 계획하기 단계에서 반드시 예상 독자를 분석해야 한다.

① 계획하기 과정이 글쓰기 전체 과정의 첫 단계이기

② 글에 어려운 개념이나 전문용어를 어느 정도 포함해야 하기

③ 필자의 메시지를 독자에게 효과적으로 전달하는 데 도움이 되기

④ 독자의 배경지식 수준을 고려해야 글의 목적과 주제가 결정되기

09 다음 시를 이해한 내용으로 적절하지 <u>않은</u> 것은?

> 사랑을 잃고 나는 쓰네
>
> 잘 있거라, 짧았던 밤들아
> 창밖을 떠돌던 겨울 안개들아
> 아무것도 모르던 촛불들아, 잘 있거라
> 공포를 기다리던 흰 종이들아
> 망설임을 대신하던 눈물들아
> 잘 있거라, 더 이상 내 것이 아닌 열망들아
>
> 장님처럼 나 이제 더듬거리며 문을 잠그네
> 가엾은 내 사랑 빈집에 갇혔네
>
>   – 기형도, '빈집'

① 대상들을 호명하며 안타까운 심정을 표현하고 있다.
② '빈집'은 상실감으로 공허해진 내면을 상징하고 있다.
③ 영탄형 어조를 활용해 이별에 따른 정서를 부각하고 있다.
④ 글 쓰는 행위를 통해 잃어버린 사랑의 회복을 열망하고 있다.

10 다음 글을 이해한 내용으로 가장 적절한 것은?

> 반드시 갚는 조건임을 강조하면서 그는 마치 성경책 위에다 오른손을 얹고 말하듯이 엄숙한 표정을 했다. 하마터면 나는 잊을 뻔했다. 그가 적시에 일깨워 주었기 망정이지 안 그랬더라면 빌려주는 어려움에만 골똘한 나머지 빌려줬다 나중에 돌려받는 어려움이 더 클 거라는 사실은 생각도 못 할 뻔했다. 그렇다. 끼니조차 감당 못 하는 주제에 막벌이 아니면 어쩌다 간간이 얻어걸리는 출판사 싸구려 번역 일 가지고 어느 해가*에 빚을 갚을 것인가. 책임이 따르는 동정은 피하는 게 상책이었다. 그리고 기왕 피할 바엔 저쪽에서 감히 두말을 못 하도록 야멸치게 굴 필요가 있었다.
> "병원 이름이 뭐죠?" "원 산부인괍니다." "지금 내 형편에 현금은 어렵군요. 원장한테 바로 전화 걸어서 내가 보증을 서마고 약속할 테니까 권 선생도 다시 한번 매달려 보세요. 의사도 사람인데 설마 사람을 생으로 죽게야 하겠습니까. 달리 변통할 구멍이 없으시다면 그렇게 해 보세요."
> 내 대답이 지나치게 더디 나올 때 이미 눈치를 챈 모양이었다. 도전적이던 기색이 슬그머니 죽으면서 그의 착하디착한 눈에 다시 수줍음이 돌아왔다. 그는 고개를 좌우로 흔들어 보였다.
> "원장이 어리석은 사람이길 바라고 거기다 희망을 걸기엔 너무 늦었습니다. 그 사람은 나한테서 수술 비용을 받아 내기가 수월치 않다는 걸 입원시키는 그 순간에 벌써 알아차렸어요."
>   – 윤흥길, '아홉 켤레의 구두로 남은 사내'
>
> * 해가(奚暇): 어느 겨를

① 서술자가 등장인물의 심리를 전지적 위치에서 전달하고 있다.
② 서술자가 등장인물이 되어 다른 등장인물의 행동을 진술하고 있다.
③ 서술자가 주인공으로서 유년 시절을 회상하며 갈등 원인을 해명하고 있다.
④ 서술자가 주관을 배제하고 외부 관찰자의 시선으로 사건을 이야기하고 있다.

11 다음 대화를 분석한 내용으로 적절하지 <u>않은</u> 것은?

> **은지:** 최근 국민 건강 문제와 관련해 '설탕세' 부과 여부가 논란인데, 나는 설탕세를 부과해야 한다고 생각해. 그러면 당 함유 식품의 소비가 감소하게 되고, 비만이나 당뇨병 등의 질병이 예방되니까 국민 건강 증진에 도움이 되기 때문이야.
> **운용:** 설탕세를 부과하면 당 소비가 감소한다고 믿을 만한 근거가 있니?
> **은지:** 세계보건기구 보고서를 보면 당이 포함된 음료에 설탕세를 부과하면 이에 비례해 소비가 감소한다고 나와 있어.
> **재윤:** 그건 나도 알아. 그런데 설탕세 부과가 질병을 예방한다는 것은 타당하지 않아. 여러 연구 결과를 보면 당 섭취와 질병 발생은 유의미한 상관관계가 없어.

① 은지는 첫 번째 발언에서 화제를 제시하고 있다.
② 운용은 은지의 주장에 반대하고 있다.
③ 은지는 두 번째 발언에서 자신의 주장에 대한 근거를 제시하고 있다.
④ 재윤은 은지가 제시한 주장의 근거를 부정하고 있다.

12 ㉠ ~ ㉣에 들어갈 단어로 적절하지 <u>않은</u> 것은?

> ○ 우리 회사는 올해 최고 수익을 창출해서 전성기를 ㉠ 하고 있다.
> ○ 그는 오래 살아온 자기 명의의 집을 ㉡ 하려 했는데 사려는 사람이 없다.
> ○ 그들 사이에 ㉢ 이 심해서 중재자가 필요하다.
> ○ 제가 부족하니 앞으로 많은 ㉣ 을 부탁드립니다.

① ㉠: 구가(謳歌)   ② ㉡: 매수(買受)
③ ㉢: 알력(軋轢)   ④ ㉣: 편달(鞭撻)

13 밑줄 친 단어의 쓰임이 올바르지 않은 것은?

① 이 일은 정말 힘에 <u>부치는</u> 일이다.
② 그와 나는 전부터 <u>알음</u>이 있던 사이였다.
③ 대문 앞에 서 있는데 대문이 저절로 <u>닫혔다</u>.
④ 경기장에는 <u>걷잡아서</u> 천 명이 넘게 온 듯하다.

14 ㉠ ~ ㉢의 한자 표기로 올바른 것은?

> ○ 복지부 ㉠장관은 의료시설이 대도시에 편중된 문제에 대해 대책을 마련하라고 지시하였다.
> ○ 박 주무관은 사유지의 국유지 편입으로 발생한 주민들의 피해를 ㉡보상하는 업무를 맡고 있다.
> ○ 김 주무관은 이 팀장에게 부서 운영비와 관련된 ㉢결재를 올렸다.

	㉠	㉡	㉢
①	長官	補償	決裁
②	將官	報償	決裁
③	長官	報償	決濟
④	將官	補償	決濟

15 다음 글에서 추론한 내용으로 적절하지 않은 것은?

> 우리는 개별적으로 고립된 채 살아가는 존재일 수 없다. 사회 속에서 여럿이 모여 '복수(複數)'의 상태로 살아갈 수밖에 없는 존재라는 것이다. 복수의 상태로 살아가는 우리는 종(種)적인 차원에서 보면 보편적이고 동등한 존재이다. 그러나 우리는 각각 유일무이성을 지닌 '단수(單數)'이기도 하다. 즉 모든 인간은 개인으로서 고유한 인격체라는 특수성을 지닌다. 사회 속에서 우리는 보편적 복수성과 특수한 단수성을 겸비한 채 살아가고 있는 셈이다. 바로 이러한 이유로 우리는 다원적 존재이다. 이러한 존재들로 구성된 다원적 사회에서는 어떠한 획일화도 시도되어서는 안 된다. 우리가 이 같은 사회에서 살아가기 위해서는 타인을 포용하는 공존의 태도가 필요하다. 공동체 정화 등을 목적으로 개별적 유일무이성을 제거하는 것은 우리가 살아가는 사회의 다원성을 파괴하는 일이다.

① 우리는 고립된 상태에서 '단수'로 살아가는 존재가 아니다.
② 우리는 다원성을 지닌 존재로서 포용적으로 공존해야 한다.
③ 개인의 유일무이성을 보존하려는 제도는 개인의 보편적 복수성을 침해한다.
④ 개인의 특수한 단수성을 제거하려는 시도는 사회의 다원성을 파괴하는 결과로 이어질 수 있다.

16 다음 글을 이해한 내용으로 적절하지 않은 것은?

> 매우 치라 소리 맞춰, 넓은 골에 벼락치듯 후리쳐 딱 붙이니, 춘향이 정신이 아득하여, "애고 이것이 웬일인가?" 일자(一字)로 운을 달아 우는 말이, "일편단심 춘향이 일정지심 먹은 마음 일부종사 하겠더니 일신난처 이 몸인들 일각인들 변하리까? 일월 같은 맑은 절개 이리 힘들게 말으시오."
>
> "매우 치라." "꽤 때리오." 또 하나 딱 부치니, "애고." 이자(二字)로 우는구나. "이부불경 이내 마음 이군불사와 무엇이 다르리까? 이 몸이 죽더라도 이도령은 못 잊겠소. 이 몸이 이러한들 이 소식을 누가 전할까? 이왕 이리 되었으니 이 자리에서 죽여 주오."
>
> "매우 치라." "꽤 때리오." 또 하나 딱 부치니, "애고." 삼자(三字)로 우는구나. "삼청동 도련님과 삼생연분 맺었는데 삼강을 버리라 하소? 삼척동자 아는 일을 이내 몸이 조각조각 찢겨져도 삼종지도 중한 법을 삼생에 버리리까? 삼월삼일 제비같이 훨훨 날아 삼십삼천 올라가서 삼태성께 하소연할까? 애고애고 서러운지고."
>
> – '춘향전'

① 동일한 글자를 반복함으로써 리듬감을 조성하고 있다.
② 숫자를 활용하여 주인공이 처한 상황을 제시하고 있다.
③ 등장인물 간의 대화를 통해 주인공의 내적 갈등이 해결되고 있다.
④ 유교적 가치를 담고 있는 말을 활용하여 주인공의 의지를 드러내고 있다.

17 다음 글을 이해한 내용으로 적절하지 않은 것은?

> 고소설의 유통 방식은 '구연에 의한 유통'과 '문헌에 의한 유통'으로 나눌 수 있다. 구연에 의한 유통은 구연자가 소설을 사람들에게 읽어 주는 방식으로, 글을 모르는 사람들과 글을 읽을 수 있지만 남이 읽어 주는 것을 선호하는 이들을 대상으로 이루어졌다. 구연자는 '전기수'로 불렸으며, 소설 구연을 통해 돈을 벌던 전문적 직업인이었다. 하지만 이 방식은 문헌에 의한 유통에 비해 시간과 공간의 제약이 많아서 유통 범위를 넓히는 데 뚜렷한 한계가 있었다.
> 문헌에 의한 유통은 차람, 구매, 상업적 대여로 나눌 수 있다. 차람은 소설을 소유하고 있는 사람에게 직접 빌려서 보는 것으로, 알고 지내던 개인들 사이에서 이루어졌다. 구매는 서적 중개인에게 돈을 지불하고 책을 사는 것인데, 책값이 상당히 비쌌기 때문에 소설을 구매할 수 있는 사람은 그리 많지 않았다. 상업적 대여는 세책가에 돈을 지불하고 일정 기간 동안 소설을 빌려 보는 것이다. 세책가에서는 소설을 구매하는 것보다 훨씬 적은 비용으로 빌려 볼 수 있었기 때문에 경제적으로 넉넉하지 않은 사람도 소설을 쉽게 접할 수 있었다. 이로 인해 조선 후기 사회에서 세책가가 성행하게 되었다.

① 전기수는 글을 모르는 사람들에게 소설을 구연하였다.
② 차람은 알고 지내던 사람에게 대가를 지불하고 책을 빌려 보는 방식이다.
③ 문헌에 의한 유통은 구연에 의한 유통에 비해 시간과 공간의 제약이 적었다.
④ 조선 후기에 세책가가 성행한 원인은 소설을 구매하는 비용보다 세책가에서 빌리는 비용이 적다는 데 있다.

18 다음 글을 이해한 내용으로 가장 적절한 것은?

> 『삼국사기』는 본기 28권, 지 9권, 표 3권, 열전 10권의 체제로 되어 있다. 이 중 열전은 전체 분량의 5분의 1을 차지하며, 수록된 인물은 86명으로, 신라인이 가장 많고, 백제인이 가장 적다. 수록 인물의 배치에는 원칙이 있는데, 앞부분에는 명장, 명신, 학자 등을 수록했고, 다음으로 관직에 있지는 않았으나 기릴 만한 사람을 실었다.
> 반신(叛臣)의 경우 열전의 끝부분에 배치되어 있다. 이들을 수록한 까닭은 왕을 죽인 부정적 행적을 드러내어 반면교사로 삼는 데 있었으나, 그 목적에 부합하지 않는 내용이 있어 흥미롭다. 가령 고구려의 연개소문은 반신이지만, 당나라에 당당히 대적한 민족적 영웅의 모습도 포함되어 있다. 흔히 『삼국사기』에 대해, 신라 정통론에 기반해 있으며, 유교적 사관에 따라 당시의 지배 질서를 공고히 하고자 했다고 평가한다. 하지만 연개소문의 사례에서 볼 수 있듯 『삼국사기』는 기존 평가와 달리 다면적이고 중층적인 역사 텍스트라고 할 수 있다.

① 『삼국사기』 열전에 고구려인과 백제인도 수록되었다는 점은 이 책이 신라 정통론을 계승하지 않았다는 것을 보여 준다.
② 『삼국사기』 열전에 수록된 반신 중에는 이 책에 대한 기존 평가를 다르게 할 수 있는 사례가 있다.
③ 『삼국사기』 열전에는 기릴 만한 업적이 있더라도 관직에 오르지 못한 사람은 수록되지 않았다.
④ 『삼국사기』의 체제 중에서 열전이 가장 많은 권수를 차지한다.

19 다음 글에서 추론한 내용으로 적절하지 않은 것은?

프랑스에서 의무교육 제도를 실시하면서 정규학교에 입학하기 어려운 지적장애아, 학습부진아를 가려내고자 하였다. 이에 기초 학습 능력 평가를 목적으로, 1905년 최초의 IQ 검사가 이루어졌다. 이 검사를 통해 비로소 인간의 지능을 구체적으로 수치화하고 객관적으로 비교할 수 있게 되었다.

이후 오랫동안 IQ가 높으면 똑똑한 사람, 그렇지 않으면 머리가 좋지 않고 학습에도 부진한 사람으로 판단했다. 물론 IQ가 높은 아이는 그렇지 않은 아이에 비해 읽기나 계산 등 사고 기능과 관련된 과목에서 높은 성취도를 보이는 경우가 많다. 이는 IQ 검사가 기초 학습에 필요한 최소 능력인 언어 이해력, 어휘력, 수리력 등을 측정하기 때문이다. 학습의 기초 능력을 측정하는 IQ 검사에서 높은 점수를 받은 아이는 동일한 능력을 측정하는 학업 평가에서도 높은 점수를 받을 가능성이 크다. 하지만 문제는 IQ 검사가 인간의 지능 중 일부만을 측정한다는 점이다.

① 최초의 IQ 검사는 학습 능력이 우수한 아이를 고르기 위해 시행되었다.
② IQ 검사가 만들어지기 전에는 인간의 지능을 수치로 비교할 수 없었다.
③ IQ가 높은 아이라도 전체 지능은 높지 않을 수 있다.
④ IQ가 높은 아이가 읽기 능력이 좋을 확률이 높다.

20 다음 글에서 추론한 내용으로 적절하지 않은 것은?

한글은 소리를 나타내는 표음문자여서 한국어 문장을 읽는 데 학습해야 할 글자가 적지만, 한자는 음과 상관없이 일정한 뜻을 나타내는 표의문자여서 한문을 읽는 데 익혀야 할 글자 수가 훨씬 많다. 이러한 번거로움에도 한글과 달리 한자가 갖는 장점이 있다. 한글에서는 동음이의어, 즉 형태와 음이 같은데 뜻이 다른 단어가 많아 글자만으로 의미를 파악하지 못하는 경우가 많다. 하지만 한자는 그렇지 않다. 예컨대, 한글로 '사고'라고만 쓰면 '뜻밖에 발생한 사건'인지 '생각하고 궁리함'인지 구별할 수 없다. 한자로 전자는 '事故', 후자는 '思考'로 표기한다. 그런데 한자는 문맥에 따라 같은 글자가 다른 뜻으로 쓰이지는 않지만 다른 문장성분으로 사용되기도 해 혼란을 야기한다. 가령 '愛人'은 문맥에 따라 '愛'가 '人'을 수식하는 관형어일 때도, '人'을 목적어로 삼는 서술어일 때도 있는 것이다.

① 한문은 한국어 문장보다 문장성분이 복잡하다.
② '淨水'가 문맥상 '깨끗하게 한 물'일 때 '淨'은 '水'를 수식한다.
③ '愛人'에서 '愛'의 문장성분이 바뀌더라도 '愛'는 동음이의어가 아니다.
④ '의사'만으로는 '병을 고치는 사람'인지 '의로운 지사'인지 구별할 수 없다.

정답 및 해설: p.85

모바일 자동 채점 + 성적 분석 서비스 바로 가기
QR코드를 이용해 모바일로 간편하게 채점하고 나의 실력이 어느 정도인지, 취약 부분이 어디인지 바로 파악해 보세요!

서울시 9급 출제 경향

1. 영역별 출제 문항 수 (2018~2023)

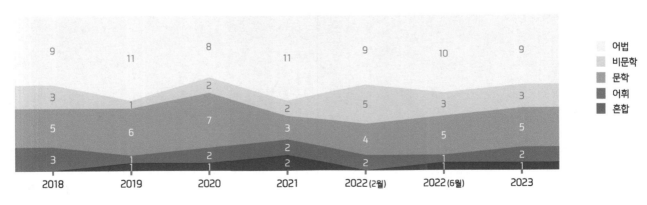

서울시 9급 시험은 어법 영역의 출제 비중이 가장 높고, 문학 영역은 평균 4~5문항씩 출제되고 있습니다. 비문학 영역은 국가직·지방직 9급에 비해 적게 출제되는 경향을 보입니다.

3회
서울시 9급

2. 영역별 최근 출제 경향 및 학습방법

서울시 시험은 2020년부터 인사혁신처에서 출제합니다. 다만, 서울시 추가 채용 시험의 경우 서울시에서 자체적으로 출제하므로 서울시 기출문제를 꾸준히 풀어 보아야 합니다.

어법	**어문 규정에 대한 이해가 필요한 문제 출제** 외래어 표기, 한글 맞춤법, 표준 발음법 등 어문 규정을 정확하게 이해하고 있는지 묻는 문제가 자주 출제되고 있습니다. ▶ 어문 규정에 대한 이해를 바탕으로 대표적인 용례와 예외 사항을 암기해야 합니다. 빈출 포인트 외래어 표기 / 한글 맞춤법 / 표준 발음법 / 문장
비문학	**독해력을 요구하는 문제 출제** 문장이나 글의 배열 순서를 묻거나 제시문에 드러나지 않은 정보를 추론해야 하므로 독해력이 필요한 문제가 주로 출제됩니다. ▶ 문제 유형별 풀이 전략을 익힌 후 기출문제를 풀면서 독해력을 키워야 합니다. 빈출 포인트 내용 추론 / 세부 내용 파악 / 글의 구조 파악
문학	**작품을 정확하게 파악하고 해석하는 능력을 요구하는 문제 출제** 작품 속에 사용된 문학 이론 등을 종합적으로 이해하는 문제와 작품에 쓰인 시어의 의미를 정확히 파악해야 하는 문제가 출제되었습니다. 빈출 포인트 작품의 종합적 감상 / 시어의 의미
어휘	**한자 성어와 한자어를 묻는 문제 출제** 최근 6개년간 국가직·지방직과 동일하게 한자 성어, 한자어 문제가 자주 출제되었습니다. ▶ 기출 한자 성어와 한자어를 꾸준히 암기해야 하며, 기출 예상 어휘도 학습하여 어휘 영역을 대비해야 합니다. 빈출 포인트 한자 성어 / 한자어
혼합	**어휘와 다른 영역의 혼합 문제 출제** 주로 어법, 비문학 등 다른 영역과 어휘 영역이 혼합된 문제가 주로 출제되었습니다. ▶ 어휘 영역이 혼합된 문제는 선택지에 제시된 어휘 및 표현을 정확하게 알아야 풀 수 있으므로 어휘를 꾸준히 암기해야 합니다.

제한시간 : 20분 시작 _____시 _____분 ~ 종료 _____시 _____분 나의 점수 _____ 회독수 ☐☐☐

01 〈보기〉의 밑줄 친 부분에서 공통으로 일어나는 음운 현상에 대한 설명으로 가장 옳지 않은 것은?

> **보기**
> 이는 국회가 국민을 대변하는 기관으로서 정부에 책임을 묻는 것이다.

① 조음 위치가 바뀌는 음운 현상이다.
② 비음 앞에서 일어나는 음운 현상이다.
③ 동화 현상이다.
④ '읊는'에서도 일어나는 음운 현상이다.

02 밑줄 친 부분의 띄어쓰기가 가장 옳지 않은 것은?

① 포기는 생각해 본바가 없다.
② 모두 자기 생각대로 결정하자.
③ 결국 돌아갈 곳은 고향뿐이다.
④ 원칙만큼은 양보하기가 어렵다.

03 〈보기〉의 ㉠~㉣을 풀이한 것으로 가장 옳지 않은 것은?

> **보기**
> 한때 우리나라에서는 우리의 대표적 음식이라고 할 수 있는 된장과 김치를 ㉠폄하한 적이 있었다. 곰팡이 균으로 만드는 된장은 암을 유발한다고 해서 ㉡기피하고, 맵고 짠 김치도 건강에 해롭다고 했다. 이러한 발상이 나왔던 것은 어떤 의미에서는 현대 과학의 선두 주자인 서구 지향적인 가치관이 그 배경으로 깔려 있었기 때문이다. 그러나 이제는 김치연구소까지 생기고, 마늘은 새로운 형태로 변모하면서 건강식품으로 등장하고, 된장(청국장) 또한 항암 효과까지 있다고 ㉢각광을 받는다. 그리고 비빔밥은 다이어트 음식으로서만이 아니라, 그 맛도 이제는 국제적으로 알려졌다. 굳이 신토불이라는 말을 들먹이지 않더라도 우리의 일상적인 식문화에서 가치 있는 것을 추출해 ㉣천착할 필요가 있다.

① ㉠: 가치를 깎아내린
② ㉡: 꺼리거나 피하고
③ ㉢: 사회적 관심을
④ ㉣: 잘못된 것을 바로잡을

04 어려운 표현을 이해하기 쉬운 표현으로 다듬은 것으로 가장 적절하지 않은 것은?

① 가능성은 상존하고 있다. → 가능성은 늘 있다
② 만 65세 도래자는 → 만 65세가 되는 사람은
③ 소정의 급여를 지급함으로써 → 소액의 급여를 지급함으로써
④ 확인서 발급에 따른 편의성을 제고함 → 확인서 발급에 따른 편의성을 높임

05 〈보기 1〉을 〈보기 2〉에 삽입하려고 할 때 문맥상 가장 적절한 곳은?

보기 1

왜냐하면 학문의 세계에서는 하나의 객관적 진실이 백일하에 드러나 모든 다른 견해를 하나로 귀결시키는 일은 일어나지 않기 때문이다.

보기 2

민족이 하나로 된다면 소위 "민족의 역사"가 하나로 통합되는 것은 너무나 당연한 일이라고 생각할 수 있다. (㉠) 그러나 좀 더 곰곰이 생각해 보면 역사학을 포함한 학문의 세계에서 통합이란 말은 성립되기 어렵다. (㉡) 학문의 세계에서는 진실에 이르기 위한 수많은 대안이 제기되고 서로 경쟁하면서 발전이 이루어진다. (㉢) 따라서 그 다양한 대안들을 하나로 통합한다는 것은 학문을 말살하는 것이나 다름없다. (㉣) 학문의 세계에서는 통합이 아니라 다양성이 더 중요한 덕목인 것이다.

① ㉠   ② ㉡
③ ㉢   ④ ㉣

06 〈보기〉의 ㉠~㉣ 중 가리키는 대상이 나머지 셋과 다른 것은?

보기

댁들아 ㉠동난지이 사오 저 장사야 네 ㉡물건 그 무엇이라 외치는가 사자

외골내육(外骨內肉) 양목(兩目)이 상천(上天) 전행후행(前行後行), 소(小)아리 팔족(八足) 대(大)아리 이족(二足) ㉢청장 아스슥하는 동난지이 사오

장사야 너무 거북하게 외치지 말고 ㉣게젓이라 하려무나

① ㉠   ② ㉡
③ ㉢   ④ ㉣

07 표준어끼리 묶었을 때 가장 옳지 않은 것은?

① 가엽다, 배냇저고리, 감감소식, 검은엿
② 눈짐작, 세로글씨, 푸줏간, 가물
③ 상관없다, 외눈퉁이, 덩쿨, 귀퉁배기
④ 겉창, 뚱딴지, 툇돌, 들랑날랑

08 외래어 표기에 대한 설명으로 가장 옳지 않은 것은?

① 짧은 모음 다음의 어말 무성 파열음 [t]는 '보닛(bonnet)'처럼 받침으로 적는다.
② 어말의 [ʃ]는 '브러쉬(brush)'처럼 '쉬'로 적는다.
③ 중모음 [ou]는 '보트(boat)'처럼 '오'로 적는다.
④ 어말 또는 자음 앞의 [f]는 '그래프(graph)'처럼 '으'를 붙여 적는다.

09 〈보기〉에 드러난 글쓴이의 삶에 대한 인식과 가장 가까운 태도가 나타나는 것은?

보기

그렇다. 그 흉터와, 흉터 많은 손꼴은 내 어려웠던 어린 시절의 모습이요, 그것을 힘들게 참고 이겨 낸 떳떳하고 자랑스런 내 삶의 한 기록일 수 있었다. 그 나이 든 선배님의 경우처럼, 우리 누구나가 눈에 보이게든 안 보이게든 삶의 쓰라린 상처들을 겪어 가며 그 흉터를 지니고 살아가게 마련이요, 어떤 뜻에선 그 상처의 흔적이야말로 우리 삶의 매우 단단한 마디요, 숨은 값이라 할 수도 있을 것이기 때문이다.

① 흔들리지 않고 피는 꽃이 어디 있으랴 / 이 세상 그 어떤 아름다운 꽃들도 다 흔들리면서 피었나니
② 연탄재 함부로 차지 마라 / 너는 / 누구에게 한번이라도 뜨거운 사람이었느냐
③ 죽는 날까지 하늘을 우러러 / 한 점 부끄럼이 없기를 / 잎새에 이는 바람에도 / 나는 괴로워했다.
④ 나는 이제 너에게도 슬픔을 주겠다. / 사랑보다 소중한 슬픔을 주겠다.

10 〈보기〉의 작품에서 밑줄 친 시어에 대한 해석으로 가장 옳지 않은 것은?

> **보기**
>
> 바닷가 햇빛 바른 바위 우에
> 습한 간(肝)을 펴서 말리우자.
>
> 코카서스 산중(山中)에서 도망해 온 토끼처럼
> 둘러리를 빙빙 돌며 간(肝)을 지키자.
>
> 내가 오래 기르던 여윈 독수리야!
> 와서 뜯어 먹어라, 시름없이
>
> 너는 살찌고
> 나는 여위어야지, 그러나
>
> 거북이야!
> 다시는 용궁의 유혹에 안 떨어진다.
>
> 프로메테우스 불쌍한 프로메테우스
> 불 도적한 죄로 목에 맷돌을 달고
> 끝없이 침전하는 프로메테우스

① '간(肝)'은 화자가 지켜야 하는 지조와 생명을 가리킨다.
② 코카서스 산중에서 도망해 온 '토끼'는 토끼전과 프로메테우스 신화를 연결한다.
③ '독수리'와 '거북이'는 이 시에서 유사한 의미를 갖는 존재이다.
④ '프로메테우스'는 끝없이 침전한다는 점에서 시대의 고통이 큼을 암시한다.

11 밑줄 친 말이 어문 규범에 맞는 것은?

① 옛부터 김치를 즐겨 먹었다.
② 궁시렁거리지 말고 빨리 해 버리자.
③ 찬물을 한꺼번에 들이키지 말아라.
④ 상처가 곰겨서 병원에 가야겠다.

12 〈보기〉의 설명 중 밑줄 친 부분에 해당하는 사례가 아닌 것은?

> **보기**
>
> 용언이 문장 속에 쓰일 때에는 어간에 어미가 붙어서 활용함으로써 다양한 문법적인 기능을 나타낸다. 대부분의 용언은 활용할 때에 어간이나 어미의 기본 형태가 그대로 유지되거나 혹은 다른 형태로 바뀌어도 그 현상을 일정한 규칙으로 설명할 수 있지만, 일부의 용언 가운데에는 활용할 때 '어간의 형태가 불규칙하게 활용하는 것', '어미의 형태가 불규칙하게 활용하는 것', '어간과 어미가 불규칙하게 활용하는 것'이 있다.

① 잇다 → 이으니
② 묻다(問) → 물어서
③ 이르다(至) → 이르러
④ 낫다 → 나으니

13 〈보기〉의 ㉠~㉣에 대한 이해로 가장 적절하지 않은 것은?

> **보기**
>
> 어미를 따라 잡힌
> 어린 게 한 마리
>
> 큰 게들이 새끼줄에 묶여
> 거품을 뿜으며 헛발질할 때
> 게장수의 ㉠구럭을 빠져나와
> 옆으로 옆으로 ㉡아스팔트를 기어간다.
> 개펄에서 숨바꼭질하던 시절
> 바다의 자유는 어디 있을까
> 눈을 세워 ㉢사방을 두리번거리다
> 달려오는 군용 트럭에 깔려
> 길바닥에 터져 죽는다
>
> ㉣먼지 속에 썩어가는 어린 게의 시체
> 아무도 보지 않는 찬란한 빛
>
> – 김광규, '어린 게의 죽음'

① ㉠: 폭압으로 자유를 잃은 구속된 현실을 의미한다.
② ㉡: 자유를 위해 도달하고자 하는 미래의 공간을 나타낸다.
③ ㉢: 약자가 돌파구를 찾기 어려운 현실을 나타낸다.
④ ㉣: 주목받지 못한 채 방치된 대상의 현실을 강조한다.

14 〈보기〉의 작품에 대한 설명으로 가장 옳지 않은 것은?

> **보기**
>
> 홍색(紅色)이 거룩하여 붉은 기운이 하늘을 뛰놀더니, 이랑이 소리를 높이 하여 나를 불러,
> "저기 물 밑을 보라."
> 외치거늘, 급히 눈을 들어 보니, 물 밑 홍운(紅雲)을 헤치고 큰 실오라기 같은 줄이 붉기가 더욱 기이(奇異)하며, 기운이 진홍(眞紅) 같은 것이 차차 나와 손바닥 넓이 같은 것이 그믐밤에 보는 숯불 빛 같더라. 차차 나오더니, 그 위로 작은 회오리밤 같은 것이 붉기가 호박(琥珀) 구슬 같고, 맑고 통랑(通朗)하기는 호박도곤 더 곱더라.
> 그 붉은 위로 훌훌 움직여 도는데, 처음 났던 붉은 기운이 백지(白紙) 반 장(半張) 넓이만치 반듯이 비치며, 밤 같던 기운이 해 되어 차차 커 가며, 큰 쟁반만 하여 불긋불긋 번듯번듯 뛰놀며, 적색(赤色)이 온 바다에 끼치며, 먼저 붉은 기운이 차차 가시며, 해 흔들며 뛰놀기 더욱 자주 하며, 항 같고 독 같은 것이 좌우(左右)로 뛰놀며, 황홀(恍惚)히 번득여 양목(兩目)이 어지러우며, 붉은 기운이 명랑(明朗)하여 첫 홍색을 헤치고, 천중(天中)에 쟁반 같은 것이 수레바퀴 같아 물속으로부터 치밀어 받치듯이 올라붙으며, 항·독 같은 기운이 스러지고, 처음 붉어 겉을 비추던 것은 모여 소 혀처럼 드리워져 물속에 풍덩 빠지는 듯싶더라.
> 일색(日色)이 조요(照耀)하며 물결의 붉은 기운이 차차 가시며, 일광(日光)이 청랑(淸朗)하니, 만고천하(萬古天下)에 그런 장관은 대두(對頭)할 데 없을 듯하더라.
> 짐작에 처음 백지(白紙) 반 장(半張)만치 붉은 기운은 그 속에서 해 장차 나려고 어리어 그리 붉고, 그 회오리밤 같은 것은 진짓 일색을 뽑아 내니 어린 기운이 차차 가시며, 독 같고 항 같은 것은 일색이 몹시 고운 고(故)로, 보는 사람의 안력(眼力)이 황홀(恍惚)하여 도무지 헛기운인 듯싶더라.

① 여성 작가의 작품으로 한글로 쓰여 전해지고 있다.
② 해돋이의 장면을 감각적이고 생동감 있게 묘사하고 있다.
③ 현실 세계에서 있음직한 이야기를 허구적으로 구성한 갈래이다.
④ '회오리밤', '큰 쟁반', '수레바퀴'는 동일한 대상을 비유적으로 표현한 것이다.

15 〈보기〉의 ㉠에 들어갈 사자성어로 가장 적절한 것은?

> **보기**
>
> (㉠), 오로지 베스 놈의 투지와 용맹을 길러서 금옥이네 누렁이를 꺾고 말겠다는 석구의 노력은 다시 열을 올리기 시작했다. 뿐만이 아니었다. 그는 전보다도 더 주의 깊게 베스 놈을 위해 주었고 그런 그의 정표 하나로 베스를 위해 암캐 한 마리를 더 얻어 들였을 만큼 따뜻한 배려를 아끼지 않았다.
> – 이청준, '그 가을의 내력'

① 泥田鬪狗   ② 吳越同舟
③ 臥薪嘗膽   ④ 結草報恩

16 〈보기〉의 내용에 대한 이해로 가장 옳지 않은 것은?

> **보기**
>
> 『훈민정음』 서문은 "우리나라의 말이 중국과 달라 문자로 서로 통하지 아니하므로"로 시작합니다. 말 그대로 세종대왕 당시의 말이 중국과 다르다는 것인데 '다름'에 대해 말하려면 '있음'이 전제가 되어야 합니다. 세종대왕 당시에 우리말이 있었고, 말은 하루아침에 생겨난 것이 아닐 테니 이전부터 계속 있어 왔던 것입니다. 우리에게도 말이 있고 중국에도 말이 있는데 이 둘이 서로 달라서 문자로 통하지 못한다는 것입니다. 이때의 문자는 당연히 한자입니다. 한자는 중국말을 적기 위한 것이어서 우리말을 적기에는 적합하지 않았습니다. 사실 한자로 우리말을 적는 것이 불가능한 것은 아닙니다. 고구려 때의 광개토 대왕비를 보면 빼곡하게 한자가 기록되어 있는데 고구려 사람이 중국어를 적어 놓았을 리는 없습니다. 당시에 문자가 없으니 한자를 빌려 자신들이 남기고 싶은 기록을 남긴 것입니다. 한자는 뜻글자이니 한자의 뜻을 알고 문장이 어떻게 구성되는지 알면 그 뜻을 헤아려 자신의 말로 읽을 수 있습니다. 〈중략〉 그런데 많은 이들이 세종대왕께서 우리글이 아닌 우리말을 만드신 것으로 오해하고 있습니다. 왜 그럴까요? 말과 글자를 같은 것으로 여기는 것은 흔한 일인데 유독 우리가 심합니다. 우리만 한글을 쓰는 것이 큰 이유입니다. 한자는 중국, 한국, 일본, 베트남 등 여러 곳에서 쓰이고 로마자는 훨씬 더 많은 나라에서 쓰입니다. 하지만 한글은 오로지 우리나라에서 우리말을 적는 데만 쓰입니다. 그러니 한글로 적힌 것은 곧 우리말이라는 등식이 성립되어 한글과 우리말을 같은 것으로 여기는 것입니다.
> – 한성우, '말의 주인이 되는 시간'

① 한글은 언어가 아니라 문자를 가리키는 것이다.
② 세종대왕이 만드신 것은 우리말이 아니라 우리글이다.
③ 한국어는 오로지 한글로만 표기할 수 있다.
④ 한글이 오로지 한국어를 표기하는 데 사용되기 때문에 많은 사람이 한글과 한국어를 혼동한다.

17 〈보기 1〉의 (가)~(다)에 들어갈 가장 적절한 문장을 〈보기 2〉에서 순서대로 바르게 나열한 것은?

보기 1

생존을 위해 진화한 우리 뇌는 본능적으로 생존에 이롭고 해로운 대상을 구분하는 능력이 있다. 단맛을 내는 음식은 영양분이 많을 가능성이 높고 역겨운 냄새가 나는 음식은 부패했거나 몸에 해로울 가능성이 높다. 딱히 배우지 않아도 우리는 자연적으로 선호하거나 혐오하는 반응을 보인다. ＿＿＿＿＿(가)＿＿＿＿＿

초콜릿 케이크를 한 번도 먹어보지 못한 사람이 있다고 해보자. 처음 그에게 초콜릿 케이크의 냄새나 색은 전혀 '맛있음'과 연관이 없을 것이다. 하지만 일단 맛을 본 사람은 케이크 자체만이 아니라 케이크의 냄새, 색, 촉감 등도 무의식적으로 선호하게 된다. 그러면 밸런타인데이와 같이 초콜릿을 떠올릴 수 있는 신호만으로도 강한 반응을 이끌어 낼 수 있다. ＿＿＿＿＿(나)＿＿＿＿＿

인공지능과 달리 동물은 생존과 번식에 대한 생물학적 조건을 기반으로 진화했다. 생물은 생존을 위해 에너지를 구하고 환경에 반응하며 유전자를 남기기 위해 번식을 한다. 이런 본능적인 목적을 달성하기 위한 여러 종류의 세부 목표가 있다. 유념할 점은 한 기능적 영역에서 좋은 것(목적 달성에 유용한 행동과 자극)이 다른 영역에서는 전혀 도움이 되지 않고 오히려 해로울 수 있다는 사실이다.

한 여우가 있다. 왼편에는 어린 새끼들이 금세 강물에 빠질 듯 위험하게 놀고 있고 오른쪽에는 토끼 한 마리가 뛰고 있다. 새끼도 보호해야 하고 먹이도 구해야 하는 여우는 어떤 선택을 해야 할까. ＿＿＿＿＿(다)＿＿＿＿＿ 우리는 그 과정을 의사 결정이라고 한다. 우리는 의사 결정을 의식적으로 한다고 생각하지만 실제로는 선택지에 대한 계산의 상당 부분이 무의식적으로 빠르게 일어나기 때문에 다행히도 행동을 하는 데 어려움이나 갈등을 많이 느끼지 않는다. 그래서 위와 같은 상황에서 여우는 두 선택지의 중요도가 비슷하더라도 중간에 멍하니 서 있지 않고 재빨리 반응한다. 그래야 순간적인 위험을 피하고 기회를 잡을 수 있다.

보기 2

ㄱ. 이와 더불어 동물은 경험에 따라 좋고 나쁜 것을 학습하는 능력을 가지고 있다.

ㄴ. 뇌는 여러 세부적인 동기와 감정적, 인지적 반응을 합쳐서 선택지에 가치를 매긴다.

ㄷ. 이렇듯 우리는 타고난 기본 성향과 학습 능력을 통해 특정 대상에 대한 기호를 형성한다.

	(가)	(나)	(다)
①	ㄱ	ㄴ	ㄷ
②	ㄱ	ㄷ	ㄴ
③	ㄴ	ㄱ	ㄷ
④	ㄷ	ㄱ	ㄴ

18 자신의 생각, 물건, 일 등을 낮추어 겸손하게 이르는 말로 가장 옳지 않은 것은?

① 옥고(玉稿)
② 관견(管見)
③ 단견(短見)
④ 졸고(拙稿)

19 밑줄 친 단어의 품사가 나머지 셋과 다른 것은?

① 여기에 <u>다섯</u> 명이 있다.
② 하나에 하나를 더하면 <u>둘</u>이다.
③ 선생님께서 <u>세</u> 번이나 말씀하셨다.
④ <u>열</u> 사람이 할 일을 그 혼자 해냈다.

20 복합어의 조어법이 나머지 셋과 다른 것은?

① 개살구
② 돌미나리
③ 군소리
④ 짚신

정답 및 해설: p.90

모바일 자동 채점 + 성적 분석 서비스 바로 가기
QR코드를 이용해 모바일로 간편하게 채점하고 나의 실력이 어느 정도인지, 취약 부분이 어디인지 바로 파악해 보세요!

gosi.Hackers.com

법원직 9급 출제 경향

1. 영역별 출제 문항 수 (2018~2023)

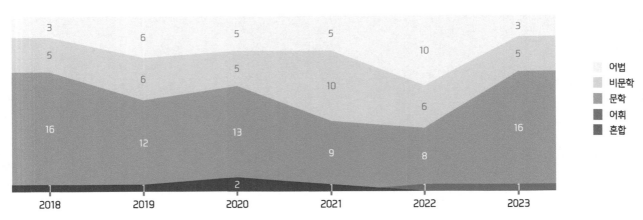

법원직 9급 시험은 최근 6년 간 문학 영역이 평균 12문제가 출제되어 가장 큰 비중을 차지하였고, 그 뒤를 이어 비문학 영역이 평균 7문제가 출제되었습니다. 2022년 시험에서 어법 영역이 10문제나 출제된 것은 특이 사항입니다.

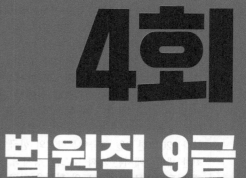

4회

법원직 9급

2. 영역별 최근 출제 경향 및 학습방법

법원직 시험은 법원행정처에서 출제하고 있습니다. 법원직 시험의 경우 비문학 지문 및 문학 작품의 길이가 길기 때문에 독해력을 기르기 위해 법원직 기출문제도 함께 풀어 보는 것을 추천합니다.

어법	**다양한 출제 포인트의 문제 출제** 문장, 단어, 중세 국어 등 다양한 출제 포인트의 문제가 고루 출제되었습니다. ▶ 어법 개념을 정확히 학습하고 문제 풀이를 통해 개념을 적용하는 연습을 해야 합니다. [빈출 포인트] 문장 / 단어 / 중세 국어 / 한글 맞춤법
비문학	**독해 능력을 요구하는 문제 출제** 세부 내용 파악, 내용 추론과 같이 독해력을 요구하는 문제가 출제되었으며, 글의 전략을 파악하는 문제도 꾸준히 출제되었습니다. ▶ 독해력 향상을 위해 다양한 독해 지문으로 독해 연습을 충분히 해야 합니다. [빈출 포인트] 세부 내용 파악 / 글의 전략 파악 / 내용 추론
문학	**감상 능력을 확인하거나 서술상 특징을 파악하는 문제가 출제** 작품의 종합적 감상 능력을 확인하거나 작품의 서술상 특징을 파악하는 문제가 출제되었습니다. ▶ 문학 이론을 학습한 후 이를 적용하여 문학 작품을 해석하는 연습을 충분히 해야 합니다. [빈출 포인트] 작품의 종합적 감상 / 서술상의 특징
어휘	**한자어 문제가 집중적으로 출제** 어휘 영역은 한자어의 의미를 파악하여 푸는 문제가 출제되었습니다. ▶ 빈출 한자어를 중심으로 학습하고 빈출 어휘의 표기와 의미는 반드시 암기해야 합니다. [빈출 포인트] 한자어
혼합	**어휘와 결합한 혼합 문제 출제** 비문학 지문이나 문학 작품을 어휘 영역의 한자 성어나 속담과 결합한 혼합 문제가 출제되었습니다. ▶ 비문학 지문의 독해와 문학 작품 감상을 연습하고, 한자 성어나 속담을 꾸준히 암기해야 합니다.

제한시간 : 25분 시작 _____시 _____분 ~ 종료 _____시 _____분 나의 점수 _____ 회독수 ☐ ☐ ☐

※ 다음 글을 읽고 물음에 답하시오. [01 ~ 03]

우리는 거짓이 사실을 압도하는 사회에서 살고 있다. 사실에 사회적 맥락이 더해진 진실도 자연스레 설 자리를 잃었다. 2016년에 옥스퍼드 사전은 세계의 단어로 '탈진실'을 선정하며 탈진실화가 국지적 현상이 아니라 세계적으로 나타나는 시대적 특성이라고 진단했다. 탈진실의 시대가 시작된 것을 반증하기라도 하듯 '가짜 뉴스'가 사회적 논란거리로 떠올랐다. 가짜 뉴스의 정의와 범위에 대해선 의견이 여러 갈래로 나뉜다. 언론사의 오보에서부터 인터넷 루머까지 가짜 뉴스는 넓은 스펙트럼 안에서 혼란스럽게 사용되고 있다. 전문가들은 가짜 뉴스의 기준을 정하고 범위를 좁히지 않으면 비생산적인 논란만 가중될 수밖에 없다고 지적한다. 2017년 2월 한국언론학회와 한국언론진흥재단이 주최한 세미나에서는 가짜 뉴스를 '정치적·경제적 이익을 위해 의도적으로 언론 보도의 형식을 하고 유포된 거짓 정보'라고 정의하였다.

가짜 뉴스의 역사는 인류 커뮤니케이션의 역사만큼이나 길다. 백제 무왕이 지은 「서동요」는 선화 공주와 결혼하기 위해 그가 거짓 정보를 노래로 만든 가짜 뉴스였다. 1923년 관동 대지진이 났을 때 일본 내무성이 조선인에 대해 악의적으로 허위 정보를 퍼뜨린 일은 가짜 뉴스가 잔인한 학살로 이어진 사건이다. 이처럼 역사 속에서 늘 반복된 가짜 뉴스가 뜨거운 감자로 떠오른 것은 새삼스러운 것처럼 보이지만, 최근 일어나는 가짜 뉴스 현상을 돌아보면 이전의 사례와는 확연히 다른 점을 발견할 수 있다.

'21세기형 가짜 뉴스'의 특징은 논란의 중심에 글로벌 IT 기업이 있다는 점이다. 가짜 뉴스는 더 이상 동요나 입소문을 통해 퍼지지 않는다. 누구나 쉽게 이용하는 매체에 '정식 기사'의 얼굴을 하고 나타난다. 감쪽같이 변장한 가짜 뉴스들은 대중이 뉴스를 접하는 채널이 신문·방송 같은 전통적 매체에서 포털, SNS 등의 디지털 매체로 옮겨 가면서 쉽게 유통되고 확산된다.

㉠ 가짜 뉴스를 생산하는 이유는 '돈'이다. 뉴스와 관련된 돈은 대부분 광고에서 발생한다. 모든 광고는 광고 중개 서비스를 통하는데, 광고주가 중개 업체에 돈을 지불하면 중개 업체는 금액에 따라 광고를 배치한다. 높은 조회 수가 나오는 사이트일수록 높은 금액의 광고를 배치하는 식이다. 뉴스가 범람하는 상황에서 이용자는 선택과 집중을 할 수밖에 없다. 그 때문에 눈길을 끄는 뉴스가 잘 팔리는 뉴스가 된다. 가짜 뉴스는 선택받을 수 있는 조건을 정확히 알고 대중을 치밀하게 속인다. 어떤 식으로든 눈에 띄고 선택받아 '돈'

이 되기 위해 비윤리적이어도 개의치 않고 자극적인 요소들을 자연스럽게 포함한다. 과정이야 어떻든 이윤만 내면 성공이기 때문이다. 이런 이유로 가짜 뉴스는 혐오나 선동과 같은 자극적 요소를 담게 되고, 이렇게 만들어진 가짜 뉴스는 사회 구성원들의 통합을 방해하고 극단주의를 초래한다.

01 ㉠으로 인해 발생할 수 있는 사회적 문제로 가장 적절한 것은?

① 광고주와 중개 업체 사이에 위계 관계가 발생한다.
② 소비자가 선택과 집중을 통해 뉴스를 소비하게 된다.
③ 혐오와 선동을 담은 뉴스로 인해 극단주의가 발생한다.
④ 소비자가 높은 금액을 주고 읽어야 하는 가짜 뉴스가 생산된다.

02 윗글에 대한 설명으로 가장 적절하지 않은 것은?

① 가짜 뉴스의 기준과 범위를 정하기 어려운 이유를 제시하고 있다.
② 전문성을 가진 단체가 주최한 세미나에서 정의한 가짜 뉴스의 개념을 제시하고 있다.
③ 가짜 뉴스가 논란거리로 떠오르게 된 시대의 특성을 제시하고 있다.
④ 사용 매체의 변화로 인해 발생한 가짜 뉴스의 특징을 제시하고 있다.

03 윗글을 읽고 나눈 대화로 가장 적절한 것은?

① 가짜 뉴스는 현재에도 입소문을 통해서 주로 전파되고 있어.
② 탈진실화는 아직까진 특정 국가에 한정된 일이라고 볼 수 있겠어.
③ 과거에 가짜 뉴스로 인해 많은 사람이 실제로 사망하는 사건이 벌어지기도 했어.
④ 가짜 뉴스 현상은 과거부터 반복되어온 만큼 과거와 현재 서로 다른 점이 존재하지 않아.

04 〈보기〉의 ⊙과 ⓒ을 모두 충족하는 예로 가장 적절한 것은?

보기
> 파생어는 어근에 파생 접사가 결합하여 만들어진다. 이 때 접사가 어근의 앞에 결합하는 경우도 있고, ⊙접사가 어근의 뒤에 결합하는 경우도 있다. 또한 어근에 파생 접사가 결합하여 새로운 단어가 형성될 때 ⓒ어근의 품사가 바뀌는 경우도 있고, 바뀌지 않는 경우도 있다.

① 오늘따라 저녁노을이 유난히 새빨갛다.
② 아군의 사기를 높여야 승산이 있습니다.
③ 무엇보다 그 책은 쉽고 재미있게 읽힌다.
④ 나는 천천히 달리기가 더 어렵다.

05 ⊙ ~ ⓔ 중 〈보기〉의 밑줄 친 부분에 해당하지 않는 것은?

보기
> 높임 표현은 높임의 대상에 따라 주체 높임, 객체 높임, 상대 높임으로 나눌 수 있다. 이 중 객체 높임은 목적어나 부사어가 나타내는 대상, 즉 서술의 객체를 높이는 방법으로 주로 특수 어휘나 부사격 조사 '께'에 의해 실현된다.

지우: 민주야, 너 내일 뭐 할 거니?
민주: 응, 내일 할머니 생신이라서 할머니 ⊙모시고 영화관에 가기로 했어.
지우: 와, 오랜만에 할머니도 뵙고 좋겠다.
민주: 응, 그렇지. 오늘은 할머니께 편지도 써야 할 것 같아.
지우: ⓒ할머니께 드릴 선물은 샀어?
민주: 응, 안 그래도 할머니가 허리가 아프셔서 엄마가 안마의자를 사서 ⓒ드린대. 나는 용돈을 조금 보태기로 했어.
지우: 아, 할머니께서 ⓔ편찮으셨구나.

① ⊙   ② ⓒ
③ ⓒ   ④ ⓔ

※ 다음 글을 읽고 물음에 답하시오. [06 ~ 08]

(가) 시원한 여름 저녁이었다.

바람이 불고 시커먼 구름 떼가 서편으로 몰려 달리고 있었다. 그 구름이 몰려 쌓이는 먼 서편 하늘 끝에선 이따금 칼날 같은 번갯불이 번쩍이곤 했다. 이편 하늘의 별들은 구름 사이사이에서 이상스레 파릇파릇 빛났다. 달은 구름 더미를 요리조리 헤치고 빠져나왔다가는, 새로 몰려오는 구름 더미에 애처롭게도 휘감기곤 했다. 집집의 지붕들은 깊숙하고도 싸늘한 빛으로 물들고, 대기에는 차가운 물기가 돌았다.

땅 위엔 무언지 불길한 느낌이 들도록 차단한 정적이 흘렀다. 철과 나는 베란다 위에 앉아 있었다. 막연한 원시적인 공포감 같은 소심한 느낌에 사로잡혀 무한정 묵묵히 앉아 있었다. 철은 먼 하늘가에 시선을 준 채 연방 담배를 피웠다. 이렇게 한동안 말없이 앉았다가 철은 문득 다음과 같은 얘기를 들려주었다.

(나) 형은 스물일곱 살이었고 동생은 스물두 살이었다.

형은 둔감했고 위태위태하도록 솔직했고, 결국 조금 모자란 사람이었다.

해방 이듬해 삼팔선을 넘어올 때 모두 긴장해서 숨도 제대로 쉬지 못하는 판에 큰 소리로,

"야하, 이기 바루 그 삼팔선이구나이, 야하."

이래 놔서 일행 모두의 간담을 서늘하게 한 일이 있었다. 아버지는 그때도 형을 쥐어박았고, 형은 엉엉 울었고, 어머니도 찔끔찔끔 울었다. 아버지는 애초부터 이 형을 단념하고 있었고, 어머니는 불쌍해서 이따금씩 찔끔거리곤 했다.

물론 평소에 동생에 대한 형으로서의 체모나 위신 같은 것도 전혀 신경을 쓰지 않아서, 이미 철들자부터 형을 대하는 동생의 눈언저리와 입가엔 늘 쓴웃음 같은 것이 어리어 있었으니, 하얀 살갗의 여윈 얼굴에 이 쓴웃음은 동생의 오연한 성미와 잘 어울려 있었다.

어머니는 형에 대한 아버지의 단념이나 동생의 이런 투가 더 서러웠는지도 몰랐다. 그러나 형은 아버지나 어머니나 동생의 표정에 구애 없이 하루하루가 그저 천하태평이었다. 사변이 일어나자 형제가 다 군인의 몸이 됐다.

1951년 가을, 제각기 북의 포로로 잡혀 북쪽 후방으로 인계돼 가다가 둘은 더럭 만났다. 해가 질 무렵, 무너진 통천(通川)읍 거리에서였다.

형은 대뜸 울음보를 터뜨렸다. 펄렁한 야전잠바에 맨머리 바람이었고, 털럭털럭한 군화를 끌고 있었다.

동생도 한순간은 흠칫했으나, 형이 울음을 터뜨리자 난처한 듯 살그머니 외면을 했다. 형에 비해선 주제가 조금 깔끔해서 산뜻한 초록색 군 작업복 차림이었다.

(다) 동생의 눈에선 다시 눈물이 비어져 나왔다.

형은 별안간 두 눈이 휘둥그레져서 동생의 얼굴을 멀끔히 마주 쳐다보더니,

"왜 우니, 왜 울어, 왜, 왜. 어서 그치지 못하겠니."

하면서도 도리어 제 편에서 또 울음을 터뜨리고 있었다.

이튿날, 형의 걸음걸이는 눈에 띄게 절름거렸다. 혼잣소리도 풀이 없었다.

"그만큼 걸었음 무던히 왔구만서두. 에에이, 이젠 좀 그만 걷지딜, 무던히 걸었구만서두."

하고는 주위의 경비병들을 흘끔 곁눈질해 보았다. 경비병들은 물론 알은체도 안 했다. 바뀐 사람들은 꽤나 사나운 패들이었다.

그날 밤 형은 동생을 향해 쓸쓸하게 웃기만 했다.

"칠성아, 너 집에 가거든 말이다, 집에 가거든……."

하고는 또 무슨 생각이 났는지 벌쭉 웃으면서,

"히히, 내가 무슨 소릴 허니. 네가 집에 갈 땐 나두 갈 텐데, 앙 그러니? 내가 정신이 빠졌어."

(라) 한참 뒤엔 또 동생의 어깨를 그러안으면서,

"야, 칠성아!"

동생의 얼굴을 똑바로 마주 쳐다보기만 했다.

바깥은 바람이 세었다. 거적문이 습기 어린 소리를 내며 열리고 닫히곤 하였다. 문이 열릴 때마다 눈 덮인 초라한 들판이 부유스름하게 아득히 뻗었다.

동생의 눈에선 또 눈물이 비어져 나왔다.

형은 또 벌컥 성을 내며,

"왜 우니, 왜? ㅎㅎㅎ."

하고 제 편에서 더 더 울었다.

며칠이 지날수록 형의 걸음은 더 절룩거려졌다. 행렬 속에서도 별로 혼잣소릴 지껄이지 않았다. 평소의 형답지 않게 꽤나 조심스런 낯색이었다. 둘레를 두리번거리며 경비병의 눈치를 흘끔거리기만 했다. 이젠 밤에도 동생의 귀에다 입을 대고 이것저것 지껄이지 않았다. 그러나 먼 개 짖는 소리 같은 것에는 여전히 흠칫흠칫 놀라곤 했다. 동생은 또 참다못해 눈물을 흘렸다. 그러나 형은 왜 우느냐고 화를 내지도 않고 울음을 터뜨리지도 않았다. 동생은 이런 형이 서러워 더 더 흐느꼈다.

(마) 그날 밤, 바깥엔 함박눈이 내렸다.

형은 불현듯 동생의 귀에다 입을 댔다.

"너, 무슨 일이 생겨두 날 형이라구 글지 마라, 어엉"

여느 때답지 않게 숙성한 사람 같은 억양이었다.

"울지두 말구 모르는 체만 해, 꼭."

동생은 부러 큰 소리로,

"야하, 눈이 내린다."

형이 지껄일 소리를 자기가 지금 대신하고 있다고 생각했다.

"……."

그러나 이미 형은 그저 꾹 하니 굳은 표정이었다.

동생은 안타까워 또 울었다. 형을 그러안고 귀에다 입을 대고,

"형아, 형아, 정신 차려."

이튿날, 한낮이 기울어서 어느 영 기슭에 다다르자, 형은 동생의 허벅다리를 쿡 찌르고는 걷던 자리에 털썩 주저앉고 말았다.

형의 걸음걸이를 주의해 보아 오던 한 사람 뒤에서 따발총을 휘둘러 쏘았다.

형은 앉은 채 앞으로 꼬꾸라졌다. 그 사람은 총을 어깨에 둘러메면서,

"메칠을 더 살겠다구 뻐득대? 뻐득대길."

– 이호철, '나상'

06 윗글에 대한 다음 설명 중 가장 적절한 것은?

① 인물의 성격을 상세하게 설명하며 희화화하고 있다.
② 이야기를 외부와 내부로 구성하여 주제를 전달하고 있다.
③ 등장인물의 내적 독백과 갈등을 통해 사건을 전개하고 있다.
④ 사건들을 병렬적으로 제시해 사건을 입체적으로 전달하고 있다.

07 〈보기〉를 참고하여 윗글을 감상한 것으로 가장 적절하지 않은 것은?

> **보기**
> '나상'은 벌거벗은 모습이라는 뜻으로, 순수한 인간 본연의 모습을 간직한 상태를 말한다. 이 소설은 전쟁 중 포로 호송이라는 상황을 빌려 구성원을 획일화하는 사회에 대해 우회적으로 비판하고 있다. 자유를 억압하는 외부의 감시, 전쟁의 폭력성에 의해 희생되는 개인의 모습을 통해 전쟁 상황에서 근원적인 인간성의 소중함을 전달하고 있다.

① 모자라지만 '둔감하고 위태위태하도록 솔직했'던 형은 순수한 인간 본연의 모습을 간직한 인물로 볼 수 있겠군.
② 형이 '경비병의 눈치를 흘끔거리기만'하는 모습에서 개인의 자유를 억압하는 외부의 감시가 존재함을 확인할 수 있겠군.
③ '형이라구 글지 마라'고 말하는 것은 구성원을 획일화하는 사회에 대한 비판적 인식을 드러낸 것으로 볼 수 있겠군.
④ 한 사람이 '따발총을 휘둘러 쏘'는 장면에서 전쟁의 폭력성과 근원적인 인간성 상실의 모습을 확인할 수 있겠군.

08 윗글에 대한 이해로 가장 적절하지 않은 것은?

① '형'은 모두가 긴장한 상황임을 알고 본인도 긴장하여 아무 소리도 내지 못했다.
② '동생'의 울음을 본 '형'은 울지 말라고 하면서 본인도 울음을 터뜨리고 있다.
③ 시간이 지나 '동생'의 귀에 어떤 말도 하지 않는 '형'의 모습을 보며 '동생'은 서러워했다.
④ '형'은 평소와는 다른 억양으로 '동생'에게 자신을 모른 체하라고 했다.

38 해커스공무원학원·공무원인강 gosi.Hackers.com

※ 다음 글을 읽고 물음에 답하시오. [09 ~ 11]

(가) 가시리 가시리잇고 나는
　　　 브리고 가시리잇고 나는
　　　　 위 증즐가 大平盛代(대평셩디)

　　　 날러는 엇디 살라 ᄒ고
　　　 브리고 가시리잇고 나는
　　　　 위 증즐가 大平盛代(대평셩디)

　　　 잡ᄉ와 두어리마ᄂᆞᆫ
　　　 ㉠선ᄒ면 아니 올셰라
　　　　 위 증즐가 大平盛代(대평셩디)

　　　 ㉡셜온 님 보내ᄋᆞᆸ노니 나는
　　　 가시ᄂᆞᆫ 듯 도셔 오쇼셔 나는
　　　　 위 증즐가 大平盛代(대평셩디)

　　　　　　　　　　　 – 작자 미상, '가시리'

(나) 나 보기가 역겨워
　　　 가실 때에는
　　　 말없이 고이 보내 드리우리다.

　　　 영변(寧邊)에 약산(藥山)
　　　 ㉢진달래꽃
　　　 아름 따다 가실 길에 뿌리우리다.

　　　 가시는 걸음걸음
　　　 놓인 그 꽃을
　　　 사뿐히 즈려밟고 가시옵소서.

　　　 나 보기가 역겨워
　　　 가실 때에는
　　　 ㉣죽어도 아니 눈물 흘리우리다.

　　　　　　　　　　　 – 김소월, '진달래꽃'

09 (가)와 (나)의 공통점으로 가장 적절한 것은?

① 임과의 재회를 희망하는 화자의 의지가 드러나고 있다.
② 구체적인 지명을 통해 이별의 상황을 구체화하고 있다.
③ 이별 상황에 대한 체념과 화자의 자기희생적 태도가 드러나고 있다.
④ 이별의 원인을 외부에서 찾음으로써 임에 대한 원망을 드러내고 있다.

10 ㉠~㉣에 대해 나눈 대화로 가장 적절하지 않은 것은?

① ㉠에선 화자가 임을 떠나보내는 이유가 드러나며 서러움을 절제하는 화자의 모습이 느껴져.
② ㉡에서 '셜온'의 주체를 화자로 본다면 임 역시 이별 상황을 아쉬워하고 있음을 알 수 있군.
③ ㉢은 임을 향한 변함없는 사랑을 상징하는 소재로, 화자의 분신으로도 볼 수 있겠군.
④ ㉣은 인고의 자세가 드러나는 부분으로 이별 상황에 대한 화자의 슬픔을 반어적으로 강조하고 있군.

11 (가)와 (나)의 형식상의 특징에 대한 설명으로 가장 적절한 것은?

① (가)는 (나)와 달리 수미 상관의 형식을 보이고 있다.
② (나)는 (가)와 달리 시어의 반복을 통해 운율을 형성하고 있다.
③ (가)와 (나) 모두 전통적인 3·3·2조의 3음보 율격을 보이고 있다.
④ (가)와 (나) 모두 기-승-전-결의 4단 구성을 통해 시상을 전개하고 있다.

(가) 구두 닦는 사람을 보면
　　그 사람의 손을 보면
　　구두 끝을 보면
　　⊙검은 것에서도 빛이 난다.
　　흰 것만이 빛나는 것은 아니다.

　　창문 닦는 사람을 보면
　　그 사람의 손을 보면
　　창문 끝을 보면
　　ⓛ비누 거품 속에서도 빛이 난다.
　　맑은 것만이 빛나는 것은 아니다.

　　청소하는 사람을 보면
　　그 사람의 손을 보면
　　길 끝을 보면
　　ⓒ쓰레기 속에서도 빛이 난다.
　　깨끗한 것만이 빛나는 것은 아니다.

　　마음 닦는 사람을 보면
　　그 사람의 손을 보면
　　마음 끝을 보면
　　보이지 않는 것에서도 빛이 난다.
　　ⓔ보이는 빛만이 빛은 아니다.
　　닦는 것은 빛을 내는 일

　　성자가 된 청소부는
　　청소를 하면서도 성자이며
　　성자이면서도 청소를 한다.

　　　　　　　　－ 천양희, '그 사람의 손을 보면'

(나) 왜 나는 조그마한 일에만 분개하는가
　　저 왕궁 대신에 왕궁의 음탕 대신에
　　50원짜리 갈비가 기름 덩어리만 나왔다고 분개하고
　　옹졸하게 분개하고 설렁탕집 돼지 같은 주인 년한테 욕
　　을 하고
　　옹졸하게 욕을 하고

　　한번 정정당당하게
　　불잡혀 간 소설가를 위해서
　　언론의 자유를 요구하고 월남 파병에 반대하는
　　자유를 이행하지 못하고
　　20원을 받으러 세 번씩 네 번씩
　　찾아오는 야경꾼들만 증오하고 있는가

　　옹졸한 나의 전통은 유구하고 이제 내 앞에 정서(情緖)로
　　가로놓여 있다
　　이를테면 이런 일이 있었다
　　부산에 포로수용소의 제14야전병원에 있을 때

정보원이 너스들과 스펀지를 만들고 거즈를
개키고 있는 나를 보고 포로 경찰이 되지 않는다고
남자가 뭐 이런 일을 하고 있느냐고 놀린 일이 있었다
너스들 옆에서

지금도 내가 반항하고 있는 것은 이 스펀지 만들기와
거즈 접고 있는 일과 조금도 다름없다
개의 울음소리를 듣고 그 비명에 지고
머리에 피도 안 마른 애놈의 투정에 진다
떨어지는 은행나무 잎도 내가 밟고 가는 가시밭

아무래도 나는 비켜서 있다 ⓐ절정 위에는 서 있지
않고 암만해도 조금쯤 옆으로 비켜서 있다
그리고 조금쯤 옆에 서 있는 것이 조금쯤
비겁한 것이라고 알고 있다!

그러니까 이렇게 옹졸하게 반항한다
이발쟁이에게
땅 주인에게는 못하고 이발쟁이에게
구청 직원에게는 못하고 동회 직원에게도 못하고
야경꾼에게 20원 때문에 10원 때문에 1원 때문에
우습지 않으냐 1원 때문에

모래야 나는 얼마큼 작으냐
바람아 먼지야 풀아 나는 얼마큼 작으냐
정말 얼마큼 작으냐……

　　　　　　　　－ 김수영, '어느 날 고궁을 나오면서'

12 (가)의 ㉠~㉣ 중 〈보기〉의 밑줄 친 ㉮와 성격이 가장 다른 것은?

> **보기**
>
> 텔레비전을 끄자
> ㉮풀벌레 소리 / 어둠과 함께 방안 가득 들어온다
> 어둠 속에서 들으니 벌레 소리들 환하다
> 별빛이 묻어 더 낭랑하다
> 귀뚜라미나 여치 같은 큰 울음 사이에는
> 너무 작아 들리지 않는 소리도 있다
> 그 풀벌레들의 작은 귀를 생각한다
> 내 귀에는 들리지 않는 소리들이 드나드는
> 까맣고 좁은 통로들을 생각한다
> 그 통로의 끝에 두근거리며 매달린
> 여린 마음들을 생각한다
> 발뒤꿈치처럼 두꺼운 내 귀에 부딪쳤다가
> 되돌아간 소리들을 생각한다
> 브라운관이 뿜어낸 현란한 빛이
> 내 눈과 귀를 두껍게 채우는 동안
> 그 울음소리들은 수 없이 나에게 왔다가
> 너무 단단한 벽에 놀라 되돌아갔을 것이다
> 하루살이처럼 전등에 부딪쳤다가
> 바닥에 새카맣게 떨어졌을 것이다
> 크게 밤공기를 들이쉬니
> 허파 속으로 그 소리들이 들어온다
> 허파도 별빛이 묻어 조금은 환해진다
> — 김기택, '풀벌레들의 작은 귀를 생각함'

① ㉠   ② ㉡

③ ㉢   ④ ㉣

13 (나)에 대한 이해로 가장 적절하지 않은 것은?

① 화자는 일상적 경험들을 나열하여 삶을 성찰하고 있어.
② 화자는 비속어 사용을 통해 자신의 속된 모습을 솔직하게 노출하고 있어.
③ 화자는 과거로부터 지속된 옹졸한 태도가 체질화되었음을 고백하고 있어.
④ 화자는 미비한 자연물과의 대비를 통해 자신의 왜소함을 극복하고 있어.

14 (가)와 (나)의 공통점으로 가장 적절하지 않은 것은?

① 대조적 의미의 시구를 제시하여 시상을 전개하고 있다.
② 일상적 시어를 사용하여 시적 정황을 드러내고 있다.
③ 유사한 문장 구조의 반복을 통해 운율을 형성하고 있다.
④ 역설적 인식을 통해 대상에 대한 화자의 태도를 드러낸다.

15 (나)의 ⓐ의 삶을 구현하고 있는 인물로 가장 보기 어려운 경우는?

① 악덕 기업의 제품 불매 운동에 참여하고 있는 중학생
② 불합리한 외교 조약에 대해 반대 시위를 벌이는 시민
③ 자신에게 불리한 인사 평가 제도에 대해 불평하는 회사원
④ 대기업의 노동 착취에 대해 비판적 논조의 기사를 쓴 기자

16 〈보기 1〉을 바탕으로 〈보기 2〉를 탐구한 내용으로 가장 적절하지 않은 것은?

> **보기 1**
> ㉠ 시제 선어말 어미 없이 과거 시제를 표현하는 경우가 있었음.
> ㉡ 서술어의 주체를 높이는 방법 중 하나로 선어말 어미를 사용하였음.
> ㉢ 현대 국어에서 두음 법칙의 적용을 받는 단어들이 두음 법칙의 적용을 받지 않았음.
> ㉣ 특정 부류의 모음이 같이 나타나는 모음 조화 현상이 엄격히 지켜졌음.
> ㉤ 주어의 인칭에 따라 의문형 어미가 달리 나타나는 경우가 있었음.

> **보기 2**
> ⓐ 남기 새 닢 나니이다
>   [나무에 새 잎이 났습니다.]
> ⓑ 이 사ᄅᆞ미 내 닐온 ᄠᅳ들 아ᄂᆞ녀
>   [이 사람이 내가 이른 뜻을 아느냐?]
> ⓒ 大王이 出令ᄒᆞ샤ᄃᆡ 뉘 바ᄅᆞ래 드러가려 ᄒᆞᄂᆞ뇨
>   [대왕이 출령하시되 "누가 바다에 들어가려 하느냐?"]

① ⓐ의 '나니이다'에서 ㉠을 확인할 수 있군.
② ⓒ의 '出令ᄒᆞ샤ᄃᆡ'에서 ㉡을 확인할 수 있군.
③ ⓑ의 '닐온'에서 ㉢을, 'ᄠᅳ들'에서 ㉣을 확인할 수 있군.
④ ⓑ의 '아ᄂᆞ녀'와 ⓒ의 'ᄒᆞᄂᆞ뇨'에서 ㉤을 확인할 수 있군.

※ 다음 글을 읽고 물음에 답하시오. [17~19]

> (가) 임이여 강을 건너지 마오　　　公無渡河
> 　　　임은 마침내 강을 건너는구료　　公竟渡河
> 　　　물에 빠져 죽으니　　　　　　　墮河而死
> 　　　㉠이 내 임을 어이할꼬　　　　　當奈公何
> 　　　　　　　　　　　　　　　－ 작자 미상, '공무도하가'
>
> (나) 고인(古人)도 날 못 보고 나도 고인 못 뵈
> 　　　고인을 못 봐도 녀든 길 알픠 잇니
> 　　　녀든 길 알픠 잇거든 아니 녀고 엇결고
> 　　　　　　　　　　　　　　　－ 이황, '도산십이곡'
>
> (다) 한숨아 셰 한숨아 네 어늬 틈으로 드러온다
> 　　　고모장즈 셰살장즈 가로다지 여다지에 암돌져귀 수돌져귀 빈목걸새 쑥닥 박고 용(龍) 거북 즈물쇠로 수기 수기 추엿는듸 병풍(屛風)이라 덜걱 져븐 족자(簇子) ㅣ 라 딕딍글 몬다 네 어늬 틈으로 드러온다
> 　　　어인지 너 온 날 밤이면 줌 못 드러 ᄒ노라
> 　　　　　　　　　　　　　　　－ 작자 미상

17 (가)~(다)의 공통점으로 가장 적절한 것은?

① 과장적 표현을 통해 화자의 처지를 드러내고 있다.
② 의문형 진술을 활용하여 화자의 정서를 드러내고 있다.
③ 유사한 문장 구조의 반복을 통해 시적 의미를 강조하고 있다.
④ 반어적 표현을 통해 시적 상황을 거부하는 화자를 표현하고 있다.

18 (가)의 밑줄 친 ㉠과 가장 유사한 정서가 드러나는 것은?

① 혹시나 하고 나는 밖을 기웃거린다 / 나는 풀이 죽는다 / 빗발은 한 치 앞을 못 보게 한다 / 왠지 느닷없이 그렇게 퍼붓는다 / 지금은 어쩔 수가 없다고 　　－ 김춘수, '강우'
② 겨울 되자 온 세상 수북히 눈은 내려 / 저마다 하얗게 하얗게 분장하지만 / 나는 / 빈 가지 끝에 홀로 앉아 / 말없이 / 먼 지평선을 응시하는 한 마리 / 검은 까마귀가 되리라
　　　　　　　　　　　　　　　－ 오세영, '자화상 2'
③ 그런 사람들이 / 이 세상에서 알파이고 / 고귀한 인류이고 / 영원한 광명이고 다름 아닌 시인이라고
　　　　　　　　　　　　　　　－ 김종삼, '누군가 나에게 물었다'
④ 동방은 하늘도 다 끝나고 / 비 한 방울 내리잖는 그때에도 / 오히려 꽃은 빨갛게 피지 않는가 / 내 목숨을 꾸며 쉬임 없는 날이여　　　　　　　　　　－ 이육사, '꽃'

19 (나)와 (다)의 형식적 특징에 대한 설명으로 가장 적절하지 않은 것은?

① (나)는 각 장이 4음보의 전통적인 율격으로 되어 있다.
② (다)는 중장이 다른 장에 비해 현저히 길어진 구성을 취하고 있다.
③ (나)와 (다)는 모두 초장, 중장, 종장의 3장 구성으로 되어 있다.
④ (다)는 (나)와 달리 종장의 첫 음보 음절 수가 지켜지지 않고 있다.

※ 다음 글을 읽고 물음에 답하시오. [20~22]

'수오재(守吾齋)*'라는 이름은 큰형님이 자기 집에 붙인 이름이다. 나는 처음에 이 이름을 듣고 이상하게 생각했다.

"나와 굳게 맺어져 있어 서로 떨어질 수 없는 사물 가운데 나[吾]보다 더 절실한 것은 없다. 그러니 굳이 지키지 않아도 어디로 가겠는가. 이상한 이름이다."

내가 장기로 귀양 온 뒤에 혼자 지내면서 곰곰이 생각해 보다가, 하루는 갑자기 이 의문점에 대해 해답을 얻게 되었다. 나는 벌떡 일어나서 말했다.

"천하 만물 가운데 지킬 것은 하나도 없지만, 오직 나[吾]만은 지켜야 한다. 내 밭을 지고 달아날 자가 있는가. 밭은 지킬 필요가 없다. 내 집을 지고 달아날 자가 있는가. 집도 지킬 필요가 없다. 내 정원의 여러 가지 꽃나무나 과일나무들을 뽑아 갈 자가 있는가. 그 뿌리는 땅속에 깊이 박혔다. 내 책을 훔쳐 없앨 자가 있는가. 성현의 경전이 세상에 퍼져 물이나 불처럼 흔한데, 누가 감히 없앨 수 있겠는가. 내 옷이나 양식을 훔쳐서 나를 옹색하게 하겠는가. 천하에 있는 실이 모두 내가 입을 옷이며, 천하에 있는 곡식이 모두 내가 먹을 양식이다. 도둑이 비록 훔쳐 간대야 한두 개에 지나지 않을 테니, 천하의 모든 옷과 곡식을 없앨 수 있겠는가. 그러니 천하 만물은 모두 지킬 필요가 없다.

그런데 오직 ㉠나[吾]라는 것만은 잘 달아나서, 드나드는데 일정한 법칙이 없다. 아주 친밀하게 붙어 있어서 서로 배반하지 못할 것 같다가도, 잠시 살피지 않으면 어디든지 못 가는 곳이 없다. 이익으로 꾀면 떠나가고, 위험과 재앙이 겁을 주어도 떠나간다. 마음을 울리는 아름다운 음악 소리만 들어도 떠나가며, 눈썹이 새까맣고 이가 하얀 미인의 요염한 모습만 보아도 떠나간다. 한 번 가면 돌아올 줄을 몰라서, 붙잡아 만류할 수가 없다. 그러니 천하에 나[吾]보다 더 잃어버리기 쉬운 것은 없다. 어찌 실과 끈으로 묶고 빗장과 자물쇠로 잠가서 나를 굳게 지키지 않겠는가."

나는 나를 잘못 간직했다가 잃어버렸던 자다. 어렸을 때 과거가 좋게 보여서, 10년 동안이나 과거 공부에 빠져들었다. 그러다가 결국 처지가 바뀌어 조정에 나아가 검은 사모관대*에 비단 도포를 입고, 12년 동안이나 대낮에 미친 듯이 큰길을 뛰어다녔다. 그러다가 또 처지가 바뀌어 한강을 건너고 문경 새재를 넘게 되었다. 친척과 조상의 무덤을 버리고 곧바로 아득한 바닷가의 대나무 숲에 달려와서야 멈추게 되었다. 이때에는 나[鼎]에게 물었다.

"너는 무엇 때문에 여기까지 왔느냐? 여우나 도깨비에게 홀려서 끌려왔느냐? 아니면 바다 귀신이 불러서 왔는가? 네 가정과 고향이 모두 초천에 있는데, 왜 그 본바닥으로 돌아가지 않느냐?"

그러나 나[鼎]는 끝내 멍하니 움직이지 않으며 돌아갈 줄을 몰랐다. 얼굴빛을 보니 마치 얽매인 곳에 있어서 돌아가고 싶어도 돌아가지 못하는 것 같았다. 그래서 결국 붙잡아 이곳에 함께 머물렀다. 이때 둘째 형님도 나[鼎]를 잃고 나를 쫓아 남해 지방으로 왔는데, 역시 나[鼎]를 붙잡아서 그곳에 함께 머물렀다.

오직 내 큰형님만 나[鼎]를 잃지 않고 편안히 단정하게 수오재에 앉아 계시니, 본디부터 지키는 것이 있어서 나[鼎]를 잃지 않았기 때문이 아니겠는가. 이게 바로 큰형님이 그 거실에 수오재라고 이름 붙인 까닭일 것이다.

큰형님은 언제나 말씀하셨다.

"아버님께서 내게 태현(太玄)이라고 자를 지어 주셔서, 나는 오로지 내 태현을 지키려고 했다네. 그래서 내 거실에다가 그렇게 이름을 붙인 거지."

하지만 이것은 핑계다. 맹자가 말씀하시기를 "무엇을 지키는 것이 큰가? 몸을 지키는 것이 크다."라고 했으니, 이 말씀이 진실이다. 내가 스스로 말한 내용을 써서 큰형님께 보이고, 수오재의 기로 삼는다.

– 정약용, '수오재기'

* 수오재: 나를 지키는 집
* 사모관대: 벼슬아치의 예복

20 윗글의 서술상 특징으로 가장 적절하지 않은 것은?

① 글쓴이가 얻은 깨달음의 내용을 열거를 통해 제시하고 있다.
② 대상에 대한 의문을 타인과의 문답 과정을 통해 해소하고 있다.
③ 옛 성현의 말을 인용하여 자신의 주장에 설득력을 높이고 있다.
④ 서두에 대상에 대한 의문을 제시함으로써 독자의 흥미를 유발하고 있다.

21 윗글을 이해한 내용으로 가장 적절하지 않은 것은?

① '큰형님'은 자신의 집 거실에 직접 '수오재'라는 이름을 붙였다.
② '나'는 과거에 급제하여 관직에 나아가 10년 이상 나랏일을 했다.
③ '나'는 '수오재'에 대해 생긴 의문에 대한 해답을 장기에 와서 얻는다.
④ '둘째 형님'은 '나'와 마찬가지로 귀양을 왔으나, 깨달음을 얻지 못했다.

22 ⊙에 대한 설명으로 가장 적절한 것은?

① 누가 훔쳐 가기 쉬운 밭과 달리, 스스로 달아나기를 잘한다.
② 나를 옹색하게 만드는 옷과 달리, 유혹에 쉽게 떠나가지 않는다.
③ 널리 퍼져 없애기 어려운 책과 달리, 살피지 않으면 금세 달아난다.
④ 누군가 가져가면 돌아오지 않는 양식과 달리, 떠났다가도 곧 돌아온다.

프레임(frame)은 영화와 사진 등의 시각 매체에서 화면 영역과 화면 밖의 영역을 구분하는 경계로서의 틀을 말한다. 카메라로 대상을 포착하는 행위는 현실의 특정한 부분만을 떼어내 프레임에 담는 것으로, 찍은 사람의 의도와 메시지를 ㉠내포한다. 그런데 문, 창, 기둥, 거울 등 주로 사각형이나 원형의 형태를 갖는 물체들을 이용하여 프레임 안에 또 다른 프레임을 만드는 경우가 있다. 이런 기법을 '이중 프레이밍', 그리고 안에 있는 프레임을 '이차 프레임'이라 칭한다. 이차 프레임의 일반적인 기능은 크게 세 가지로 구분할 수 있다. 먼저, 화면 안의 인물이나 물체에 대한 시선 ㉡유도 기능이다. 대상을 틀로 에워싸기 때문에 시각적으로 강조하는 효과가 있으며, 대상이 작거나 구도의 중심에서 벗어나 있을 때도 존재감을 부각하기가 용이하다. 또한 프레임 내 프레임이 많을수록 화면이 다층적으로 되어, 자칫 밋밋해질 수 있는 화면에 깊이감과 입체감이 부여된다. 광고의 경우, 설득력을 높이기 위해 이차 프레임 안에 상품을 위치시켜 주목을 받게 하는 사례들이 있다.

다음으로, 이차 프레임은 작품의 주제나 내용을 암시하기도 한다. 이차 프레임은 시각적으로 내부의 대상을 외부와 분리하는데, 이는 곧잘 심리적 단절로 이어져 구속, 소외, 고립 따위를 ㉢환기한다. 그리고 이차 프레임 내부의 대상과 외부의 대상 사이에는 정서적 거리감이 조성되기도 한다. 어떤 영화들은 작중 인물을 문이나 창을 통해 반복적으로 보여 주면서, 그가 세상으로부터 격리된 상황을 암시하거나 불안감, 소외감 같은 인물의 내면을 시각화하기도 한다.

마지막으로, 이차 프레임은 '이야기 속 이야기'인 액자형 서사 구조를 지시하는 기능을 하기도 한다. 일례로, 어떤 영화는 작중 인물의 현실 이야기와 그의 상상에 따른 이야기로 구성되는데, 카메라는 이차 프레임으로 사용된 창을 비추어 한 이야기의 공간에서 다른 이야기의 공간으로 들어가거나 빠져 나온다.

그런데 현대에 이를수록 시각 매체의 작가들은 이차 프레임의 ㉣범례에서 벗어나는 시도들로 다양한 효과를 끌어내기도 한다. 가령 이차 프레임 내부 이미지의 형체를 식별하기 어렵게 함으로써 관객의 지각 행위를 방해하여, 강조의 기능을 무력한 것으로 만들거나 서사적 긴장을 유발하기도 한다. 또 문이나 창을 봉쇄함으로써 이차 프레임으로서의 기능을 상실시켜 공간이나 인물의 폐쇄성을 드러내기도 한다. 혹은 이차 프레임 내의 대상이 그 경계를 넘거나 파괴하도록 하여 호기심을 자극하고 대상의 운동성을 강조하는 효과를 낳는 사례도 있다.

23 윗글에 대한 다음 설명 중 가장 적절하지 않은 것은?

① 이차 프레임의 기능을 병렬적으로 나열하고 있다.
② 이차 프레임이 사용되는 다양한 예시를 제시하고 있다.
③ 이차 프레임의 효과에 대한 전문가의 견해를 인용하고 있다.
④ 프레임, 이중 프레이밍, 이차 프레임의 개념을 정의하고 있다.

24 문맥상 ㉠~㉣의 의미로 가장 적절하지 않은 것은?

① ㉠: 어떤 성질이나 뜻 따위를 속에 품음.
② ㉡: 사람이나 물건을 목적한 장소나 방향으로 이끎.
③ ㉢: 탁한 공기를 맑은 공기로 바꿈.
④ ㉣: 예시하여 모범으로 삼는 것.

25 윗글을 이해한 내용으로 가장 적절한 것은?

① 프레임 밖의 영역에는 찍은 사람의 의도와 메시지가 담긴다.
② 이차 프레임 안의 대상과 밖의 대상 사이에는 거리감이 조성되기도 한다.
③ 이차 프레임 내 대상의 크기가 작을 경우에는 대상의 존재감이 강조되기 어렵다.
④ 이차 프레임 안의 화면을 식별하기 어렵게 만들 경우, 역설적으로 대상을 강조하는 효과가 발생한다.

정답 및 해설: p.95

gosi.Hackers.com

지방직 7급 출제 경향

1. 영역별 출제 문항 수 (2018~2022)

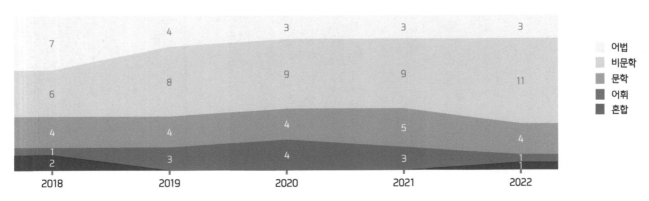

지방직 7급 시험은 비문학 영역이 가장 많이 출제되고, 그 뒤를 이어 문학 영역의 출제 비중이 높습니다. 최근 5개년 동안 한문 문제는 한 문항도 출제되지 않았습니다.

5회

지방직 7급

2. 영역별 최근 출제 경향 및 학습방법

어법

다양한 출제 포인트의 문제 출제
한글 맞춤법과 말소리, 단어 등 다양한 출제 포인트의 문제가 고루 출제되었습니다.
▶ 어법 개념을 정확히 학습하고 문제 풀이를 통해 개념을 적용하는 연습을 해야 합니다.
빈출 포인트 한글 맞춤법 / 말소리 / 단어 / 문장

비문학

독해력을 요구하는 문제와 비문학 지식을 묻는 문제 출제
세부 내용 파악, 내용 추론과 같이 독해력을 요구하는 문제가 출제되었으며, 화법 작문과 같이 비문학 지식을 묻는 문제도 출제되었습니다.
▶ 독해력 향상을 위해 독해 연습을 꾸준히 해야 하며, 비문학 이론과 관련된 내용도 정리해야 합니다.
빈출 포인트 세부 내용 파악 / 내용 추론 / 화법 / 작문

문학

작품 감상 능력을 요구하는 문제 출제
제시된 작품의 내용뿐만 아니라 작품 속에 사용된 문학 이론 등을 종합적으로 이해하는 능력을 요구하는 문제가 가장 많이 출제되었습니다.
▶ 여러 갈래의 문학 작품을 정확하게 감상하는 연습을 해서 작품의 종합적 감상 문제를 대비해야 합니다.
빈출 포인트 작품의 종합적 감상

어휘

한자 학습 여부를 파악할 수 있는 문제 출제
최근 5개년간 한자어와 한자 성어에 관련된 문제가 꾸준히 출제되었습니다.
▶ 기출 한자어와 한자 성어를 꾸준히 암기하고 자주 출제되는 한자의 표기와 의미도 학습해야 합니다.
빈출 포인트 한자어 / 한자 성어

혼합

어휘와 다른 영역의 혼합 문제 출제
어법, 비문학 등 다른 영역과 어휘 영역이 혼합된 문제가 주로 출제되었습니다.
▶ 어휘 영역이 혼합된 문제는 선택지에 제시된 어휘 및 표현을 정확하게 알아야 풀 수 있으므로 어휘를 꾸준히 암기해야 합니다.

제한시간 : 20분　시작 _____시 _____분 ~ 종료 _____시 _____분　나의 점수 _____　회독수 □□□

01 다음 연설에 대한 설명으로 가장 적절한 것은?

　올림픽 헌장은 "올림픽의 목적은 인류의 조화로운 발전과 인간 존엄성의 수호를 위해, 평화로운 사회를 만들기 위해 스포츠 경기를 하는 것이다."라고 말합니다. 이것이 올림픽 정신이며, 스포츠의 가능성과 힘을 보여 주는 것이라고 저는 굳게 믿습니다. 열 살 때 남북 선수단이 올림픽 경기장에 동시 입장하는 것을 보고 처음으로 스포츠의 힘을 느꼈습니다. 오늘 저는 유엔 총회의 '올림픽 휴전 결의안' 초안 승인을 통해 그때 목격했던 스포츠의 힘을 다시 한번 볼 수 있기를 바랍니다.

① 반대되는 사례를 제시하여 주장을 부각하고 있다.
② 권위 있는 자료를 인용하여 설득력을 높이고 있다.
③ 설의적인 표현을 사용하여 공감대를 형성하고 있다.
④ 연설자의 공신력을 강조하여 신뢰도를 높이고 있다.

02 다음 글의 내용과 부합하는 것은?

　사적인 필요가 사적 건축을 낳는다면, 공적인 필요는 다수를 위한 공공 건축을 낳는다. 공공 건축은 정부나 지방 자치 단체가 주도하면서 사적 자본이 생산해 낼 수 없는 공간을 생산해 내어야 한다. 이곳은 자본의 논리에서 소외된 영역을 보살피는 공적인 영역이다. 따라서 공공 건축은 국민의 삶의 질을 한 단계 높이는 데 기여할 수 있어야 한다. 그리고 특정 개인의 취향이 반영된 것이 아니라 보다 큰 다수가 누릴 수 있는 것을 배려하는 보편성을 갖추어야 한다. 그러면서도 사적 건축으로는 하기 어려운 지역의 정체성과 문화적 전통도 보존해야 한다. 이렇게 공공 건축은 공적인 소통의 장이 되어야 하는 것이다.

① 사적 건축은 국민의 삶의 질을 높이는 역할을 해야 한다.
② 사적 건축은 국민 다수의 보편적인 취향을 반영해야 한다.
③ 공공 건축은 지역의 정체성을 반영한 소통의 장이 되어야 한다.
④ 공공 건축은 사적 자본을 활용하여 다수가 누릴 수 있는 공간을 만들어야 한다.

03 다음 대화에 대한 설명으로 가장 적절한 것은?

민서: 정국이 말이야. 우리한테는 말도 안 해 주고 자기 혼자 공모전에 신청했더라.
채연: 글쎄, 왜 그랬을까?
민서: 그러게 말이야. 정말 기분 나빠.
채연: 정국이도 나름대로 사정이 있었을 거야.
민서: 사정은 무슨 사정? 자기 혼자 뛰어 보고 싶은 거겠지.
채연: 내가 지난 학기에 과제를 함께 해 봐서 아는데, 그럴 애가 아니야. 민서야, 정국이에 대해 다시 한번 생각해 보는 건 어때?
민서: 너 자꾸 이럴 거야? 도대체 왜 정국이 편만 드는 거야?

① 채연은 자신의 경험을 예로 들며 민서를 설득하고 있다.
② 채연은 민서의 의견을 수용하며 원만한 갈등 해소를 유도하고 있다.
③ 민서는 정국이의 상황과 감정을 고려하며 대화의 타협점을 찾고 있다.
④ 민서는 채연의 답변에서 모순점을 찾아내며 논리적으로 비판하고 있다.

04 다음 글의 주된 서술 방식으로 가장 적절한 것은?

　배의 돛은 바람의 힘을 이용하여 배를 멀리까지 항해할 수 있게 한다. 별도의 동력에 의지하지 않고도 추진력을 얻는 것이다. 이와 마찬가지로 우주선도 별도의 동력 없이 먼 우주 공간까지 갈 수 있을 것이다. 우주 공간에도 태양에서 방출되는 입자들이 일으키는 바람이 있어서 '햇살 돛'을 만들면 그 태양풍의 힘으로 추진력을 얻을 수 있기 때문이다.

① 정의　　　　　　　② 분류
③ 서사　　　　　　　④ 유추

05 (가)에 들어갈 한자 성어로 가장 적절한 것은?

> 소설가 에번 코넬은 단편 소설의 초고를 읽어 내려가면서 쉼표를 하나하나 지웠다가 다시 한번 읽으면서 쉼표를 원래 있던 자리에 되살려 놓는 과정을 거치면 단편 하나가 완성된다고 했다. 강박증 환자처럼 보이지만 실은 치열한 문장가가 아닌가! 불필요한 곳에 나태하게 찍혀 있는 쉼표는 글의 논리와 리듬을 망쳐 놓는다. 쉼표를 사용할 필요가 없는 ⎯⎯(가)⎯⎯의 문장을 쓰거나 쉼표의 앞뒤를 섬세하게 짚게 하는 치밀한 문장을 만들어야 한다.

① 髀肉之歎
② 聲東擊西
③ 苦盡甘來
④ 天衣無縫

06 밑줄 친 부분의 한자 표기가 옳은 것은?

① 이번 연주회의 백미(百眉)는 단연 바이올린 독주였다.
② 그분은 고령에도 불구하고 노익장(老益壯)을 과시했다.
③ 신춘문예 공모는 젊은 소설가들의 등용문(燈龍門)이다.
④ 우리 회사에는 미봉책(未縫策)이 아닌 근본 대책이 필요하다.

07 밑줄 친 말이 표준어가 아닌 것은?

① 그는 구멍 난 양말을 꼬매고 있다.
② 그는 자동차에 대해서 빠삭한 편이다.
③ 그는 나를 보고 계면쩍게 웃기만 했다.
④ 밥을 제대로 차려 먹기에는 어중된 시간이다.

08 ㉠～㉣을 활용하여 사례의 밑줄 친 부분을 분석한 것으로 옳지 않은 것은?

> 어간과 결합하는 어미는 다음과 같이 분류될 수 있다. 먼저 실현되는 위치에 따라 ㉠선어말 어미와 어말 어미로 나뉜다. 다음으로 어말 어미는 그 기능에 따라 ㉡연결 어미, ㉢종결 어미, ㉣전성 어미로 나뉜다.

	사례	분석
①	형이 어머니를 잘 모시겠지만 조금은 걱정돼.	어간+㉠+㉡
②	많은 사람들이 오갔기 때문에 소독을 해야 해.	어간+㉠+㉣
③	어머니께서 할머니께 전화를 드리셨을 텐데.	어간+㉠+㉠+㉡
④	아버지께서 지난주에 편지를 보내셨을걸.	어간+㉠+㉠+㉢

09 밑줄 친 단어가 다의어 관계로 묶인 것은?

① 무를 강판에 갈아 즙을 내었다.
　고장 난 전등을 새것으로 갈아 끼웠다.
② 안개에 가려서 앞이 잘 안 보인다.
　음식을 가리지 말고 골고루 먹어야 한다.
③ 긴장이 되면 입술이 바짝바짝 탄다.
　벽난로에서 장작불이 활활 타고 있다.
④ 이 경기에서 지면 결승 진출이 좌절된다.
　모닥불이 지면 한기가 느껴지기 시작한다.

10 다음 시조에 대한 이해로 적절하지 않은 것은?

> 한숨아 셰 한숨아 네 어늬 틈으로 드러온다
> 고모장ᄌ 셰살장ᄌ 가로다지 여다지에 암돌져귀 수돌져귀 비목걸새 ᄶᅮᆨ닥 박고 용(龍) 거북 ᄌᆞ물쇠로 수기수기 ᄎ엿늬 병풍(屛風)이라 덜걱 져븐 족자(簇子) ㅣ라 ᄃᆡᄃᆡ글 ᄆᆞᆫ다 네 어늬 틈으로 드러온다
> 어인지 너 온 날 밤이면 ᄌᆞᆷ 못 드러 ᄒᆞ노라
>
> ─ 작자 미상, '한숨아 셰 한숨아'

① 부사어를 활용하여 시적 대상의 존재를 부각하고 있다.
② 의인화한 시적 대상과의 대화를 통해 시상을 전개하고 있다.
③ 동일한 구절을 반복하여 시적 대상에 대한 화자의 감정을 강조하고 있다.
④ 유사한 종류의 사물들을 열거하여 시적 대상을 향한 화자의 의지를 나타내고 있다.

11 다음 글에 대한 이해로 적절하지 않은 것은?

> "공부를 많이 한 사람이 어째 해남 대흥사에 있나? 서울 조계사에 있어야지……." "에이, 대흥사도 대찰(大刹)이에요." "그래도 중들의 중앙청은 역시 조계사 아닌가?" "스님들에게 중앙청이 어디 있어요? 그거 싫다고 떠난 사람들인데." "그래서 가짜가 많다고……." "네?" "책은 많이 썼는가?" "책이라뇨?" "스님들이 책 많이 쓰지 않나, 요즘?" "에이, 지명 스님은 그런 거 안 써요." "그러면 테레비에는 나와?" "테레비에도 안 나와요. 지명 스님, 그런 거 할 사람이 아니에요." "그러면 라디오에는? 요새는 불교방송이라는 라디오 방송도 생겼다는데?" "나대는 스님이 아니라니까요." "에이, 그러면 공부 많이 한 스님이 아니야." "네?"
> 그는 내 인내를 시험해 보기로 작정했던 모양인가? 이유 없이 따귀를 한 대 맞은 느낌이었다. 〈중 략〉
> 나는, 정말이지 가만히 있을 수가 없었다.
> "이 세상에는 학생을 가르치는 교수도 있고, 더 잘 가르칠 수 있도록 그런 교수를 가르치는 교수도 있어요. 이 세상에는 중생을 제도하는 스님도 있고 더 잘 제도할 수 있도록 그런 스님을 가르치는 스님도 있어요. 텔레비전 시청자나 라디오 청취자에게 적합한 지식을 가진 사람도 있고, 텔레비전이나 라디오에 나갈 사람을 가르치는 사람도 있어요." "에이, 그것은 못 나간 사람들이 만들어 낸 변명이야."
>
> — 이윤기, '숨은그림찾기1—직선과 곡선' 중에서

① '나'의 입장에서 볼 때 '조계사'와 '대흥사'는 우열의 관계가 아니다.
② '나'의 입장에서 볼 때 '책'을 쓰는 것은 '공부 많이 한 스님'이 갖추어야 할 조건이다.
③ '그'의 입장에서 볼 때 '지명 스님'은 '못 나간 사람들'에 속한다.
④ '그'의 입장에서 볼 때 '중앙청'에 있는 스님들은 '중앙청'이 아닌 곳에 있는 스님들보다 '공부를 많이 한 사람'이다.

12 다음 글의 내용과 부합하지 않는 것은?

> 과거에 예술은 고급 예술만을 의미했다. 특별한 재능을 가진 예술가의 작품을 귀족과 같은 상층 사람들이 제한된 장소에서 감상하기만 했다. 그러나 사진기와 같은 새로운 기술의 발명으로 기존의 걸작품이 복제되어 인테리어 소품이나 낭만적인 엽서로 사용되면서 대중도 예술 작품을 공유할 수 있게 되었다. 원작에 버금가는 위작이 만들어지고, 게다가 일상의 생필품처럼 사용되는 작품도 등장하게 되면서는, 대중은 더 이상 예술 작품을 수동적으로 감상하는 데에 머물지 않고 능동적으로 소비하고 실용적으로 사용하게 되었다.
> 이런 상황의 변화는 예술이 무엇인가를 고민하게 만들었다. 이전까지는 예술 작품이 진본성, 유일성을 가져야 한다고 보았지만 이러한 기술 복제 시대에는 이와 같은 조건이 적용될 수 없었기 때문이다. 또한 공원에 타도록 설치된 그네를 예술 작품이라 하는 것과 같이 일상의 물품 역시 과거와 달리 예술의 범주에 들어갈 수 있게 되었기 때문이다.

① 복제와 관련된 기술의 발명은 예술을 둘러싼 상황을 변화시키는 데 기여했다.
② 기술 복제 시대 전에도 귀족은 예술 작품을 실용적으로 사용했다.
③ 기술 복제 시대에는 진본성을 갖추는 것이 예술 작품의 필수 조건이 되지 못했다.
④ 기술 복제 시대 전에는 인테리어 소품이 예술에 포함될 수 없었지만 기술 복제 시대에는 포함될 수 있었다.

13 (가)와 (나)에 들어갈 말로 가장 적절한 것은?

A는 다음과 같은 실험을 진행했다. 먼저, 검은색 옷과 흰색 옷을 입은 6명이 두 개의 농구공을 가지고 패스를 주고받는 동안 고릴라 복장의 사람을 지나가게 하고 그 장면을 동영상으로 촬영했다. 그리고 실험 참가자들에게 이 동영상을 보여 주면서 흰색 옷을 입은 사람들이 몇 번 패스를 주고받았는지 세어 달라고 요청했다. 이에 대해 참가자들은 패스 횟수에 대해서는 각자의 답을 말했는데, 동영상 중간 중간에 출현한 고릴라 복장의 사람에 대해서는 하나같이 보지 못했다고 답했다. 참가자들이 패스 횟수를 세는 데 집중하느라 1분이 채 안 되는 동영상 가운데 9초에 걸쳐 등장하는 고릴라 복장의 사람을 인지하지 못한 것이다. A는 이 실험을 통해 다음의 결론을 도출했다.

　　　(가)　　　.

이 실험 결과를 우리의 일상에서도 확인해 볼 수 있다. 오토바이 운전자의 안전을 위해 눈에 잘 띄는 밝은색 옷을 입도록 권하는데, 밝은색 옷의 오토바이 운전자는 시각적으로 더 잘 보이고, 덕분에 더 쉽게 알아볼 수 있기 때문이다. 그렇다고 해도 모든 자동차 운전자가 밝은색 옷을 입은 오토바이 운전자를 다 알아보는 것은 아니다. 바라보는 행위는 인지의 　　(나)　　 없기 때문이다.

① (가): 인간의 인지는 시각과 밀접하게 관련되어 있다
　　(나): 충분조건일 수는 있어도 필요조건일 수는
② (가): 인간의 인지는 시각과 밀접하게 관련되어 있다
　　(나): 필요조건일 수는 있어도 충분조건일 수는
③ (가): 인간은 중요하다고 생각하는 것 위주로 주의를 기울인다
　　(나): 충분조건일 수는 있어도 필요조건일 수는
④ (가): 인간은 중요하다고 생각하는 것 위주로 주의를 기울인다
　　(나): 필요조건일 수는 있어도 충분조건일 수는

14 ⊙~ⓔ 중 적절하지 않은 것은?

寂寞荒田側	적막한 묵정밭 가에
繁花壓柔枝	만발한 꽃이 보드라운 가지를 누르네
香經梅雨歇	향기는 장맛비 지나면 옅어지고
影帶麥風欹	그림자는 보리바람 맞으면 흔들리겠지
車馬誰見賞	수레 탄 사람들이 누가 보아 주리
蜂蝶徒相窺	벌과 나비만 기웃거리는구나
自慚生地賤	천한 땅에 태어난 것 부끄러우니
堪恨人棄遺	사람들에게 버림받은 것 어찌 원망하리오

　　　　　　　　　　　　　　 – 최치원, '촉규화'

이 시는 최치원이 당나라 유학 시절, 관직에 오르기 전에 지은 것으로 추정된다. 길가의 촉규화에 자신을 투영하여 출중한 능력에도 원하는 바를 성취할 수 없었던 서글픈 처지를 노래하였다. ⊙ 이 시에서 "만발한 꽃"은 작가 자신이 지니고 있는 빼어난 능력을 가리킨다고 할 수 있다. 그러나 능력이 있다고 해서 곧바로 등용될 수 있는 것은 아니었는데, ⓒ 그에게는 자신의 능력을 알아보고 등용의 기회를 부여해 줄 "수레 탄 사람들"이 필요했다. 뿐만 아니라 ⓒ "수레 탄 사람들"과 자신을 이어줄 수 있는 "벌과 나비" 역시 절실했다. 이 작품에서 ⓔ "천한 땅"은 시적 대상인 촉규화가 피어난 곳을 의미하기도 하고 작가 자신이 태어난 땅을 의미하기도 한다.

① ⊙　　　　　　　　　　② ⓒ
③ ⓒ　　　　　　　　　　④ ⓔ

15 다음 시에 대한 이해로 적절하지 않은 것은?

> 나무는 자기 몸으로
> 나무이다
> 자기 온몸으로 나무는 나무가 된다
> 자기 온몸으로 헐벗고 零下 十三度
> 零下 二十度 地上에
> 온몸을 뿌리박고 대가리 쳐들고
> 무방비의 裸木으로 서서
> 두 손 올리고 벌 받는 자세로 서서
> 아 벌 받은 몸으로, 벌 받는 목숨으로 起立하여, 그러나
> 이게 아닌데 이게 아닌데
> 온 魂으로 애타면서 속으로 몸속으로 불타면서
> 버티면서 거부하면서 零下에서
> 零上으로 零上 五度 零上 十三度 地上으로
> 밀고 간다, 막 밀고 올라 간다
> 온몸이 으스러지도록
> 으스러지도록 부르터지면서
> 터지면서 자기의 뜨거운 혀로 싹을 내밀고
> 천천히, 서서히, 문득, 푸른 잎이 되고
> 푸르른 사월 하늘 들이받으면서
> 나무는 자기의 온몸으로 나무가 된다
> 아아, 마침내, 끝끝내
> 꽃 피는 나무는 자기 몸으로
> 꽃 피는 나무이다
>
> — 황지우, '겨울―나무로부터 봄―나무에로'

① 시적 대상을 의인화하여 시상을 전개하고 있다.
② 감탄사를 활용하여 화자의 정서를 표현하고 있다.
③ 시간의 흐름에 따른 시적 대상의 변화 과정을 드러내고 있다.
④ 공감각적 심상을 활용하여 시적 대상이 처한 상황을 보여 주고 있다.

16 다음 글의 전개 순서로 가장 자연스러운 것은?

> (가) 젊은이들 가운데 약삭빠르고 방탕하여 어딘가에 얽매이는 것을 싫어하는 자들이 이 말을 듣고 제 세상 만난 듯 기뻐하여 앉고 서고 움직이는 예절을 마음에 내키는 대로 한다.
>
> (나) 성인께서도 사람을 가르치실 때 먼저 겉모습부터 단정히 해야만 바야흐로 자신의 마음을 안정시킬 수 있다고 하시었다. 세상에 비스듬히 눕고 기대서 멋대로 말하고 멋대로 보면서 주경존심(主敬存心)*할 수 있는 사람은 없다.
>
> (다) 근래 어떤 자가 반관(反觀)*으로 이름을 떨쳐 겉모습을 단정하게 꾸미는 것을 가식이요, 허위라고 한다.
>
> (라) 나도 예전에 이 병에 깊이 걸렸던 터라 늙어서까지 예절을 익히지 못했으니 비록 후회해도 고치기가 어렵다.
>
> (마) 지난번 너를 보니 옷깃을 가지런히 하여 똑바로 앉는 것을 즐기지 않아 장중하고 엄숙한 기색을 조금도 볼 수 없었는데, 이는 내 병통이 한 바퀴 돌아 네가 된 것이다.
>
> — 정약용, '두 아들에게 부침'

※ 주경존심(主敬存心): 공경하는 마음을 간직함.
※ 반관(反觀): 남들이 하는 대로 보지 않고 거꾸로 보거나 반대로 생각하는 것.

① 가 ― 나 ― 다 ― 라 ― 마
② 나 ― 라 ― 마 ― 다 ― 가
③ 다 ― 가 ― 라 ― 마 ― 나
④ 마 ― 라 ― 가 ― 나 ― 다

17 ⊙～②을 문맥을 고려하여 수정한 것으로 가장 적절한 것은?

> 농촌의 모습을 주된 소재로 삼는 A 드라마에 결혼 이주 여성이 등장한다는 것은 그녀들이 직면한 여러 문제들을 다룰 기회가 마련되었다는 점에서 일단은 긍정적이다. 하지만 ⊙그녀들이 농촌에 정착하는 과정에서 경험하게 되는 다양한 문제들을 단순화할 수 있는 위험성도 내포하고 있다.
>
> 이 드라마에는 모문화와 이문화 사이의 차이로 인해 힘겨워하는 여성, 민족적 정체성에 혼란을 겪는 여성, 아이의 출산과 양육 문제로 갈등을 겪는 여성 등이 등장한다. 문제는 이 드라마에서 이러한 갈등의 원인을 제대로 규명하는 것보다는 ⓒ부부간의 사랑이나 가족애를 통해 극복하는 낭만적인 해결 방식을 주로 선택한다는 데에 있다.
>
> 예를 들어, ○○화에서는 여성 주인공이 아이의 태교 문제로 내적 갈등을 겪다가 결국 자신의 생각을 포기함으로써 그 갈등이 해소된 것처럼 마무리된다. 태교에 대한 문화적 차이가 주된 원인이었지만, 이 드라마에서는 그것에 주목하기보다 ⓒ남편과 갈등을 일으키는 여성 주인공의 모습을 부각하여 사랑과 이해에 기반한 순종과 순응을 결혼 이주 여성이 갖추어야 할 덕목으로 묘사한 것이다.
>
> 이 드라마에서 ②이러한 강요된 선택과 해소되지 않은 심적 갈등이 사실대로 재현되지 않음으로써 실질적인 원인은 은폐되고 여성의 일방적인 양보와 희생을 통해 해당 문제들이 성급히 봉합된다. 이는 어디까지나 한국인의 시선으로만 결혼 이주 여성과 다문화 가정을 바라보고 있기 때문이다.

① ⊙을 "그녀들이 농촌에 정착하는 과정에서 경험하게 되는 다양한 문제들을 탐색할 수 있는 가능성도"로 고친다.

② ⓒ을 "시댁 식구를 비롯한 한국인들과의 온정적인 소통을 통해 극복하는 구체적인 해결 방식"으로 고친다.

③ ⓒ을 "남편의 의견을 따르는 여성 주인공의 모습"으로 고친다.

④ ②을 "이러한 억압적 상황과 해소되지 않은 외적 갈등이 여과 없이 노출됨으로써"로 고친다.

18 (가)에 들어갈 말로 가장 적절한 것은?

> 자기지향적 동기와 타인지향적 동기는 행위의 적극성과 어떤 관계가 있을까? A는 자율 방범대원들에게 이 일의 자원 동기에 대해 물어보았다. 자기지향적 동기만 말한 사람과 타인지향적 동기만 말한 사람, 그리고 둘 다 말한 사람이 고르게 분포되었다. 그 후 설문에 참여한 사람들이 2개월간 방범 순찰에 참여한 횟수를 살펴보았다. 그 결과 자기지향적 동기를 말한 사람들 모두가 자기지향적 동기를 말하지 않은 사람들보다 순찰 횟수가 더 많은 것으로 나타났다. 그리고 전자 중 타인지향적 동기를 말한 사람들의 순찰 횟수가 그렇지 않은 사람들보다 유의미하게 많은 것으로 나타났다. A는 이를 토대로 ⎡ (가) ⎤고 추정하였다.

① 자기지향적 동기만 가진 사람은 타인지향적 동기만 가진 사람보다 행위의 적극성이 높다

② 타인지향적 동기를 가진 사람은 자기지향적 동기를 가진 사람보다 행위의 적극성이 높다

③ 자기지향적 동기는 행위의 적극성에 긍정적 영향을 주기도 하고 부정적 영향을 주기도 한다

④ 자기지향적 동기가 행위의 적극성에 긍정적 영향을 주는 경우 타인지향적 동기는 부정적 영향을 준다

19 갑~병에 대한 평가로 적절한 것만을 <보기>에서 모두 고르면?

갑: 일상적인 언어생활에서 가족이 아닌 이들과 대화할 때 '우리 엄마'라는 표현을 자주 쓰곤 하는데, 좀 이상하지 않아? '우리 동네'라는 표현과 비교하면 무엇이 문제인지 분명하게 알 수 있어. '우리 동네'는 화자의 동네이기도 하면서 청자의 동네이기도 한 특정한 하나의 동네를 지칭하잖아. 그런 식이라면 '우리 엄마'는 형제가 아닌 화자와 청자가 공유하는 엄마를 지칭하는 이상한 표현이 되는 셈이지. 그러니까 이 경우의 '우리 엄마'는 잘못된 어법이고 '내 엄마'라고 하는 것이 올바른 어법이라고 할 수 있어.

을: 청자가 사는 동네와 화자가 사는 동네가 다른 경우에도 '우리 동네'라는 표현을 쓸 수 있어. 물론 이 표현이 의미하는 것은 청자가 사는 동네와 다른, 화자가 사는 동네가 되겠지. 이 경우 '우리 동네'라는 표현은 '그 표현을 말하는 사람이 사는 동네' 정도를 의미할 거야. 갑이 문제를 제기한 '우리 엄마'의 경우도 마찬가지라고 볼 수 있어.

병: '우리 엄마'와 '내 엄마'가 같은 뜻을 갖는 것은 아니야. '내 동네'라고 하지 않고 '우리 동네'라고 하는 것은 동네를 공유하는 공동체가 존재하기 때문이겠지. 마찬가지로 '내 엄마'라고 하지 않고 '우리 엄마'라고 하는 것은 우리가 늘 가족 공동체 속에서의 엄마를 생각하기 때문일 거야. 즉, 가족 구성원 중의 한 명인 엄마를 공유하는 공동체가 존재한다는 것이지.

보기
ㄱ. 갑은 '우리 엄마'라는 표현이 화자와 청자 모두의 엄마를 가리킨다고 보는 입장이다.
ㄴ. 형제가 서로 대화하면서 '우리 엄마'라는 표현을 쓸 때 이 표현이 형과 동생 모두의 엄마를 가리킨다는 것은 을의 입장을 약화한다.
ㄷ. 무인도에 혼자 살아온 사람이 그 섬을 '우리 마을'이라고 말하면 어색하게 느껴진다는 것은 병의 입장을 약화하지 않는다.

① ㄱ
② ㄱ, ㄷ
③ ㄴ, ㄷ
④ ㄱ, ㄴ, ㄷ

20 A와 B의 주장에 대한 평가로 적절한 것만을 <보기>에서 모두 고르면?

A는 아동의 사고와 언어의 발달이 개인적 차원에서 사회적 차원으로 진행된다고 주장한다. 그에 따르면 말을 배우기 시작하는 2~3세경에 '자기중심적 언어'가 나타났다가 8세경에 학령이 되면서 자기중심적 언어는 소멸하고 '사회적 언어'의 단계로 진입한다고 주장한다.

B는 A가 주장한 자기중심적 언어의 존재를 인정하면서도 그것의 성격에 있어서는 다른 견해를 지닌다. A와 달리 그는 자기중심적 언어가 문제에 대한 해결 방법을 구안하는 데 중요한 사고의 도구가 된다고 주장한다. 그에 따르면 자기중심적 언어는 아동이 자기 자신과 대화할 때 나타나는데, 아동은 자신과 대화하는 방식으로 소리 내며 사고한다. 그는 자기중심적 언어가 자연적 존재를 문화적 존재로 변모시키는 기능을 하며, 학령이 되면서 소멸하는 게 아니라 내면화되어 소리 없는 '내적 언어'를 구성함으로써 정신 기능을 발달시킬 수 있는 원동력이 된다고 본다.

이러한 두 사람의 입장 차이는 자기중심적 언어의 전(前)단계에 대한 서로 다른 생각에서 기인한 것으로 보인다. A는 출생 이후 약 2세까지의 아이가 언어 이전의 '환상적 사고'의 단계에 머물러 있는 것으로 보는데, 여기서 환상적 사고는 자신과 대상 세계를 구분하지 못하는 것을 가리킨다. 자신과 대상 세계를 구분하지 못하면 의사소통 행위가 불가능하므로 A는 이 단계의 아이가 보여주는 타인과의 상호작용을 의사소통 행위가 아니라고 주장한다. 반면, B의 경우 출생 이후 약 2세까지의 상호작용을 의사소통 행위로 판단한다. 그에 따르면 이때의 의사소통 행위는 타자의 규제와 이에 따른 자기규제가 작동하는 대화적 상호작용의 일종으로, 사회적 언어를 통해 수행된다.

B 역시 A와 마찬가지로 아동의 언어와 사고의 발달이 3단계로 진행된다고 보지만, 그 방향에 있어서는 사회적 언어에서 출발하여 자기중심적 언어를 거쳐 내적 언어 순으로 진행된다고 본다.

보기
ㄱ. '자기중심적 언어'의 단계 전에 A는 의사소통 행위가 이루어지지 않는 것으로, B는 이루어지는 것으로 본다.
ㄴ. A는 '자기중심적 언어'가 학령이 되면 없어지는 것으로 보는 반면, B는 없어지지 않는 것으로 본다.
ㄷ. A와 B는 '사회적 언어'의 단계로 진입하는 시기에 대해 견해를 달리한다.

① ㄱ
② ㄱ, ㄴ
③ ㄴ, ㄷ
④ ㄱ, ㄴ, ㄷ

정답 및 해설: p.102

모바일 자동 채점 + 성적 분석 서비스 바로 가기
QR코드를 이용해 모바일로 간편하게 채점하고 나의 실력이 어느 정도인지, 취약 부분이 어디인지 바로 파악해 보세요!

gosi.Hackers.com

부록

실력 향상 고난도 기출

제한시간 : 25분   시작 _____시 _____분 ~ 종료 _____시 _____분   나의 점수 _____   회독수 ☐☐☐

01 안긴문장의 유형이 다른 것은?

① 아이들은 장난을 좋아하기 마련이에요.
② 이러다가는 버스를 놓치기 십상이다.
③ 공부가 어렵기는 해도 결국 저 하기 나름이에요.
④ 비가 많이 오기 때문에 공사를 할 수 없다.
⑤ 나는 하루도 달리기를 거른 기억이 없다.

02 어법에 맞지 않는 문장은?

① 독감 유행이 지나가는 대로 다시 올게.
② 우리는 서로 걸맞는 짝이 아니라는 데 의견이 일치했다.
③ 컴퓨터에 익숙지 않으면 인공 지능 시대를 살아가는 데 어려움이 크다.
④ 돌이켜 생각건대, 김 선생님은 정말 누구에게나 존경받을 만한 분이오.
⑤ 저는 솔직히 기대치도 않은 선물을 받아서 고마웠어요.

03 ㉠과 같은 표현 기법이 활용된 것은?

> 아아 ㉠광고의 나라에 살고 싶다
> 사랑하는 여자와 더불어
> 행복과 희망만 가득찬
> 절망이 꽃피는, 광고의 나라
>
> — 함민복, '광고의 나라' 중에서

① 나 보기가 역겨워 가실 때에는 / 죽어도 아니 눈물 흘리오리다
② 이 마을 전설이 주저리주저리 열리고
③ 내 마음은 나그네요 / 그대 피리를 불어주오
④ 구름에 달 가듯이 / 가는 나그네
⑤ 어둠은 새를 낳고, 돌을 / 낳고, 꽃을 낳는다

04 다음 글에 대한 이해로 적절한 것은?

현대에 들어서 성격에 대한 체계적인 접근은 프로이트를 중심으로 하는 정신 역동학에서 이루어졌다. 지그문트 프로이트는 인간 행동에 미치는 무의식의 영향을 강조하면서 무의식이 억압된 욕구에 의해 형성된다고 주장했는데 개인이 스스로의 욕구를 조절하는 방식을 성격이라고 보았다. 어려서부터 자신의 욕구가 좌절되고 충족되는 과정을 통해 성격이 형성되고 그중에서 충족될 수 없는 욕구와 그를 둘러싼 갈등이 무의식으로 억압된다는 것이다. 그런데 정신 역동학은 성격의 형성 과정과 성격이 개인행동에 미치는 영향에는 관심이 있었지만, 성격을 유형화하려는 시도는 하지 않았다.

융은 다른 정신 역동학자와 달리 오랫동안 역사와 문화를 공유한 집단의 구성원들에게 존재하는 무의식을 강조했다. 이 때문에 융은 부모와 아이의 상호작용이라는 개인적 요인보다는 집단 무의식 수준의 보편적 원리들이 작동하여 성격이 형성된다고 보았다. 특히 융은 인간의 정신이 대립 원리에 의해 작동한다고 주장했는데, 대립 원리란 개인 내에 존재하는 대립 혹은 양극적인 힘이 갈등을 야기하고, 이 갈등이 정신 에너지를 생성한다는 것을 의미한다. 이 같은 융의 주장을 근거로 1940년대 MBTI와 같은 유형론적 성격 이론이 만들어지기도 하였다.

1980년대 이후 유전학과 뇌과학 등 생물학적 방법론이 크게 발전하면서 성격에 대한 접근은 새로운 전기를 마련한다. 부모의 양육 방식 등 환경을 강조한 정신 역동학에 비해 유전적으로 타고나는 기질의 중요성을 뒷받침하는 증거들이 발견되기 시작한 것이다. 특히 내향성과 외향성은 성격 형성에 대한 기질의 영향을 잘 보여 주는 특성이다. 이처럼 인간의 행동에 영향을 미치는 보편적인 특성을 발견하려는 노력이 이어졌고 그 결과 성격 5요인 모델과 같은 특성론적 성격 이론이 확립되었다.

① 프로이트는 개인이 자신의 욕구를 적절한 방법으로 해결하는 데 관심을 두고, 이를 조절하는 방식을 유형화하였다.
② 생물학적 방법론은 정신 역동학이 전제하는 욕구의 억압 조절 문제에 관심을 가지며 부모의 양육 태도를 강조했다.
③ 융 이전의 정신 역동학자들은 집단의 구성원들에게 존재하는 무의식 수준의 보편적인 원리가 성격 형성에 영향을 미친다고 보았다.
④ 유전학의 발전에 따른 일련의 발견들은 인간이 지닌 보편적 특성들을 통해 개인의 성격을 설명하고자 하는 이론으로 발전하였다.
⑤ 외향성과 내향성은 서로 대립하며 정신적 에너지를 창출하는 일종의 정신 작용으로 받아들여지며, 유형론적 성격 이론이 해체되는 계기를 가져왔다.

06 다음 글에 대한 이해로 적절한 것은?

표현적 글쓰기는 왜 그렇게 효과가 있을까? 우리가 흔히 경시하는 고통스러운 감정을 마주해야 되기 때문이다. 우리는 자수성가를 칭송하고 강인한 사람을 미화하는 세상에 살고 있다. 이 문화적 메시지와 그것이 우리에게 가하는 모든 압박 때문에 우리는 우리의 욕구를 간과하도록 배운다. 심지어 나약하다는 느낌을 갖거나 힘든 감정을 품었다고 스스로를 혐오하기도 한다. 표현적 글쓰기는 종일 꾹꾹 참고 발설하지 않은 취약한 측면을 찾아내고 그것에 대해 경청할 기회를 주기 때문에 효과가 있는 것이다.

또한 글쓰기 과정이 다른 사람을 염두에 두지 않았다는 점도 매우 중요하다. 우리는 보통 타인이 볼 글을 쓸 때, 스스로 검열하고 글이 충분히 좋은지에 관심을 두게 된다. 그러나 표현적 글쓰기는 그렇지 않다. 두서없고, 누가 읽기에도 적합하지 않은 글을 쓴 후 버리면 된다. 이것은 자신이 가진 모든 감정과 교감하는 데 도움을 줄 수 있다.

① 표현적 글쓰기는 고통스러운 감정을 피하는 데 효과가 있다.
② 표현적 글쓰기는 자수성가를 칭송하고 강인한 사람을 미화하는 데 필요하다.
③ 표현적 글쓰기는 타인을 의식하여 스스로 검열하는 특징을 지닌다.
④ 표현적 글쓰기는 참고 발설하지 않은 것에 대해 경청할 기회를 준다.
⑤ 표현적 글쓰기는 두서없이 편하게 써서 간직하도록 고안되었다.

05 다음은 받침 'ㅎ'의 발음에 대한 자료이다. 이를 바탕으로 이끌어 낸 규칙으로 옳지 않은 것은?

자료1. 놓고 → [노코] 않던 → [안턴] 닳지 → [달치]
자료2. 않네 → [안네] 뚫는 → [뚤는 → 뚤른]
자료3. 닿소 → [다ː쏘] 많소 → [만ː쏘] 싫소 → [실쏘]
자료4. 놓는 → [논는] 쌓네 → [싼네]
자료5. 낳은 → [나은] 않은 → [아는] 싫어도 → [시러도]

① 'ㅎ(ㄶ, ㅀ)' 뒤에 'ㅅ'이 결합되는 경우에는, 'ㅅ'을 [ㅆ]으로 발음한다.
② 'ㄶ, ㅀ' 뒤에 'ㄴ'이 결합되는 경우에는, 'ㅎ'을 발음하지 않는다.
③ 'ㅎ' 뒤에 'ㄴ'이 결합되는 경우에는, 'ㅎ'을 발음하지 않는다.
④ 'ㅎ(ㄶ, ㅀ)' 뒤에 모음으로 시작된 어미나 접미사가 결합되는 경우에는, 'ㅎ'을 발음하지 않는다.
⑤ 'ㅎ(ㄶ, ㅀ)' 뒤에 'ㄱ, ㄷ, ㅈ'이 결합되는 경우에는, 뒤 음절 첫소리와 합쳐서 [ㅋ, ㅌ, ㅊ]으로 발음한다.

07 ⊙, ⓒ에 들어갈 내용으로 적절한 것은?

최후통첩 게임에서 두 참가자는 일정한 액수의 돈을 어떻게 분배할지를 놓고 각각 나름의 결정을 내리게 된다. 먼저 A에게 1,000원짜리 100장을 모두 준 다음 그 돈을 다른 한 사람인 B와 나누라고 지시한다. 이때 A는 자기가 제안하는 액수를 받아들일지 말지 결정할 권리가 B에게 있다는 사실을 알고 있다. 만약 B가 그 제안을 수용하면, 두 사람은 A가 제안한 액수만큼 각각 받는다. 만약 B가 그 제안을 거절하면, 아무도 그 돈을 받지 못한다. 이는 일회적 상호작용으로서, 결정할 수 있는 기회는 단 한번뿐이고 두 사람은 서로에 대해서 전혀 모르는 사이이다. 그들은 어떤 결정을 내릴 것인가? 만약 두 사람이 모두 자기 이익에 충실한 개인들이라면, A는 아주 적은 액수의 돈을 제안하고 B는 그 제안을 받아들일 것이다. A가 단 1,000원만 제안하더라도, B는 그 제안을 받아들여야 한다. 왜냐하면 B는 (⊙) 둘 중 하나를 선택해야 하기 때문이다. 만약 상대방이 합리적 자기 이익에 충실하다고 확신한다면, A는 결코 1,000원 이상을 제안하지 않을 것이다. 그 이상을 제안하는 일은 상대방의 이익을 배려한 것으로 자신의 이익을 불필요하게 줄이기 때문이다. 이것이 이기적인 개인들에게서 일어날 상황이다.

하지만 현실에서는 이런 상황은 절대 일어나지 않는다. 실험 결과에 따르면, 사람들은 낮은 액수의 제안을 받으면 거절하는 경향이 있다. 이 연구에서 나타난 명백한 결과에 따르면 총액의 25% 미만을 제안할 경우 그 제안은 거절당할 가능성이 상당히 높다. 비록 자기의 이익이 최대화되지 않더라도 제안이 불공평하다고 생각하면 거절하는 것으로 보인다. 액수를 반반으로 나누고자 하는 사람이 제일 많다는 점은 이를 지지해 준다. 결과적으로 이 실험은 (ⓒ)는 것을 보여 준다.

① ⊙: 제안한 1,000원을 받든가, 한 푼도 받지 못하든가
　　ⓒ: 인간의 행동이 경제적 이득에 의해서 움직인다
② ⊙: 1,000원보다 더 적은 금액을 받든가, 제안한 1,000원을 받든가
　　ⓒ: 인간이 공정성과 상호 이득을 염두에 두고 행동한다
③ ⊙: 제안한 1,000원을 받든가, 한 푼도 받지 못하든가
　　ⓒ: 인간의 행동이 경제적 이득에 의해서만 움직이지 않는다
④ ⊙: 1,000원보다 더 적은 금액을 받든가, 제안한 1,000원을 받든가
　　ⓒ: 인간의 행동이 경제적 이득에 의해서만 움직이지 않는다
⑤ ⊙: 제안한 1,000원을 받든가, 한 푼도 받지 못하든가
　　ⓒ: 인간이 공정성과 상호 이득을 염두에 두고 행동하지 않는다

08 다음 글에 서술된 '나이브 아트'에 대한 설명으로 적절한 것만을 〈보기〉에서 모두 고르면?

정규 미술 교육을 받지 않고, 어떤 화파에도 영향을 받지 않은 예술 경향을 나이브 아트라고 한다. 우리말로 소박파라고도 불리지만 특정한 유파를 가리키기보다 작가의 경향을 가리키는 말이다.

나이브 아트는 개인적인 즐거움을 주제로 형식에 얽매이지 않는 특징을 보인다. 우리에게 잘 알려진 나이브 아트 예술가로는 앙리 루소, 앙드레 보샹, 모리스 허쉬필드, 루이 비뱅, 그랜마 모지스 등이 있다. 이들은 서양 미술의 기본 규칙인 원근법, 명암법, 구도 등에 구속되지 않는 평면적 화면, 단순하지만 강렬한 색채, 자세한 묘사 등을 특징으로 보여 준다.

전업 화가가 아닌 본업이 따로 있어 낮은 취급을 받던 아웃사이더 예술이었지만, 독일 출신의 컬렉터이자 비평가 빌헬름 우데가 루소, 보샹 등의 화가들을 발굴하며 하나의 예술 영역으로 자리 잡는다. 이후 나이브 아트는 피카소와 같은 기존 미술의 권위와 전통에 반하는 그림을 그리려는 화가들의 주목을 받으며 현대 미술의 탄생에도 적지 않은 영향을 끼쳤다.

보기
ㄱ. 나이브 아트에 속하는 화가로 루소, 보샹 등이 있다.
ㄴ. 나이브 아트는 특정한 유파를 가리킨다.
ㄷ. 나이브 아트 작가들은 서양 미술의 기본 규칙을 따르고자 한다.
ㄹ. 현대 미술은 나이브 아트의 탄생에 결정적인 영향을 끼쳤다.

① ㄱ
② ㄷ
③ ㄱ, ㄴ
④ ㄴ, ㄷ
⑤ ㄱ, ㄷ, ㄹ

09 다음 시에 대한 이해로 적절하지 않은 것은?

마른 잎사귀에 도토리알 얼굴 부비는 소리 후두둑 뛰어내려 저마다 멍드는 소리 멍석 위에 나란히 잠든 반들거리는 몸 위로 살짝살짝 늦가을 햇볕 발 디디는 소리 먼 길 날아온 늦은 잠자리 채머리 떠는 소리 맷돌 속에서 껍질 타지며 가슴 동당거리는 소리 사그락사그락 고운 뼛가루 저희끼리 소근대며 어루만져 주는 소리 보드랍고 찰진 것들 물 속에 가라앉으며 안녕 안녕 가벼운 것들에게 이별 인사 하는 소리 아궁이 불 위에서 가슴이 확 열리며 저희끼리 다시 엉기는 소리 식어 가며 단단해지며 서로 핥아 주는 소리

도마 위에 다갈빛 도토리묵 한 모

모든 소리들이 흘러 들어간 뒤에 비로소 생겨난 저 고요
저토록 시끄러운, 저토록 단단한,

– 김선우, '단단한 고요'

① '도토리묵'이 만들어지는 과정을 청각적 이미지를 중심으로 형상화하고 있다.
② 나무에 매달린 도토리에서부터 묵으로 엉길 때까지의 과정을 형상화하고 있다.
③ 상반된 시어인 '고요'와 '시끄러운'을 병치시켜 역설의 미학을 보여 주고 있다.
④ 시적 대상인 도토리를 의인화하여 표현하고 있다.
⑤ 자연과의 교감을 통한 인간에 대한 이해를 보여 주고 있다.

10 (가)~(라)를 논리적 순서에 맞게 나열한 것은?

(가) 아동 정신의학자 존 볼비는 엄마와 아이 사이의 애착을 연구하면서 처음으로 이 현상에 관심을 갖게 되었다. 그가 처음 연구를 시작할 때만 해도 아이가 엄마와 계속 붙어 있으려고 하는 이유는 먹을 것을 얻기 위해서라는 생각이 지배적이었다.

(나) 아동 정신의학자로 활동하며 연구를 이어간 끝에, 볼비는 엄마와의 애착 관계가 불안정한 아이는 정서 발달과 행동 발달에 큰 문제가 생길 수 있음을 알게 됐다. 또한 아이가 애착을 느끼는 대상이 아이를 세심하게 돌보고 보살필 때 아이는 보호받는 기분, 안전함, 편안함을 느끼고, 이는 아이가 건강하게 발달해서 생존할 확률을 높이는 요소라는 사실을 밝혀냈다.

(다) 애착이란 시간이 흐르고 멀리 떨어져 있어도 유지되는 강력한 정서적 유대감으로 정의할 수 있다. 특정한 사람과 어떻게든 가까이 있고 싶은 감정이 애착의 핵심이지만 상대가 반드시 똑같이 느껴야 하는 것은 아니다.

(라) 하지만 볼비는 아이가 엄마와 분리되면 엄청나게 괴로워하며, 다른 사람이 돌봐 주거나 먹을 것을 줘도 그러한 고통이 해소되지 않는다는 사실을 발견했다. 엄마와 아이의 유대에 뭔가 특별한 것이 있다는 의미였다.

① (가) – (나) – (다) – (라)
② (가) – (다) – (나) – (라)
③ (나) – (가) – (다) – (라)
④ (다) – (가) – (라) – (나)
⑤ (다) – (라) – (가) – (나)

11 다음 글에 대한 이해로 적절하지 않은 것은?

오픈AI사에서 개발해 내놓은 '챗지피티(chatGPT)'의 열기가 뜨겁다. 챗지피티는 인터넷에 존재하는 다양한 텍스트 데이터를 학습해 구축된 인공 지능으로, 사용자와 채팅을 통해 상호작용하는 형식으로 사용자의 요구에 응답한다. 예를 들어 "3+4를 계산하는 파이썬 코드를 짜 줘"라고 요구하면, 챗지피티는 실제로 작동하는 코드를 출력해서 알려 준다. 뒤이어 "같은 작업을 R에서 사용하는 코드로 짜 줘"라고 말하면, 대화의 맥락을 파악하고 같은 기능의 R 코드를 제공한다.

우리는 어떻게 시시각각 신기술로 무장하는 인공 지능과 '함께' 살아갈 수 있을까? 첫째, '인공 지능이 해 줄 수 있는 일'과 '인간이 할 필요가 없는 일'이 동의어가 아니라는 점을 명확히 인지해야 한다. 다시 말해, 인공 지능이 잘할 수 있는 일이라고 해서 인간이 그것을 할 줄 몰라도 된다는 것이 아니라는 것이다. 둘째, 인공 지능을 지혜롭게 사용하려면 인공 지능이 가진 성찰성의 한계를 이해해야 한다. 챗지피티의 흥미로운 특징은 매우 성찰적인 인공 지능인 척하지만, 사실은 매우 형편없는 자기반성 능력을 갖추고 있다는 데 있다.

인공 지능의 기능에 대해 성찰하는 것은 결국 인간의 몫이지, 기계의 역할이 아니다. 물론 인공 지능은 다양한 상호작용을 통해 스스로의 오류를 교정하고 최적화하는 기능을 탑재하고 있다. 머신 러닝(machine learning)이라는 개념이 바로 그것이다. 그러나 이 메커니즘은 명백하게도 인간 사용자의 특성과 의사에 따라 좌우될 수 있다. 사용자 경험을 통해 성능을 향상시켜 가고 있는 구글 번역기는 영어-스페인어 사이의 전환은 훌륭하게 수행하지만 영어-한국어 사이의 전환은 그만큼 잘하지 못한다. 그 사용자의 수가 적기 때문이다. 사회의 소수자는 인공 지능의 메커니즘에서도 소수자이다. 다시 말해, 인공 지능에 대해 성찰하는 역할만큼은 인간이 인공 지능에게 맡기지 말아야 할 영역이다.

인공 지능의 범람 속에서 살아남는 방법은, 인공 지능과 '함께 살아가는 인간'이 되는 것이다. 인공 지능을 과소평가하지 않고, 또한 인간 스스로의 가치와 주체성도 과소평가하지 않는, 용감하고 당당한 인간으로 살아가고자 하는 태도가 필요하다.

① 인간은 인공 지능과 공존하는 방법을 모색해 인공 지능을 지혜롭게 사용해야 한다.
② 인공 지능을 활용한 머신 러닝에도 인간 사용자의 특성이 반영된다.
③ 인공 지능이 글쓰기를 잘 수행하더라도 인간은 글쓰기 능력을 길러야 한다.
④ 인공 지능을 지혜롭게 사용할 수 있으려면 인공 지능이 가진 성찰성의 한계를 이해해야 한다.
⑤ 인공 지능은 스스로 양질의 정보를 가려낼 수 있어 자신의 오류를 교정하고 최적화한다.

12 다음 글은 글쓰기의 자세에 대한 것이다. (가)~(마)에 대한 이해로 적절하지 않은 것은?

(가) 이 세상 모든 사물 가운데 귀천과 빈부를 기준으로 높고 낮음을 정하지 않는 것은 오직 문장뿐이다. 그리하여 가난한 선비라도 무지개같이 아름다운 빛을 후세에 드리울 수 있으며, 아무리 부귀하고 세력 있는 자라도 문장에서는 모멸당할 수 있다.

(나) 배우는 자는 마땅히 자기 역량에 따라 알맞게 쓸 뿐이다. 억지로 남을 본떠서 자기 개성을 잃어버리지 않도록 하는 것이야말로 글쓰기의 본령이다.

(다) 글이란 것은 뜻을 나타내면 그만일 뿐이다. 제목을 놓고 붓을 잡은 다음 갑자기 옛말을 생각하고 억지로 고전의 사연을 찾으며 뜻을 근엄하게 꾸미고 글자마다 장중하게 만드는 것은 마치 화가를 불러서 초상을 그릴 적에 용모를 고치고 나서는 것과 같다.

(라) 문장에 뜻을 두는 사람들이 첫째로 주의할 것은 자기를 속이지 않는 것이다. 자기를 속이지 않는 것에서 출발하면 마음이 이치에 통하고 온갖 관찰력이 환하게 밝아질 것이다.

(마) 대체 글이란 조화다. 마음속에서 이루어진 문장은 반드시 정교하게 되나 손끝으로 이루어진 문장은 정교하게 되지 않으니, 진실로 그러하다.

① (가): 글쓰기에서 훌륭한 문장은 빈부귀천에 따라 높고 낮음이 정해진다.
② (나): 글쓰기에서 중요한 것은 남과는 다른 자기만의 개성을 표현하는 것이다.
③ (다): 글에서 중요한 것은 꾸미는 것보다 뜻을 정확하게 나타내는 것이다.
④ (라): 글쓰기에서 중요한 것은 진솔하게 표현하는 것이다.
⑤ (마): 글은 마음으로부터 이뤄져 조화를 이루는 것이 중요하다.

13 밑줄 친 동사의 쓰임이 옳지 않은 것은?

① 씻어 놓은 상추를 채반에 <u>밭쳤다</u>.
② 마을 이장이 소에게 <u>받쳐서</u> 꼼짝을 못 한다.
③ 그녀는 세운 무릎 위에 턱을 <u>받치고</u> 앉아 있었다.
④ 양복 속에 두꺼운 내복을 <u>받쳐서</u> 입으면 옷맵시가 나지 않는다.
⑤ 고추가 워낙 값이 없어서 백 근을 시장 상인에게 <u>받혀도</u> 변변한 옷 한 벌 사기가 힘들다.

14 밑줄 친 피동 표현이 옳지 않은 것은?

① 이 글은 두 문단으로 <u>나뉜다</u>.
② 들판이 온통 눈으로 <u>덮인</u> 광경이 장관이었다.
③ 벌목꾼에게 <u>베인</u> 나무가 여기저기에 쌓여 있다.
④ 아무리 생각해 보아도 <u>짚히는</u> 바가 없다.
⑤ 안개가 <u>걷히고</u> 파란 하늘이 나타났다.

15 밑줄 친 부분의 띄어쓰기가 맞는 것은?

① 일이 있어서 <u>숙제를 못했다</u>.
② 총금액이 얼마 <u>되지 않는다</u>.
③ <u>한달간</u> 전국 일주 여행을 하고 돌아왔다.
④ 현대사회의 <u>제문제</u>에 대한 토론을 하였다.
⑤ 이번 방학에 무엇을 <u>해야 할 지</u> 모르겠다.

16 다음 단어의 로마자 표기로 옳은 것은?

	종로	여의도	신라
①	Jongro	Yeouido	Silla
②	Jongno	Yeouido	Silla
③	Jongro	Yeoeuido	Sinla
④	Jongno	Yeoeuido	Silla
⑤	Jongno	Yeoeuido	Sinla

17 다음 글에 대한 이해로 적절한 것은?

환경 보호는 정도의 차이는 있을지라도 모든 사람의 이익에 도움이 되는 일이라고 주장하는 사람도 있다. 초창기 환경 운동의 목표는 전통적인 자연 보호, 곧 특정 습지의 특정 조류를 보호하려는 좁은 생각을 극복하는 것이었다. 그렇지만 특정 종의 동물이나 식물에 대한 사랑에서는 열정적 투쟁 욕구가 생겨나는 반면, 대상을 특정하지 않은 자연 사랑은 어딘지 모르게 산만한 게 사실이다. 바로 그래서 생겨나는 것이 올슨 패러독스이다. 이것은 특별한 공동 이해관계로 묶인 소규모 그룹이 얼굴을 맞대고 단호히 일을 추진할 때, 대단히 애매한 일반적 이해를 가진 익명의 대규모 집단보다 훨씬 더 뛰어난 추진력을 보인다는 것이다. 이런 역설대로 소규모 그룹에는 로비할 좋은 기회가 주어지며, 마찬가지로 특정 사안을 반대하는 지역 저항 운동이 성공을 거둔다. 그렇기 때문에 포괄적 의미에서 환경 정책이 아주 까다로워진다.

무조건적인 타당성을 갖는 환경법을 요구하는 환경 정책은 애초부터 좌절될 수밖에 없다. 비록 나라와 문화마다 정도가 매우 다르기는 하지만, 현대화 과정에서 족벌에 대한 충성심을 넘어서서 다른 가치를 더욱 중시하는 충성심이 발달했다. 환경 정책은 이 과정에서 중요한 기회를 얻는다. 이기적 이해관계를 넘어서 환경 전체를 바라보는 안목이 현대화 과정에서 발달했기 때문이다. 동시에 물론 자신의 직접적인 생활 환경을 지키려는 각오도 환경 정책에 결정적 영향을 미친다. 이처럼 환경 운동은 완전히 보편적 방향으로 발달하기는 힘들다. 우선 자신의 이해관계부터 생각하는 인간의 본성 탓에 근본적 긴장은 항상 사라지지 않기 때문이다.

① 현대화 과정에서 부각된 인간의 이기적 이해관계는 인간이 가진 자연 지배권에 대한 인식과 함께 발달하게 되었다.
② 환경 운동은 특정 생물 집단의 번식과 지속성을 보전하는 것에서 시작하여 궁극적으로 자연 경관의 보호를 목적으로 한다.
③ 환경 운동에서 발생하는 올슨 패러독스는 근본적으로 해소되기 어렵다.
④ 환경 운동은 대규모 집단의 이해관계가 소규모 집단의 이해관계와 일치할 때 이루어지는 과정이라고 할 수 있다.
⑤ 환경 운동은 생물학적 다양성을 위한 공리주의 원칙에 따라 진행되어야 하며, 이 과정에서 개인의 이기심은 환경 운동을 위한 직접적인 동기로 작용하지 않는다.

18 밑줄 친 단어의 표기가 맞지 않는 것은?

① 그들은 서로 <u>인사말</u>을 주고받았다.
② 아이들은 <u>등굣길</u>이 마냥 즐거웠다.
③ <u>빨랫줄</u>에 있는 빨래를 걷어라.
④ <u>마굿간</u>에는 말 두 마리가 있다.
⑤ 요즘은 <u>셋방</u>도 구하기 힘들다.

19 ㉠, ㉡에 들어갈 한자 성어로 적절한 것은?

김 첨지도 이 불길한 침묵을 짐작했는지도 모른다. 그렇지 않으면 대문에 들어서자마자 전에 없이, "이 난장맞을 년, 남편이 들어오는데 나와 보지도 않아, 이 오라질 년." 이라고 고함을 친 게 수상하다. 이 고함이야말로 제 몸을 엄습해 오는 무시무시한 증을 쫓아 버리려는 (㉠)인 까닭이다.

하여간 김 첨지는 방문을 왈칵 열었다. 구역을 나게 하는 추기—떨어진 삿자리 밑에서 나온 먼지내, 빨지 않은 기저귀에서 나는 똥내와 오줌내, 가지각색 때가 켜켜이 앉은 옷 내, 병인의 땀 섞은 내가 섞인 추기가 무던 김 첨지의 코를 찔렀다.

방 안에 들어서며 설렁탕을 한구석에 놓을 사이도 없이 주정꾼은 목청을 있는 대로 다 내어 호통을 쳤다. "이런 오라질 년. (㉡) 누워만 있으면 제일이야! 남편이 와도 일어나지를 못해?"라는 소리와 함께 발길로 누운 이의 다리를 몹시 찼다. 그러나 발길에 차이는 건 사람의 살이 아니고 나뭇등걸과 같은 느낌이 있었다.

– 현진건, '운수 좋은 날' 중에서

	㉠	㉡
①	노심초사(勞心焦思)	주야불식(晝夜不息)
②	허장성세(虛張聲勢)	전전반측(輾轉反側)
③	절치부심(切齒腐心)	전전반측(輾轉反側)
④	노심초사(勞心焦思)	주야장천(晝夜長川)
⑤	허장성세(虛張聲勢)	주야장천(晝夜長川)

20 ㉠에 들어갈 내용으로 적절한 것은?

신석기 시대에 들어 농사가 시작되면서 여성의 역할은 더욱 증대되었다. 농사는 야생 곡물이 밀집한 지역에서 이를 인위적으로 재생산함으로써 시작되었다. 이처럼 농사는 채집 활동의 연장선상에서 발생하였기 때문에 처음에는 주로 여성이 담당하였다. 더욱이 당시 농업 기술은 보잘것없었고, 이를 극복할 별다른 방법도 없었다. 이러한 단계에서 인간들이 풍요로운 생활을 누리기 위해서는 종족 번식, 곧 여성의 출산력이 무엇보다 중요하였다.

그러나 신석기 시대 중후반에는 농경이 본격적으로 발전하면서 광활한 대지의 개간이나 밭갈이에는 엄청난 노동력과 강한 근력이 요구되었다. 농사는 더 이상 여성의 섬세함만으로 해낼 수 없는 아주 고된 일로 바뀌었다. 마침 이 무렵, 집짐승 기르기가 시작되면서 남성들은 더 이상 사냥감을 찾아 산야를 헤맬 필요가 없게 되었다. 사냥 활동에서 벗어난 남성들은 생산 활동의 새로운 주인공이 되었다. 그리고 여성들은 보조자로 밀려나서 주로 집안일이나 육아를 담당하게 되었다. 이로써 남성이 주요 생산 활동을 담당하게 되고, (㉠)

① 남성과 여성의 사회적 위상과 역할이 달라지게 되었다.
② 여성은 생산 활동에서 완전히 배제되기 시작하였다.
③ 남성이 남성으로서의 제 역할을 하게 되었다.
④ 남성은 여성을 씨족 공동체의 일원으로 인정하지 않게 되었다.
⑤ 사냥 활동에서 여성이 남성의 역할을 대체하게 되었다.

21 ㉠에 대한 설명으로 적절한 것은?

일본 문학의 세계가 여자들에게 열려 있긴 했어도 ㉠헤이안 시대의 여성들은 그 시대 대부분의 책에서는 자신들의 목소리를 발견할 수 없었을 것이다. 그리하여 한편으로는 읽을거리를 늘리기 위해, 그리고 다른 한편으로는 그들만의 독특한 취향에 상응하는 읽을거리를 손에 넣기 위해 여성들은 그들만의 고유한 문학을 창조해 냈다. 그 문학을 기록하기 위해 여성들은 그들에게 허용된 언어를 음성으로 옮긴 가나분카쿠를 개발하기에 이르렀는데, 이 언어는 한자 구조가 거의 배제된 것이 특징이다. 이는 여성들에게만 국한되어 쓰이면서 '여성들의 글자'로 알려지게 되었다.

발터 벤야민은 "책을 획득하는 방법 중에서도 책을 직접 쓰는 것이야말로 가장 칭송할 만한 방법으로 평가받을 수 있다"라고 논평했던 적이 있다. 헤이안 시대의 여자들도 깨달았듯이 어떤 경우에는 책을 직접 쓰는 방법만이 유일한 길일 수가 있다. 헤이안 시대의 여자들은 그들만의 새로운 언어로 일본 문학사에서, 아마도 전 시대를 통틀어 가장 중요한 작품 몇 편을 남겼다. 무라사키 부인이 쓴 『겐지 이야기』와 작가 세이 쇼나곤의 『마쿠라노소시』가 그 예이다.

『겐지 이야기』, 『마쿠라노소시』 같은 책에서는 남자와 여자의 문화적·사회적 삶이 소상하게 나타나지만, 그 당시 궁정의 남자 관리들이 대부분 시간을 할애했던 정치적 술책에 대해서는 거의 관심을 보이지 않는다. 언어와 정치 현장으로부터 유리되어 있었기 때문에 세이 쇼나곤과 무라사키 부인조차도 이런 활동에 대해서는 풍문 이상으로 묘사할 수 없었다. 어떤 예이든 이런 여성들은 근본적으로 그들 자신을 위해 글을 쓰고 있었다. 다시 말해 그들 자신의 삶을 향해 거울을 받쳐 들고 있었던 셈이다.

① 읽을거리에 대한 열망을 문학 창작의 동력으로 삼았다.
② 창작 국면에서 자신들의 언어를 작품에 그대로 담아내지 못했다.
③ 궁정에서 일어나는 정치적 행위에 대하여 치밀하게 묘사하였다.
④ 한문학에 대한 지식을 바탕으로 문학 창작에 참여하였다.
⑤ 문필 활동은 남성의 전유물이었기 때문에 남성적 취향의 문학 독서를 수행하였다.

22 밑줄 친 외래어 표기가 옳은 것은?

① 송년(送年) 모임이 회사 앞 부페 식당에서 있을 예정이다.
② 저 남자 배우는 애드립에 능해서 연기가 자연스럽게 느껴진다.
③ 점심시간이 끝나자 사람들은 재스민 차를 마시기 시작했다.
④ 여행 정보 팜플렛을 얻으러 회사 근처의 여행사 사무실에 다녀왔다.
⑤ 유머가 있고 내용이 가벼운 꽁트 프로그램을 한 편 보기로 했다.

※ 다음 글을 읽고 물음에 답하시오. [23~24]

사람과 상황이 서로 영향을 미치는 방식들을 몇 가지 소개해 보도록 하겠다.

첫째는 상황이 사람을 선택하는 경우다. 모든 사람이 자신이 원하는 상황에 놓일 수는 없다. 제한된 상황은 우리로 하여금 '무엇'을 할 수 있는 기회를 박탈하기도 한다. 예를 들어 아무것도 선택할 수 없는 경제적 어려움에 처해 있거나 부모의 학대로 인해 지속적인 피해를 입고 있는 상황처럼 자신의 의지나 책임이 아닌 절대적 상황이 그런 경우다. 이때 사람들은 상대적 박탈감이나 무력감을 경험하게 된다.

둘째는 사람이 상황을 선택하는 경우다. 이때는 자신의 욕망이나 목표에 맞는 기회를 제공하는 상황을 선택할 수 있다. 우리는 일상을 살아가면서 굉장히 합리적인 판단을 한다. 예를 들어 몸이 아프면 상황을 설명하고 조퇴를 할 수도 있다. 그런데 사회적 압력이나 압박들이 단순히 직장에서 일어나는 상황이 아니고 보다 더 본질적인 경우가 있다.

예를 들어 경제적 불균형처럼 자기가 가지고 있는 아주 왜곡된 관념들로 치닫기 시작하면 상황이 사람을 지배할 수도 있다. 자신의 자존감을 지키기 위해서는 타인에게 해를 가해서라도 그런 상황을 유지하려는 것이다. 그러나 대부분의 사람들은 스스로 상황을 지배해 나가기 때문에 범죄를 저지르지 않는다. 그래서 상황이 사람을 선택하느냐, 아니면 사람이 상황을 선택하느냐에 따라 결과는 엄청나게 달라진다.

상황에 따라 사람의 다른 측면이 점화되기도 한다. 사람들이 공통적으로 갖고 있는 공손함이나 공격성 등은 상황에 따라 점화되는 것이 다르다. 우리가 읽거나 들었던 단어 또는 정보가 우리의 생각이나 행동에 미묘한 변화를 일으킬 수 있고 이러한 현상을 '점화 효과'라고 한다.

23 윗글의 서술 방식에 대한 설명으로 적절하지 않은 것은?

① 설명하는 내용에 대한 예를 제시하고 있다.
② 서로 다른 내용을 대비하여 제시하고 있다.
③ 설명하는 내용에 대한 개념을 제시하고 있다.
④ 설명하는 내용을 병렬적 구조로 제시하고 있다.
⑤ 설명하는 내용에 대한 실험 결과를 제시하고 있다.

24 윗글에 대한 이해로 적절하지 않은 것은?

① 사람과 상황은 서로 영향을 끼친다.
② 경제적 불균형에 처하면 대부분의 사람들은 스스로 상황을 지배할 수 없다.
③ 부모의 학대와 같은 상황은 선택할 수 없는 절대적 상황이다.
④ 몸이 아플 때 상황을 설명하고 조퇴하는 것은 합리적 판단의 일종이다.
⑤ 사람들이 공통적으로 가진 공격성이라도 상황에 따라 다르게 점화된다.

25 다음 시에 대한 이해로 적절한 것만을 〈보기〉에서 모두 고르면?

> 1
> 첫닭 울고 둘째 닭 울더니
> 작은 별 큰 별 떨어지는데
> 문을 들락거리며
> 살짝이 살짝이 행인은 길 떠날 채비하네
>
> 2
> 나그네 새벽 틈타 떠나렸더니
> 주인은 안 된다며 보내질 않네
> 채찍을 손에 쥔 채 못 이긴 척 돌아서니
> 닭만 괜스레 번거롭게 했구나
>
> — 이병연, '조발'

보기

ㄱ. '첫닭'은 시간적 배경을 드러낸다.
ㄴ. '나그네'와 '주인'의 관계가 닭 울음으로 인해 달라진다.
ㄷ. '살짝이 살짝이'는 '행인'의 조심스러운 심리를 나타내
   고 있다.
ㄹ. 화자는 '나그네'와 '주인'을 관찰의 대상으로 삼고 있다.

① ㄱ
② ㄴ
③ ㄴ, ㄷ
④ ㄱ, ㄷ, ㄹ
⑤ ㄱ, ㄴ, ㄷ, ㄹ

정답 및 해설: p.107

모바일 자동 채점 + 성적 분석 서비스 바로 가기
QR코드를 이용해 모바일로 간편하게 채점하고 나의 실력이
어느 정도인지, 취약 부분이 어디인지 바로 파악해 보세요!

01 다음 글의 빈칸에 들어갈 내용으로 가장 적절한 것은?

20 민경채

A는 말벌이 어떻게 둥지를 찾아가는지 알아내고자 했다. 이에 A는 말벌이 둥지에 있을 때, 둥지를 중심으로 솔방울들을 원형으로 배치했는데, 그 말벌은 먹이를 찾아 둥지를 떠났다가 다시 둥지로 잘 돌아왔다. 이번에는 말벌이 먹이를 찾아 둥지를 떠난 사이, A가 그 솔방울들을 수거하여 둥지 부근 다른 곳으로 옮겨 똑같이 원형으로 배치했다. 그랬더니 돌아온 말벌은 솔방울들이 치워진 그 둥지로 가지 않고 원형으로 배치된 솔방울들의 중심으로 날아갔다.

이러한 결과를 관찰한 A는 말벌이 방향을 찾을 때 솔방울이라는 물체의 재질에 의존한 것인지 혹은 솔방울들로 만든 모양에 의존한 것인지를 알아내고자 하였다. 그래서 이번에는 말벌이 다시 먹이를 찾아 둥지를 떠난 사이, 앞서 원형으로 배치했던 솔방울들을 치우고 그 자리에 돌멩이들을 원형으로 배치했다. 그리고 거기 있던 솔방울들을 다시 가져와 둥지를 중심으로 삼각형으로 배치했다. 그러자 A는 돌아온 말벌이 원형으로 배치된 돌멩이들의 중심으로 날아가는 것을 관찰할 수 있었다.

이 실험을 통해 A는 먹이를 찾으러 간 말벌이 둥지로 돌아올 때, ☐☐☐☐☐는 결론에 이르렀다.

① 물체의 재질보다 물체로 만든 모양에 의존하여 방향을 찾는다
② 물체로 만든 모양보다 물체의 재질에 의존하여 방향을 찾는다
③ 물체의 재질과 물체로 만든 모양 모두에 의존하여 방향을 찾는다
④ 물체의 재질이나 물체로 만든 모양에 의존하지 않고 방향을 찾는다
⑤ 경우에 따라 물체의 재질에 의존하기도 하고 물체로 만든 모양에 의존하기도 하면서 방향을 찾는다

02 다음 글에서 추론할 수 있는 것만을 〈보기〉에서 모두 고르면?

19 민경채

생산자가 어떤 자원을 투입물로 사용해서 어떤 제품이나 서비스 등의 산출물을 만드는 생산과정을 생각하자. 산출물의 가치에서 생산하는 데 소요된 모든 비용을 뺀 것이 '순생산가치'이다. 생산자가 생산과정에서 투입물 1단위를 추가할 때 순생산가치의 증가분이 '한계순생산가치'이다. 경제학자 P는 이를 ⓐ'사적(私的) 한계순생산가치'와 ⓑ'사회적 한계순생산가치'로 구분했다.

사적 한계순생산가치란 한 기업이 생산과정에서 투입물 1단위를 추가할 때 그 기업에 직접 발생하는 순생산가치의 증가분이다. 사회적 한계순생산가치란 한 기업이 투입물 1단위를 추가할 때 발생하는 사적 한계순생산가치에 그 생산에 의해 부가적으로 발생하는 사회적 비용을 빼고 편익을 더한 것이다. 여기서 이 생산과정에서 부가적으로 발생하는 사회적 비용이나 편익에는 그 기업의 사적 한계순생산가치가 포함되지 않는다.

보기
ㄱ. ⓐ의 크기는 기업의 생산이 사회에 부가적인 편익을 발생시키는지의 여부와 무관하게 결정된다.
ㄴ. 어떤 기업이 투입물 1단위를 추가할 때 사회에 발생하는 부가적인 편익이나 비용이 없는 경우, 이 기업이 야기하는 ⓐ와 ⓑ의 크기는 같다.
ㄷ. 기업 A와 기업 B가 동일한 투입물 1단위를 추가했을 때 각 기업에 의해 사회에 부가적으로 발생하는 비용이 같을 경우, 두 기업이 야기하는 ⓑ의 크기는 같다.

① ㄱ
② ㄷ
③ ㄱ, ㄴ
④ ㄴ, ㄷ
⑤ ㄱ, ㄴ, ㄷ

03 다음 글의 ⓒ을 설명하는 가설로 가장 적절한 것은?

16 민경채

한 개체의 발생은 한 개의 세포가 세포분열을 통해 여러 세포로 분열되면서 진행된다. 따라서 한 개체를 구성하는 모든 세포는 동일한 유전자를 가지고 있다. 하지만 발생 과정에서 발현되는 유전자의 차이 때문에 세포는 다른 형태의 세포로 분화된다. 이와 같은 유전자 발현의 차이는 다양한 원인에 의해 이루어지는데 ⓒ 애기장대 뿌리에서 일어나는 세포 분화를 그 예로 알아보자.

분화가 완료되어 성숙한 애기장대 뿌리의 표면에는 두 종류의 세포가 있는데 하나는 뿌리털세포이고 다른 하나는 털이 없는 분화된 표피세포이다. 하지만 애기장대 뿌리의 표면이 처음부터 이 두 세포 형태를 가지고 있었던 것은 아니다. 발생 과정에서 미분화된 애기장대 뿌리의 중심부에는 피층세포가 서로 나란히 연결되어 원형으로 구성된 한 층의 피층세포층이 있으며, 이 층과 접하여 뿌리의 바깥쪽에 원형으로 미분화된 표피세포로 구성된 한 층의 미분화 표피세포층이 있다.

미분화된 표피세포가 그 안쪽의 피층세포층에 있는 두 개의 피층세포와 접촉하는 경우엔 뿌리털세포로 분화되어 발달하지만, 한 개의 피층세포와 접촉하는 경우엔 분화된 표피세포로 발달한다. 한편 미분화된 표피세포가 서로 다른 형태의 세포로 분화되기 위해서는 유전자 A의 발현에 차이가 있어야 하는데, 미분화된 표피세포에서 유전자 A가 발현되지 않으면 그 세포는 뿌리털세포로 분화되며 유전자 A가 발현되면 분화된 표피세포로 분화된다.

① 미분화 표피세포에서 유전자 A의 발현 조절은 분화될 세포에 뿌리털이 있는지에 따라 결정된다.

② 미분화된 세포가 뿌리털세포나 분화된 표피세포로 분화되는 것은 그 세포가 어느 세포로부터 유래하였는지에 따라 결정된다.

③ 미분화 표피세포가 뿌리털세포 또는 분화된 표피세포로 분화되는 것은 미분화 표피세포가 유전자 A를 가지고 있는지에 따라 결정된다.

④ 미분화 표피세포가 뿌리털세포 또는 분화된 표피세포로 분화가 되는 것은 미분화된 뿌리에서 미분화 표피세포층과 피층세포층의 위치에 의해 결정된다.

⑤ 미분화 표피세포가 어떤 세포로 분화될 것인지는 각 미분화 표피세포가 발생 중에 접촉하는 피층세포의 수에 따라 조절되는 유전자 A의 발현에 의해 결정된다.

04 다음 글의 (가)와 (나)에 대한 판단으로 적절한 것만을 〈보기〉에서 모두 고르면?

21 민경채

확률적으로 가능성이 희박한 사건이 우리 주변에서 생각보다 자주 일어나는 것처럼 보인다. 왜 이러한 현상이 발생하는지를 설명하는 다음과 같은 두 입장이 있다.

(가) 만일 당신이 가능한 모든 결과들의 목록을 완전하게 작성한다면, 그 결과들 중 하나는 반드시 나타난다. 표준적인 정육면체 주사위를 던지면 1에서 6까지의 수 중 하나가 나오거나 어떤 다른 결과, 이를테면 주사위가 탁자 아래로 떨어져 찾을 수 없게 되는 일 등이 벌어질 수 있다. 동전을 던지면 앞면 또는 뒷면이 나오거나, 동전이 똑바로 서는 등의 일이 일어날 수 있다. 아무튼 가능한 결과 중 하나가 일어나리라는 것만큼은 확실하다.

(나) 한 사람에게 특정한 사건이 발생할 확률이 매우 낮더라도, 충분히 많은 사람에게는 그 사건이 일어날 확률이 매우 높을 수 있다. 예컨대 어떤 불행한 사건이 당신에게 일어날 확률은 낮을지 몰라도, 지구에 현재 약 70억 명이 살고 있으므로, 이들 중 한두 사람이 그 불행한 일을 겪고 있다는 것은 이상한 일이 아니다.

보기

ㄱ. 로또 복권 1장을 살 경우 1등에 당첨될 확률은 낮지만, 모든 가능한 숫자의 조합을 모조리 샀을 때 추첨이 이루어진다면 무조건 당첨된다는 사례는 (가)로 설명할 수 있다.

ㄴ. 어떤 사람이 교통사고를 당할 확률은 매우 낮지만, 대한민국에서 교통사고는 거의 매일 발생한다는 사례는 (나)로 설명할 수 있다.

ㄷ. 주사위를 수십 번 던졌을 때 1이 연속으로 여섯 번 나올 확률은 매우 낮지만, 수십만 번 던졌을 때는 이런 사건을 종종 볼 수 있다는 사례는 (가)로 설명할 수 있으나 (나)로는 설명할 수 없다.

① ㄱ ② ㄷ ③ ㄱ, ㄴ ④ ㄴ, ㄷ ⑤ ㄱ, ㄴ, ㄷ

사람들은 보통 질병이라고 하면 병균이나 바이러스를 떠올리고, 병에 걸리는 것은 개인적 요인 때문이라고 생각하곤 한다. 어떤 사람이 바이러스에 노출되었다면 그 사람이 평소에 위생 관리를 철저히 하지 않았기 때문이라고 여기는 것이다. 이는 발병 책임을 전적으로 질병에 걸린 사람에게 묻는 생각이다. 꾸준히 건강을 관리하지 않은 사람이나 비만, 허약 체질인 사람이 더 쉽게 병균에 노출된다고 생각하는 경향도 강하다. 그러나 발병한 사람들 전체를 고려하면, 성별, 계층, 직업 등의 사회적 요인에 따라 건강상태나 질병 종류 및 그 심각성 등이 다르게 나타난다. 따라서 어떤 질병의 성격을 파악할 때 질병의 발생이 개인적 요인뿐만 아니라 계층이나 직업 등의 요인과도 관련될 수 있음을 고려해야 한다.

질병에 대처할 때도 사회적 요인을 고려해야 한다. 물론 어떤 사람들에게는 질병으로 인한 고통과 치료에 대한 부담이 가장 심각한 문제일 수 있다. 그러나 또 다른 사람들에게는 질병에 대한 사회적 편견과 낙인이 오히려 더 심각한 문제일 수 있다. 그들에게는 그러한 편견과 낙인이 더 큰 고통을 안겨 주기 때문이다. 질병이 나타나는 몸은 개인적 영역이면서 동시에 가족이나 직장과도 연결된 사회적인 것이다. 질병의 치료 역시 개인의 문제만으로 그치지 않고 가족과 사회의 문제로 확대되곤 한다. 나의 질병은 내 삶의 위기이자 가족의 근심거리가 되며 나아가 회사와 지역사회에도 긴장을 조성하기 때문이다. 요컨대 질병의 치료가 개인적 영역을 넘어서서 사회적 영역과 관련될 수밖에 없다는 것은 질병의 대처 과정에서 사회적 요인을 반드시 고려해야 한다는 점을 잘 보여준다.

① 병균이나 바이러스로 인한 신체적 이상 증상은 가정이나 지역사회에 위기를 야기할 수 있기에 중요한 사회적 문제이다.

② 한 사람의 몸은 개인적 영역인 동시에 사회적 영역이기에 발병의 책임을 질병에 걸린 사람에게만 묻는 것은 옳지 않다.

③ 질병으로 인한 신체적 고통보다 질병에 대한 사회적 편견으로 인한 고통이 더 크므로 이에 대한 사회적 대책이 필요하다.

④ 질병의 성격을 파악하고 질병에 대처하기 위해서는 사회적인 측면을 고려해야 한다.

⑤ 질병의 치료를 위해서는 개인적 차원보다 사회적 차원의 노력이 더 중요하다.

첫째, 필요조건으로서 원인은 "어떤 결과의 원인이 없었다면 그 결과도 없다"는 말로 표현할 수 있다. 예를 들어 ___(가)___ 만일 원치 않는 결과를 제거하고자 할 때 그 결과의 원인이 필요조건으로서 원인이라면, 우리는 그 원인을 제거하여 결과가 일어나지 않게 할 수 있다.

둘째, 충분조건으로서 원인은 "어떤 결과의 원인이 있었다면 그 결과도 있다"는 말로 표현할 수 있다. 예를 들어 ___(나)___ 만일 특정한 결과를 원할 때 그것의 원인이 충분조건으로서 원인이라면, 우리는 그 원인을 발생시켜 그것의 결과가 일어나게 할 수 있다.

셋째, 필요충분조건으로서 원인은 "어떤 결과의 원인이 없다면 그 결과는 없고, 동시에 그 원인이 있다면 그 결과도 있다"는 말로 표현할 수 있다. 예를 들어 ___(다)___ 필요충분조건으로서 원인의 경우, 원인을 일으켜서 그 결과를 일으키고 원인을 제거해서 그 결과를 제거할 수 있다.

보기

ㄱ. 물체 속도 변화의 원인은 물체에 힘을 가하는 것이다. 물체에 힘이 가해지면 물체의 속도가 변하고, 물체에 힘이 가해지지 않는다면 물체의 속도는 변하지 않는다.

ㄴ. 뇌염모기에 물리는 것은 뇌염 발생의 원인이다. 뇌염모기에 물린다고 해서 언제나 뇌염에 걸리는 것은 아니다. 하지만 뇌염모기에 물리지 않으면 뇌염은 발생하지 않는다. 그래서 원인에 해당하는 뇌염모기를 박멸한다면 뇌염 발생을 막을 수 있다.

ㄷ. 콜라병이 총알에 맞는 것은 콜라병이 깨지는 원인이다. 콜라병을 깨뜨리는 원인은 콜라병을 맞히는 총알 이외에도 다양하다. 누군가 던진 돌도 콜라병을 깨뜨릴 수 있다. 하지만 콜라병이 총알에 맞는다면 그것이 깨지는 것은 분명하다.

	(가)	(나)	(다)
①	ㄱ	ㄴ	ㄷ
②	ㄱ	ㄷ	ㄴ
③	ㄴ	ㄱ	ㄷ
④	ㄴ	ㄷ	ㄱ
⑤	ㄷ	ㄴ	ㄱ

흔히들 과학적 이론이나 가설을 표현하는 엄밀한 물리학적 언어만을 과학의 언어라고 생각한다. 그러나 과학적 이론이나 가설을 검사하는 과정에는 이러한 물리학적 언어 외에 우리의 감각적 경험을 표현하는 일상적 언어도 사용될 수밖에 없다. 그런데 우리의 감각적 경험을 표현하는 일상적 언어에는 과학적 이론이나 가설을 표현하는 물리학적 언어와는 달리 매우 불명료하고 엄밀하게 정의될 수 없는 용어들이 포함되어 있다. 어떤 학자는 이러한 용어들을 '발룽엔'이라고 부른다.

이제 과학적 이론이나 가설을 검사하는 과정에 발룽엔이 개입된다고 해보자. 이 경우 우리는 증거와 가설 사이의 논리적 관계가 무엇인지 결정할 수 없게 될 것이다. 즉, 증거가 가설을 논리적으로 뒷받침하고 있는지 아니면 논리적으로 반박하고 있는지에 관해 미결정적일 수밖에 없다는 것이다. 그 이유는 증거를 표현할 때 포함될 수밖에 없는 발룽엔을 어떻게 해석할 것인지에 따라 증거와 가설 사이의 논리적 관계에 대한 다양한 해석이 나오게 될 것이기 때문이다. 발룽엔의 의미는 본질적으로 불명료할 수밖에 없다. 즉, 발룽엔을 아무리 상세하게 정의하더라도 그것의 의미를 정확하고 엄밀하게 규정할 수는 없다는 것이다.

논리실증주의자들이나 포퍼는 증거와 가설 사이의 관계를 논리적으로 정확하게 판단할 수 있고 이를 통해 가설을 정확히 검사할 수 있다고 생각했다. 그러나 증거와 가설이 상충하면 가설이 퇴출된다는 식의 생각은 너무 단순한 것이다. 증거와 가설의 논리적 관계에 대한 판단을 위해서는 증거가 의미하는 것이 무엇인지 파악하는 것이 선행되어야 하기 때문이다. 따라서 우리가 발룽엔의 존재를 염두에 둔다면, '   ㉠   '라고 결론지을 수 있다.

① 과학적 가설과 증거의 논리적 관계를 정확하게 판단할 수 있다는 생각은 잘못된 것이다.
② 과학적 가설을 정확하게 검사하기 위해서는 우리의 감각적 경험을 배제해야 한다.
③ 과학적 가설을 검사하기 위한 증거를 표현할 때 발룽엔을 사용해서는 안 된다.
④ 과학적 가설을 표현하는 데에도 발룽엔이 포함될 수밖에 없다.
⑤ 증거가 의미하는 것이 무엇인지 정확히 파악해야 한다.

갑: 나눠드린 'A시 공공 건축 교육 과정' 계획안을 다 보셨죠? 이제 계획안을 어떻게 수정하면 좋을지 각자의 의견을 자유롭게 말씀해 주십시오.

을: 코로나19 상황을 고려해 대면 교육보다 온라인 교육이 좋겠습니다. 그리고 방역 활동에 모범을 보이는 차원에서 온라인 강의로 진행한다는 점을 강조하는 것이 좋겠습니다. 온라인 강의는 편안한 시간에 접속하여 수강하게 하고, 수강 가능한 기간을 명시해야 합니다. 게다가 온라인으로 진행하면 교육 대상을 A시 시민만이 아닌 모든 희망자로 확대하는 장점이 있습니다.

병: 좋은 의견입니다. 여기에 덧붙여 교육 대상을 공공 건축 업무 관련 공무원과 일반 시민으로 구분하는 것이 좋겠습니다. 관련 공무원과 일반 시민은 기반 지식에서 차이가 커 같은 내용으로 교육하기에 적합하지 않습니다. 업무와 관련된 직무 교육 과정과 일반 시민 수준의 교양 교육 과정으로 따로 운영하는 것이 좋겠습니다.

을: 교육 과정 분리는 좋습니다만, 공무원의 직무 교육은 참고할 자료가 많아 온라인 교육이 비효율적입니다. 직무 교육 과정은 다음에 논의하고, 이번에는 시민 대상 교양 과정으로만 진행하는 것이 좋겠습니다. 그리고 A시의 유명 공공 건축물을 활용해서 A시를 홍보하고 관심을 끌 수 있는 주제의 강의가 있으면 좋겠습니다.

병: 그게 좋겠네요. 마지막으로 덧붙이면 신청 방법이 너무 예전 방식입니다. 시 홈페이지에서 신청 게시판을 찾아가는 방법을 안내할 필요는 있지만, 요즘 같은 모바일 시대에 이것만으로는 부족합니다. A시 공식 어플리케이션에서 바로 신청서를 작성하고 제출할 수 있도록 하면 좋겠습니다.

갑: ㉠오늘 회의에서 나온 의견을 반영하여 계획안을 수정하도록 하겠습니다. 감사합니다.

계획안

A시 공공 건축 교육 과정

○ 강의 주제: 공공 건축의 미래/ A시의 조경
○ 일시: 7. 12.(월) 19:00~21:00 / 7. 14.(수) 19:00~21:00
○ 장소: A시 청사 본관 5층 대회의실
○ 대상: A시 공공 건축에 관심 있는 A시 시민 누구나
○ 신청 방법: A시 홈페이지 → '시민참여' → '교육' → '공공 건축 교육 신청 게시판'에서 신청서 작성

---

① 강의 주제에 "건축가협회 선정 A시의 유명 공공 건축물 TOP3"를 추가한다.
② 일시 항목을 "○ 기간: 7. 12.(월) 06:00 ~ 7. 16.(금) 24:00"으로 바꾼다.
③ 장소 항목을 "○ 교육방식: 코로나19 확산 방지를 위해 온라인 교육으로 진행"으로 바꾼다.
④ 대상을 "A시 공공 건축에 관심 있는 사람 누구나"로 바꾼다.
⑤ 신청 방법을 "A시 공식 어플리케이션을 통한 A시 공공 건축 교육 과정 간편 신청"으로 바꾼다.

09 다음 글의 주장으로 볼 수 있는 것만을 〈보기〉에서 모두 고르면?

14 5급공채

A는 고려 인종 때 사람이니, 삼국의 시초로부터 일천 이백여 년이나 떨어져 활동한 사람이다. 천년 이후의 사람이 천년 이전의 역사를 기록하는 일에는 오류가 발생할 경우가 많다. 예를 들어 남송 때 사람인 조정·장준이 한나라 때 위상·병길의 일을 엉터리로 기록한 것과 같은 경우가 그것이다. A 역시 삼한이 어느 곳에 있었는지도 모르면서 역사서에 기록하였으니, 다른 사실이야 말해 무엇 하겠는가. 우리나라 고대사의 기록은 근거를 댈 수 없는 경우가 많은데도 A는 그 기록을 자료로 역사서를 저술하였다. 또 사실 여부를 따져 보지도 않고 중국의 책들을 그대로 끌어다 인용하였다.

백두산은 몽고 땅에서부터 뻗어내려 온 줄기가 남쪽으로 천여 리를 달려 만들어졌다. 이 대간룡(大幹龍)의 동쪽 지역 가운데 별도로 한 지역을 이루어 다른 지역과 섞이지 않은 곳이 있다. 하·은·주 삼대에는 이를 숙신(肅愼)이라 일컬었고, 한나라 때는 읍루(挹婁), 당나라 때는 말갈(靺鞨), 송나라 때는 여진(女眞)이라 하였으며 지금은 오라영고탑(烏喇寧古塔)이라고 부른다. 그런데 A의 역사서에는 이곳이 한나라 선제 때 '말갈'이라는 이름으로 일컬어졌다고 하였다. 가리키는 대상이 같더라도 명칭은 시대에 따라 변화하는 법이거늘, A의 서술은 매우 터무니없다. 북적(北狄)을 삼대에는 훈육(葷粥), 한나라 때는 흉노(匈奴), 당나라 때는 돌궐(突厥), 송나라 때는 몽고(蒙古)라고 하였는데, 어떤 이가 한나라 역사를 서술하며 돌궐이 중원을 침입했다고 쓴다면 비웃지 않을 사람이 없을 것이다. A의 역사서는 비유하자면 이와 같은 것이다.

보기

ㄱ. 역사서를 저술할 때에는 중국의 기록을 참조하더라도 우리 역사서를 기준으로 해야 한다.

ㄴ. 역사서를 저술할 때에는 지역의 위치, 종족과 지명의 변천 등 사실을 확인해야 한다.

ㄷ. 역사서를 저술할 때에는 중국의 역사서에서 우리나라와 관계된 것들을 찾아내어 반영해야 한다.

① ㄱ
② ㄴ
③ ㄱ, ㄷ
④ ㄴ, ㄷ
⑤ ㄱ, ㄴ, ㄷ

10 다음 글의 내용을 평가한 것으로 가장 적절한 것은?

17 5급공채

갑국에서는 소셜미디어 상에서 진보 성향의 견해들이 두드러지게 나타난다. 이러한 현상은 다음 두 가설에 의해서 설명될 수 있다.

A 가설은 이러한 현상이 일어나는 이유가 진보 이념에서 전통적으로 중시되는 참여 민주주의의 가치가 쌍방향 의사소통을 주요 특징으로 하는 소셜미디어와 잘 부합하기 때문이라고 본다. 진보 성향을 가진 사람들은 일반적으로 엘리트에 의한 통제보다는 시민들이 가지는 영향력과 정치 활동에 지지를 표하고, 참여를 통해 자신들의 입장이 정당함을 보여주려는 경향이 강하다. 갑국의 소셜미디어 사용자들의 다수가 진보적인 젊은 유권자들이라는 사실은 이러한 A 가설을 뒷받침한다. 최근 갑국의 트위터 사용자에 대한 연구에서도 진보적인 유권자들이 트위터와 같은 소셜미디어를 더 자주 이용하는 것으로 나타났다.

한편 소셜미디어가 가지는 대안 매체로서의 가능성에 관련한 B 가설에 따르면, 소셜미디어는 기존의 주류 언론에서 상대적으로 소외된 집단에 의해 주도적으로 활용될 가능성이 높다. 가령 트위터는 140자의 트윗이라는 형식을 통해 누구든지 팔로워들에게 원하는 메시지를 전파할 수 있고, 이 메시지는 리트윗을 통해 더 많은 사람들에게 전달될 수 있다. 이러한 트위터의 작동방식은 사용자들로 하여금 더 이상 주류 언론에 의한 매개 과정을 거치지 않고 독자적인 언론인으로 활동하며 다수에게 자신들의 견해를 전달할 수 있게 해준다. B 가설은 주류 언론이 가지는 이념적 성향이 소셜미디어의 이념적 편향성의 방향을 결정하는 주요 요인이 되리라는 예측을 가능케 한다. 즉 어떤 이념적 성향을 가진 집단이 주류 언론에 대해 상대적 소외감을 더 크게 느끼느냐에 따라 누가 이 대안 매체의 활용가치를 더 크게 느끼는지 결정되리라는 것이다.

① 갑국에 적용한 것과 동일한 방식으로 분석했을 때, 을국의 경우 트위터 사용자들은 진보 성향보다 보수 성향이 많았다는 사실은 A 가설을 약화하지 않는다.

② 갑국의 주류 언론은 보수적 이념 성향이 강하다는 사실은 B가설을 강화한다.

③ 갑국의 젊은 사람들 중에 진보 성향의 비율이 높다는 사실은 A 가설을 강화하고 B 가설은 약화한다.

④ 갑국에서 주류 언론보다 소셜미디어의 영향력이 강하다는 사실은 A 가설과 B 가설을 모두 강화한다.

⑤ 갑국에서는 정치 활동을 많이 하는 사람들이 소셜미디어를 더 많이 사용한다는 사실은 A 가설과 B 가설을 모두 약화한다.

11 다음 글의 논증에 대한 비판으로 적절하지 않은 것은?

16 5급공채

진화론자들은 지구상에서 생명의 탄생이 30억 년 전에 시작됐다고 추정한다. 5억 년 전 캄브리아기 생명폭발 이후 다양한 생물종이 출현했다. 인간 종이 지구상에 출현한 것은 길게는 100만 년 전이고 짧게는 10만 년 전이다. 현재 약 180만 종의 생물종이 보고되어 있다. 멸종된 것을 포함해서 5억 년 전 이후 지구상에 출현한 생물종은 1억 종에 이른다. 5억 년을 100년 단위로 자르면 500만 개의 단위로 나눌 수 있다. 이것은 새로운 생물종이 평균적으로 100년 단위마다 약 20종이 출현한다는 것을 의미한다. 하지만 지난 100년 간 생물학자들은 지구상에서 새롭게 출현한 종을 찾아내지 못했다. 이는 한 종에서 분화를 통해 다른 종이 발생한다는 진화론이 거짓이라는 것을 함축한다.

① 100년마다 20종이 출현한다는 것은 다만 평균일 뿐이다. 현재의 신생 종 출현 빈도는 그보다 훨씬 적을 수 있지만 언젠가 신생 종이 훨씬 많이 발생하는 시기가 올 수 있다.

② 5억 년 전 이후부터 지구상에 출현한 생물종이 1,000만 종 이하일 수 있다. 그러면 100년 내에 새로 출현하는 종의 수는 2종 정도이므로 신생 종을 발견하기 어려울 수 있다.

③ 생물학자는 새로 발견한 종이 신생 종인지 아니면 오래 전부터 존재했던 종인지 판단하기 어렵다. 따라서 신생 종의 출현이나 부재로 진화론을 검증하려는 시도는 성공할 수 없다.

④ 30억 년 전에 생물이 출현한 이후 5차례의 대멸종이 일어났으나 대멸종은 매번 규모가 달랐다. 21세기 현재, 알려진 종 중 사라지는 수가 크게 늘고 있어 우리는 인간에 의해 유발된 대멸종의 시대를 맞이하는 것으로 볼 수 있다.

⑤ 생물학자들이 발견한 몇몇 종은 지난 100년 내에 출현한 종이라고 판단할 이유가 있다. DNA의 구성에 따라 계통수를 그렸을 때 본줄기보다는 곁가지 쪽에 배치될수록 늦게 출현한 종임을 알 수 있기 때문이다.

12 다음 대화의 ㉠으로 적절한 것만을 〈보기〉에서 모두 고르면?

21 7급공채

갑: 우리 지역 장애인의 체육 활동을 지원하기 위한 '장애인 스포츠강좌 지원사업'의 집행 실적이 저조하다고 합니다. 지원 바우처를 제대로 사용하지 못하고 있다는 의미인데요. 비장애인을 대상으로 하는 '일반 스포츠강좌 지원사업'은 인기가 많아 예산이 금방 소진된다고 합니다. 과연 어디에 문제점이 있는 것일까요?

을: 바우처를 수월하게 사용하려면 사용 가능한 가맹 시설이 많이 있어야 합니다. 우리 지역의 '장애인 스포츠강좌 지원사업' 가맹 시설은 10개소이며 '일반 스포츠강좌 지원사업' 가맹 시설은 300개소입니다. 그런데 장애인들은 비장애인들에 비해 바우처를 사용하기 훨씬 어렵습니다. 혹시 장애인의 수에 비해 장애인 대상 가맹 시설의 수가 비장애인의 경우보다 턱없이 적어서 그런 것 아닐까요?

병: 글쎄요, 제 생각은 조금 다릅니다. 바우처 지원액이 너무 적은 것은 아닐까요? 장애인을 대상으로 하는 스포츠강좌는 보조인력 비용 등 추가 비용으로 인해, 비장애인 대상 강좌보다 수강료가 높을 수 있습니다. 바우처를 사용한다 해도 자기 부담금이 여전히 크다면 장애인들은 스포츠강좌를 이용하기 어려울 것입니다.

정: 하지만 제가 보기엔 장애인들의 주요 연령대가 사업에서 제외된 것 같습니다. 현재 본 사업의 대상 연령은 만 12세에서 만 49세까지인데, 장애인 인구의 고령자 인구 비율이 비장애인 인구에 비해 높다는 사실을 고려하면, 대상 연령의 상한을 적어도 만 64세까지 높여야 한다고 생각합니다.

갑: 모두들 좋은 의견 감사합니다. 오늘 회의에서 논의된 내용을 확인하기 위해 ㉠필요한 자료를 조사해 주세요.

보기
ㄱ. 장애인 및 비장애인 각각의 인구 대비 '스포츠강좌 지원 사업' 가맹 시설 수
ㄴ. 장애인과 비장애인 각각 '스포츠강좌 지원사업'에 참여하기 위해 본인이 부담해야 하는 금액
ㄷ. 만 50세에서 만 64세까지의 장애인 중 스포츠강좌 수강을 희망하는 인구와 만 50세에서 만 64세까지의 비장애인 중 스포츠강좌 수강을 희망하는 인구

① ㄴ   ② ㄷ
③ ㄱ, ㄴ   ④ ㄱ, ㄷ
⑤ ㄱ, ㄴ, ㄷ

13 다음 글에서 추론할 수 있는 것은?　21 5급공채

푄 현상은 바람이 높은 산을 넘을 때 고온 건조하게 변하는 것을 가리킨다. 공기가 상승하게 되면 기압이 낮아져 공기가 팽창하는 단열팽창 현상 때문에 공기 온도가 내려간다. 공기가 상승할 때 고도에 따른 온도 하강률을 기온감률이라 한다. 공기는 수증기를 포함하고 있는데, 공기가 최대한 가질 수 있는 수증기량은 온도가 내려갈수록 줄어들고, 공기의 수증기가 포화상태에 이르는 온도인 이슬점 온도보다 더 낮은 온도에서는 수증기가 응결하여 구름이 생성되거나 비가 내리게 된다. 공기의 수증기가 포화상태일 경우에는 습윤 기온감률이 적용되고, 불포화상태일 경우에는 건조 기온감률이 적용되는데, 건조 기온감률은 습윤 기온감률에 비해 고도 차이에 따라 온도가 더 크게 변한다. 이러한 기온감률의 차이 때문에 푄 현상이 발생하는 것이다.

가령, 높은 산이 있는 지역의 해수면 고도에서부터 어떤 공기 덩어리가 이 산을 넘는다고 할 때, 이 공기의 온도는 건조 기온감률에 따라 내려가다가 공기가 일정 높이까지 상승하여 온도가 이슬점 온도에 도달한 후에는 공기 내 수증기가 포화하면 습윤 기온감률에 따라 온도가 내려간다. 공기의 상승 과정에서 공기 속 수증기는 구름을 형성하거나 비를 내리며 소모되고, 이는 산 정상에 이를 때까지 계속된다. 이 공기가 산을 넘어 건너편 사면을 타고 하강할 때는 공기가 건조하기 때문에 건조 기온감률에 따라 온도가 올라가게 된다. 따라서 산을 넘은 공기가 다시 해수면 고도에 도달하면 산을 넘기 전보다 더 뜨겁고 건조해진다. 이 건조한 공기가 푄 현상의 결과물이다.

우리나라에도 대표적인 푄 현상으로 높새바람이 있다. 이는 강원도 영동지방에 부는 북동풍과 같은 동풍류의 바람에 의해 푄 현상이 일어나 영서지방에 고온 건조한 바람이 부는 것을 의미한다. 늦은 봄에서 초여름에 한랭 다습한 오호츠크해 고기압에서 불어오는 북동풍이 태백산맥을 넘을 때 푄 현상을 일으키게 된다. 이 높새바람의 고온 건조한 성질은 영서지방의 농작물에 피해를 주기도 하고 산불을 일으키기도 한다.

① 공기가 상승하여 공기의 온도가 이슬점 온도에 도달한 이후부터는 공기가 상승할수록 공기 내 수증기량은 줄어든다.
② 공기가 상승할 때 공기의 온도가 이슬점 온도에 도달하는 고도는 공기 내 수증기량과 상관없이 일정하다.
③ 높새바람을 따라 이동한 공기 덩어리가 지닌 수증기량은 이동하기 전보다 증가한다.
④ 공기 내 수증기량이 증가하면 습윤 기온감률이 적용되기 시작하는 고도가 높아진다.
⑤ 동일 고도에서 공기의 온도는 공기가 상승할 때가 하강할 때보다 높다.

14 다음 글의 〈실험 결과〉에 대한 판단으로 적절한 것만을 〈보기〉에서 모두 고르면?　21 7급공채

박쥐 X가 잡아먹을 수컷 개구리의 위치를 찾기 위해 사용하는 방법에는 두 가지가 있다. 하나는 수컷 개구리의 울음소리를 듣고 위치를 찾아내는 '음탐지' 방법이다. 다른 하나는 X가 초음파를 사용하여, 울음소리를 낼 때 커졌다 작아졌다 하는 울음주머니의 움직임을 포착하여 위치를 찾아내는 '초음파탐지' 방법이다. 울음주머니의 움직임이 없으면 이 방법으로 수컷 개구리의 위치를 찾을 수 없다.

〈실 험〉

한 과학자가 수컷 개구리를 모방한 두 종류의 로봇개구리를 제작했다. 로봇개구리 A는 수컷 개구리의 울음소리를 내고, 커졌다 작아졌다 하는 울음주머니도 가지고 있다. 로봇 개구리 B는 수컷 개구리의 울음소리만 내고, 커졌다 작아졌다 하는 울음주머니는 없다. 같은 수의 A 또는 B를 크기는 같지만 서로 다른 환경의 세 방 안에 같은 위치에 두었다. 세 방의 환경은 다음과 같다.

○ 방 1: 로봇개구리 소리만 들리는 환경
○ 방 2: 로봇개구리 소리뿐만 아니라, 로봇개구리가 있는 곳과 다른 위치에서 로봇개구리 소리와 같은 소리가 추가로 들리는 환경
○ 방 3: 로봇개구리 소리뿐만 아니라, 로봇개구리가 있는 곳과 다른 위치에서 로봇개구리 소리와 전혀 다른 소리가 추가로 들리는 환경

각 방에 같은 수의 X를 넣고 실제로 로봇개구리를 잡아먹기 위해 공격하는 데 걸리는 평균 시간을 측정했다. X가 로봇개구리의 위치를 빨리 알아낼수록 공격하는 데 걸리는 시간은 짧다.

〈실험 결과〉

○ 방 1: A를 넣은 경우는 3.4초였고 B를 넣은 경우는 3.3초로 둘 사이에 유의미한 차이는 없었다.
○ 방 2: A를 넣은 경우는 8.2초였고 B를 넣은 경우는 공격하지 않았다.
○ 방 3: A를 넣은 경우는 3.4초였고 B를 넣은 경우는 3.3초로 둘 사이에 유의미한 차이는 없었다.

보기

ㄱ. 방 1과 2의 〈실험 결과〉는, X가 음탐지 방법이 방해를 받는 환경에서는 초음파탐지 방법을 사용한다는 가설을 강화한다.
ㄴ. 방 2와 3의 〈실험 결과〉는, X가 소리의 종류를 구별할 수 있다는 가설을 강화한다.
ㄷ. 방 1과 3의 〈실험 결과〉는, 수컷 개구리의 울음소리와 전혀 다른 소리가 들리는 환경에서는 X가 초음파탐지 방법을 사용한다는 가설을 강화한다.

① ㄱ
② ㄷ
③ ㄱ, ㄴ
④ ㄴ, ㄷ
⑤ ㄱ, ㄴ, ㄷ

갑: 현대 사회에서 '기술'이라는 용어는 낯설지 않다. 이 용어는 어떻게 정의될 수 있을까? 한 가지 분명한 사실은 우리가 기술이라고 부를 수 있는 것은 모두 물질로 구현된다는 것이다. 기술이 물질로 구현된다는 말은 그것이 물질을 소재 삼아 무언가 물질적인 결과물을 산출한다는 의미이다. 나노기술이나 유전자조합기술도 당연히 이 조건을 만족하는 기술이다.

을: 기술은 반드시 물질로 구현되는 것이어야 한다는 말은 맞지만 그렇게 구현되는 것들을 모두 기술이라고 부를 수는 없다. 가령, 본능적으로 개미집을 만드는 개미의 재주 같은 것은 기술이 아니다. 기술로 인정되려면 그 안에 지성이 개입해 있어야 한다. 나노기술이나 유전자 조합기술을 기술이라 부를 수 있는 이유는 둘 다 고도의 지성의 산물인 현대과학이 그 안에 깊게 개입해 있기 때문이다. 더 나아가 기술에 대한 우리의 주된 관심사가 현대 사회에 끼치는 기술의 막강한 영향력에 있다는 점을 고려할 때, '기술'이란 용어의 적용을 근대 과학혁명 이후에 등장한 과학이 개입한 것들로 한정하는 것이 합당하다.

병: 근대 과학혁명 이후의 과학이 개입한 것들이 기술이라는 점을 부인하지 않는다. 하지만 그런 과학이 개입한 것들만 기술로 간주하는 정의는 너무 협소하다. 지성이 개입해야 기술인 것은 맞지만 기술을 만들어내기 위해 과학의 개입이 꼭 필요한 것은 아니다. 오히려 기술은 과학과 별개로 수많은 시행착오를 통해 발전해 나가기도 한다. 이를테면 근대 과학혁명 이전에 인간이 곡식을 재배하고 가축을 기르기 위해 고안한 여러 가지 방법들도 기술이라고 불러야 마땅하다. 따라서 우리는 '기술'을 더 넓게 적용할 수 있도록 정의할 필요가 있다.

보기

ㄱ. '기술'을 적용하는 범위는 셋 중 갑이 가장 넓고 을이 가장 좁다.

ㄴ. 을은 '모든 기술에는 과학이 개입해 있다.'라는 주장에 동의하지만, 병은 그렇지 않다.

ㄷ. 병은 시행착오를 거쳐 발전해온 옷감 제작법을 기술로 인정하지만, 갑은 그렇지 않다.

① ㄱ　　　　　　　　② ㄴ
③ ㄱ, ㄷ　　　　　　④ ㄴ, ㄷ
⑤ ㄱ, ㄴ, ㄷ

주식회사의 이사는 주주총회에서 선임된다. 1주 1의결권 원칙이 적용되는 주주총회에서 주주는 본인이 보유하고 있는 주식 비율에 따라 의결권을 갖는다. 예를 들어 5%의 주식을 가진 주주는 전체 의결권 중에서 5%의 의결권을 갖는다.

주주총회에서 이사를 선임할 때에는 각 이사 후보자별 의결이 별도로 이루어진다. 예를 들어 2인의 이사를 선임하는 주주총회에서 3인의 이사 후보가 있다면, 각 후보를 이사로 선임하는 세 건의 안건을 올려 각각 의결한다. 즉, 총 세 번의 의결 후 찬성 수를 가장 많이 얻은 2인을 이사로 선임하는 것이다. 이를 단순투표제라 한다. 단순투표제에서 발행주식 총수의 50%를 초과하는 지분을 가진 주주는 모든 이사를 자신이 원하는 사람으로 선임할 수 있게 되고, 그럴 경우 50% 미만을 보유하고 있는 주주는 자신이 원하는 사람을 한 명도 이사로 선임하지 못하게 된다.

집중투표제는 이러한 문제를 해결하기 위해 고안된 방안이다. 이는 복수의 이사를 한 건의 의결로 선임하는 방법으로 단순투표제와 달리 행사할 수 있는 의결권이 각 후보별로 제한되지 않는다. 예를 들어 회사의 발행주식이 100주이고 선임할 이사는 5인, 후보는 8인이라고 가정해 보자. 집중투표제를 시행한다면 25주를 가진 주주는 선임할 이사가 5인이기 때문에 총 125개의 의결권을 가지며 75주를 가진 지배주주는 총 375개의 의결권을 가진다. 각 주주는 자신의 의결권을 자신이 원하는 후보에게 집중하여 배분할 수 있다. 125개의 의결권을 가진 주주는 자신이 원하는 이사 후보 1인에게 125표를 집중 투표하여 이사로 선임될 가능성을 높일 수 있다. 최종적으로 5인의 이사는 찬성 수를 많이 얻은 순서에 따라 선임된다.

주주가 집중투표를 청구하기 위해서는 주식회사의 정관에 집중투표를 배제하는 규정이 없어야 한다. 이러한 방식을 옵트아웃 방식이라고 한다. 정관에서 명문으로 규정해야 제도를 시행할 수 있는 옵트인 방식과는 반대되는 것이다. 하지만 현재 우리나라 전체 상장회사의 90% 이상은 집중투표를 배제하는 정관을 가지고 있어 집중투표제의 활용이 미미한 상황이다.

① 한 안건에 대해 단순투표제와 집중투표제 모두 1주당 의결권의 수는 그 의결로 선임할 이사의 수와 동일하다.

② 집중투표제에서 대주주는 한 건의 의결로 선임될 이사의 수가 가능한 한 많아지기를 원할 것이다.

③ 집중투표제로 이사를 선임하는 경우 소액주주는 본인이 원하는 최소 1인의 이사를 선임할 수 있다.

④ 정관에 집중투표제에 관한 규정이 없다면 주주는 이사를 선임할 때 집중투표를 청구할 수 없다.

⑤ 단순투표제에서는 전체 의결권의 과반수를 얻어야만 이사로 선임된다.

17 다음 글의 전체 흐름과 맞지 않는 한 곳을 ㉠~㉤에서 찾아 수정하려고 할 때, 가장 적절한 것은?

15 민경채

소아시아 지역에 위치한 비잔틴 제국의 수도 콘스탄티노플이 이슬람교를 신봉하는 오스만들에 의해 함락되었다는 소식이 인접해 있는 유럽 지역에까지 전해지자 그곳 교회의 한 수도원 서기는 "㉠지금까지 이보다 더 끔찍했던 사건은 없었으며, 앞으로도 결코 없을 것이다."라고 기록했다. 1453년 5월 29일 화요일, 해가 뜨자마자 오스만 제국의 군대는 난공불락으로 유명한 케르코포르타 성벽의 작은 문을 뚫고 진군하기 시작했다. 해가 질 무렵, 약탈당한 도시에 남아있는 모든 것들은 그들의 차지가 되었다. 비잔틴 제국의 86번째 황제였던 콘스탄티노스 11세는 서쪽 성벽 아래에 있는 좁은 골목에서 전사하였다. 이것으로 ㉡1,100년 이상 존재했던 소아시아 지역의 기독교도 황제가 사라졌다.

잿빛 말을 타고 화요일 오후 늦게 콘스탄티노플에 입성한 술탄 메흐메드 2세는 우선 성소피아 대성당으로 갔다. 그는 이 성당을 파괴하는 대신 이슬람 사원으로 개조하라는 명령을 내렸고, 우선 그 성당을 철저하게 자신의 보호하에 두었다. 또한 학식이 풍부한 그리스 정교회 수사에게 격식을 갖추어 공석중인 총대주교직을 수여하고자 했다. 그는 이슬람 세계를 위해 ㉢기독교의 제단뿐만 아니라 그 이상의 것들도 활용했다. 역대 비잔틴 황제들이 제정한 법을 그가 주도하고 있던 법제화의 모델로 이용하였던 것이다. 이러한 행위들은 ㉣단절을 추구하는 정복왕 메흐메드 2세의 의도에서 비롯된 것이라고 할 수 있다.

그는 자신이야말로 지중해를 '우리의 바다'라고 불렀던 로마 제국의 진정한 계승자임을 선언하고 싶었던 것이다. 일례로 그는 한때 유럽과 아시아를 포함한 지중해 전역을 지배했던 제국의 정통 상속자임을 선언하면서, 의미심장하게도 자신의 직함에 '룸 카이세리', 즉 로마의 황제라는 칭호를 추가했다. 또한 그는 패권 국가였던 로마의 옛 명성을 다시 찾기 위한 노력의 일환으로 로마 사람의 땅이라는 뜻을 지닌 루멜리아에 새로 수도를 정했다. 이렇게 함으로써 그는 ㉤오스만 제국이 유럽으로 확대될 것이라는 자신의 확신을 보여주었다.

① ㉠을 '지금까지 이보다 더 영광스러운 사건은 없었으며'로 고친다.

② ㉡을 '1,100년 이상 존재했던 소아시아 지역의 이슬람 황제가 사라졌다'로 고친다.

③ ㉢을 '기독교의 제단뿐만 아니라 그 이상의 것들도 파괴했다'로 고친다.

④ ㉣을 '연속성을 추구하는 정복왕 메흐메드 2세의 의도에서 비롯된 것'으로 고친다.

⑤ ㉤을 '오스만 제국이 아시아로 확대될 것이라는 자신의 확신을 보여주었다'로 고친다.

---

18 ㉠~㉤의 예로서 옳게 연결하지 못한 것은?

09 5급공채

옛날이나 지금이나 치세와 난세가 없을 수 없소. 치세에는 왕도정치와 패도정치가 있소. 군주의 재능과 지혜가 출중하여 뛰어난 영재들을 잘 임용하거나, 비록 군주의 재능과 지혜가 모자라더라도 현자를 임용하여, 인의의 도를 실천하고 백성을 교화하는 것은 ㉠왕도(王道)정치입니다. 군주의 지혜와 재능이 출중하더라도 자신의 총명만을 믿고 신하를 불신하며, 인의의 이름만 빌려 권모술수의 정치를 행하여 백성들로 하여금 자신의 사익만 챙기고 도덕적 교화를 이루게 하지 못하는 것은 ㉡패도(覇道)정치라오.

나아가 난세에는 세 가지 경우가 있소. 속으로는 욕심 때문에 마음이 흔들리고 밖으로는 유혹에 빠져서 백성들의 힘을 모두 박탈하여 자기 일신만을 받들고 신하의 진실한 충고를 배척하면서 자기만 성스러운 체하다가 자멸하는 자는 ㉢폭군(暴君)의 경우이지요. 정치를 잘해보려는 뜻은 가지고 있으나 간사한 이를 분별하지 못하고 등용한 관리들이 재주가 없어 나라를 망치는 자는 ㉣혼군(昏君)의 경우이지요. 심지가 나약하여 뜻이 굳지 못하고 우유부단하며 구습만 고식적으로 따르다가 나날이 쇠퇴하고 미약해지는 자는 ㉤용군(庸君)의 경우이지요.

① ㉠ – 상(商)의 태갑(太甲)과 주(周)의 성왕(成王)은 자질이 오제, 삼황에 미치지 못했지요. 만약 성스러운 신하의 도움이 없었다면 법률과 제도가 전복된다 한들 누가 구제할 수 있었겠소. 필시 참소하는 사람들이 서로 난을 일으켰을 것이오. 그러나 태갑은 이윤(伊尹)에게 정사를 맡겨 백성을 교화하고 성왕은 주공에게 정사를 맡김으로써 인의의 도를 기르고 닦아 결국 대업을 계승했지요.

② ㉡ – 진(晋) 문공(文公)과 한(漢) 고조(高祖)는 황제의 대업을 성취하여 나라를 부강하게 하고 백성을 부유하게 하였소. 다만 아쉬운 점은 인의의 도를 체득하지 못하고 권모술수에 능하였을 뿐, 백성을 교화시키지 못했다는 것이오.

③ ㉢ – 당의 덕종(德宗)은 현명하지 못해 인자와 현자들을 알아보지 못했소. 자신의 총명에 한계가 있음을 깨닫지 못하여 때때로 유능한 관리의 충언을 들었으나 곧 그들을 멀리했기에 간사한 소인배들이 그 틈을 타 아첨할 경우 쉽게 빠져들었소.

④ ㉣ – 송의 신종(神宗)은 유위(有爲)정치의 뜻을 크게 발하여 왕도정치를 회복하고자 했소. 그러나 왕안석(王安石)에게 빠져서 그의 말이라면 모두 따르고 그의 정책이라면 모두 채택하여 재리(財利)를 인의(仁義)로 알고, 형법전서를 시경(詩經), 서경(書經)으로 알았지요. 사악한 이들이 뜻을 이뤄 날뛰는 반면 현자들은 자취를 감춰 백성들에게 그 해독이 미쳤고 전란의 조짐까지 야기했소.

⑤ ㉤ – 주의 난왕(赧王), 당의 희종(僖宗), 송의 영종(寧宗) 등은 무기력하고 나태하여 구습만을 답습하면서 한 가지 폐정도 개혁하지 못하고, 한 가지 선책도 제출하지 못한 채 묵묵히 앉아서 나라가 망하기를 기다리고 있던 자들이오.

미국의 일부 주에서 판사는 형량을 결정하거나 가석방을 허가하는 판단의 보조 자료로 양형 보조 프로그램 X를 활용한다. X는 유죄가 선고된 범죄자를 대상으로 그 사람의 재범 확률을 추정하여 그 결과를 최저 위험군을 뜻하는 1에서 최고 위험군을 뜻하는 10까지의 위험지수로 평가한다.

2016년 A는 X를 활용하는 플로리다 주 법정에서 선고받았던 7천여 명의 초범들을 대상으로 X의 예측 결과와 석방 후 2년간의 실제 재범 여부를 조사했다. 이 조사 결과를 토대로 한 ㉠A의 주장은 X가 흑인과 백인을 차별한다는 것이다. 첫째 근거는 백인의 경우 위험지수 1로 평가된 사람이 가장 많고 10까지 그 비율이 차츰 감소한 데 비하여 흑인의 위험지수는 1부터 10까지 고르게 분포되었다는 관찰 결과이다. 즉 고위험군으로 분류된 사람의 비율이 백인보다 흑인이 더 크다는 것이었다. 둘째 근거는 예측의 오류와 관련된 것이다. 2년 이내 재범을 　(가)　 사람 중에서 　(나)　으로 잘못 분류되었던 사람의 비율은 흑인의 경우 45%인 반면 백인은 23%에 불과했고, 2년 이내 재범을 　(다)　 사람 중에서 　(라)　으로 잘못 분류되었던 사람의 비율은 흑인의 경우 28%인 반면 백인은 48%로 훨씬 컸다. 종합하자면, 재범을 저지른 사람이든 그렇지 않은 사람이든, 흑인은 편파적으로 고위험군으로 분류된 반면 백인은 편파적으로 저위험군으로 분류된 것이다.

X를 개발한 B는 A의 주장을 반박하는 논문을 발표하였다. B는 X의 목적이 재범 가능성에 대한 예측의 정확성을 높이는 것이며, 그 정확성에는 인종 간에 차이가 나타나지 않는다고 주장했다. B에 따르면, 예측의 정확성을 판단하는 데 있어 중요한 것은 고위험군으로 분류된 사람 중 2년 이내 재범을 저지른 사람의 비율과 저위험군으로 분류된 사람 중 2년 이내 재범을 저지르지 않은 사람의 비율이다. B는 전자의 비율이 백인 59%, 흑인 63%, 후자의 비율이 백인 71%, 흑인 65%라고 분석하고, 이 비율들은 인종 간에 유의미한 차이를 드러내지 않는다고 주장했다. 또 B는 X에 의해서 고위험군 혹은 저위험군으로 분류되기 이전의 흑인과 백인의 재범률, 즉 흑인의 기저재범률과 백인의 기저재범률 간에는 이미 상당한 차이가 있었으며, 이런 애초의 차이가 A가 언급한 예측의 오류 차이를 만들어 냈다고 설명한다. 결국 ㉡B의 주장은 X가 편파적으로 흑인과 백인의 위험지수를 평가하지 않는다는 것이다.

하지만 기저재범률의 차이로 인종 간 위험지수의 차이를 설명하여, X가 인종차별적이라는 주장을 반박하는 것은 잘못이다. 기저재범률에는 미국 사회의 오래된 인종차별적 특징, 즉 흑인이 백인보다 범죄자가 되기 쉬운 사회 환경이 반영되어 있기 때문이다. 처음 범죄를 저질러서 재판을 받아야 하는 흑인을 생각해 보자. 그의 위험지수를 판정할 때 사용되는 기저재범률은 그와 전혀 상관없는 다른 흑인들이 만들어 낸 것이다. 그런 기저재범률이 전혀 상관없는 사람의 형량이나 가석방 여부에 영향을 주는 것은 잘못이다. 더 나아가 이런 식으로 위험지수를 평가받아 형량이 정해진 흑인들은 더 오랜 기간 교도소에 있게 될 것이며, 향후 재판받을

흑인들의 위험지수를 더욱 높이는 결과를 가져오게 될 것이다. 따라서 ㉢X의 지속적인 사용은 미국 사회의 인종 차별을 고착화한다.

19 위 글의 (가)~(라)에 들어갈 말을 적절하게 나열한 것은?

	(가)	(나)	(다)	(라)
①	저지르지 않은	고위험군	저지른	저위험군
②	저지르지 않은	고위험군	저지른	고위험군
③	저지르지 않은	저위험군	저지른	저위험군
④	저지른	고위험군	저지르지 않은	저위험군
⑤	저지른	저위험군	저지르지 않은	고위험군

20 위 글의 ㉠~㉢에 대한 평가로 적절한 것만을 〈보기〉에서 모두 고르면?

> **보기**
> ㄱ. 강력 범죄자 중 위험지수가 10으로 평가된 사람의 비율이 흑인과 백인 사이에 차이가 없다면, ㉠은 강화된다.
> ㄴ. 흑인의 기저재범률이 높을수록 흑인에 대한 X의 재범 가능성 예측이 더 정확해진다면, ㉡은 약화된다.
> ㄷ. X가 특정 범죄자의 재범률을 평가할 때 사용하는 기저재범률이 동종 범죄를 저지른 사람들로부터 얻은 것이라면, ㉢은 강화되지 않는다.

① ㄱ
② ㄷ
③ ㄱ, ㄴ
④ ㄴ, ㄷ
⑤ ㄱ, ㄴ, ㄷ

정답 및 해설: p.113

gosi.Hackers.com

성공은 성공 지향적인 사람에게만 온다.
실패는 스스로 실패할 수밖에 없다고
체념해 버리는 사람에게 온다.

나폴리언 힐(미국의 작가)

정답 및 해설

정답 및 취약점 확인

p.12

문항	정답	출제 포인트	정답률	약점 개념 확인	문항	정답	출제 포인트	정답률	약점 개념 확인
01	③	비문학-작문	84%	설의법, 비유법	11	③	비문학-세부 내용 파악	86%	
02	①	비문학-화법	77%		12	①	비문학-세부 내용 파악	82%	
03	③	어휘-관용 표현	80%	홍역을 치르다, 잔뼈가 굵다, 입추의 여지가 없다, 어깨를 나란히 하다	13	②	비문학-내용 추론	87%	
04	②	비문학-글의 구조 파악	80%		14	②	비문학-세부 내용 파악	82%	
05	④	문학-작품의 내용 파악	70%	김승옥 〈무진기행〉	15	④	어법-표준어 사정 원칙	71%	숫염소, 위층, 아지랑이, 으레
06	④	어휘-한자 성어	79%	針小棒大, 刻舟求劍, 捲土重來, 臥薪嘗膽	16	③	비문학-작문	79%	
07	①	문학-표현상의 특징과 효과	66%	〈어이 못 오던가〉	17	④	문학-작품의 종합적 감상	79%	박재삼 〈매미 울음 끝에〉
08	①	비문학-내용 추론	82%		18	④	비문학-세부 내용 파악	71%	
09	②	어법-한글 맞춤법	67%	한글 맞춤법 제40항	19	④	비문학-세부 내용 파악	87%	
10	④	어휘-한자어	69%	到着, 佛像, 境地, 追憶	20	③	비문학-세부 내용 파악	84%	

---

01 비문학 작문 (조건에 맞는 글쓰기)

난이도 ★☆☆

해설 ③ 마지막 문장인 '자기 쓰레기는 자기가 집으로 되가져가도록 합시다'에 해양 오염을 줄일 수 있는 생활 속 실천 방법이 드러난다. 또한 '자기 집이라면 이렇게 함부로 쓰레기를 버렸을까요?'에 설의적 표현이 드러나며, 피서객들이 버린 쓰레기로 해양이 오염된 것을 '바다가 몸살을 앓는다'라고 비유적으로 표현하였다. 따라서 제시된 조건을 모두 충족한 것은 ③이다.

오답분석 ① '미세 플라스틱'을 '바다를 서서히 죽이는 보이지 않는 독'이라고 비유적으로 표현한 부분은 있으나, 해양 오염을 줄이는 생활 속 실천 방법이나 설의적 표현은 확인할 수 없으므로 ①은 제시된 조건을 충족하지 않는다.

② 해양 오염을 줄이기 위한 생활 속 실천 방법으로 분리수거를 철저히 하고 일회용품을 줄이는 것을 제시하였으므로 첫 번째 조건을 충족한다. 그러나 설의적 표현과 비유적 표현을 활용한 내용은 없으므로 두 번째 조건은 충족하지 않는다.

④ '이대로 가다간 인간도 고통받게 되지 않을까요?'에 설의적 표현이 드러나며, 바다를 '쓰레기 무덤'이라고 비유적으로 표현하고 있으므로 두 번째 조건을 충족하고 있다. 다만 해양 오염을 줄이기 위한 정부의 역할을 언급할 뿐, 생활 속 실천 방법이 제시된 것은 아니므로 첫 번째 조건은 충족하지 않는다.

02 비문학 화법 (말하기 전략)

난이도 ★★☆

해설 ① 백 팀장이 사내 게시판에 워크숍 영상을 공유하는 것을 제안하며 자신의 바람을 전달한 것은 맞지만, 팀원들에 대한 유대감을 드러내는 표현은 사용하지 않았으므로 ①의 설명은 적절하지 않다.

오답분석 ② 고 대리는 사내 게시판에 영상을 공개하는 것이 부담스럽고, 타 부서와 비교될 것 같다는 점을 반대 이유로 제시하며 백 팀장의 요청을 거절하고 있다.

③ 임 대리는 발언 초반에 '정보 공유'의 취지는 좋다고 공감함으로써, 백 팀장의 체면을 세워 주고 있다.

④ 임 대리의 발언 마지막 문장은 대화 참여자의 의견을 묻는 의문문이다. 이를 통해 임 대리는 워크숍 장면 사내 게시판 공유에 대해 팀원들의 의견도 듣고 한두 개를 시범적으로 올려 보자며 자신의 의견을 간접적으로 드러내고 있다.

03 어휘 관용 표현

난이도 ★★☆

해설 ③ '입추의 여지가 없다'는 송곳 끝도 세울 수 없을 정도라는 뜻으로, ⓒ은 국도에 차가 밀려 꽉 들어찬 경우를 비유적으로 표현한 것이다. 따라서 관용 표현의 풀이로 적절하지 않은 것은 ③이다.
• 입추(立錐): 송곳을 세움

오답분석 ① ㉠ **홍역을 치르다**: 몹시 애를 먹거나 어려움을 겪다.

② ㉡ **잔뼈가 굵다**: 오랜 기간 일정한 곳이나 직장에서 일을 하여 그 일에 익숙하다.

④ ㉣ **어깨를 나란히 하다**: 서로 비슷한 지위나 힘을 가지다.

04 비문학 글의 구조 파악 (문단 배열)

난이도 ★★☆

해설 ② '(가)-(다)-(나)'의 순서가 가장 자연스럽다.

순서	중심 내용	순서 판단의 단서와 근거
첫 문단	기업들이 데이터를 바라보는 시각이 변화하며 빅데이터의 가치가 부각됨	–
(가)	기업이 많은 돈을 투자해 마케팅 조사를 하는 이유	첫 문단의 내용에 이어서 빅데이터의 가치가 부각되기 전, 기업의 마케팅 상황에 대해 설명함
(다)	어느 부분에서 효과를 내는지 알 수 없는 기업의 마케팅	지시 표현 '그런 노력': (가)에서 기업이 많은 돈을 투자해 마케팅 조사를 해 온 노력을 의미함

(나)	기업들은 SNS나 스마트폰 등을 통해 어느 부분에서 마케팅 효과가 나는지 알 수 있게 됨	지시 표현 '그런 상황': (나)에서 기업들이 쓴 광고비가 어느 부분에서 효과를 내는지 알지 못하는 상황을 의미함
마지막 문단	기업들이 소셜 미디어의 빅데이터를 중요한 경영 수단으로 수용하기 시작함	—

05 문학 작품의 내용 파악 난이도 ★★★

해설 ④ 1문단에서 사람들의 대화를 통해 ⑤ '무진'에는 누구나 인정할 만한 명산물이 없음을 알 수 있다. 참고로 2문단에서 '나'가 '안개'를 무진의 명산물이라고 말하는데, 이는 '나'의 개인적 생각일 뿐이다.

오답 분석
① 1문단 3~8번째 줄을 통해 '무진'은 바다가 가까이 있음에도 수심이 얕아 항구로 개발하기 어려운 곳임을 알 수 있다.
② 1문단 끝 5번째 줄에서 '무진'은 이렇다 할 평야가 있는 것도 아니라고 말하였으며, 2문단 마지막 문장에서는 안개에 의해 '무진'을 둘러싸고 있는 산들도 보이지 않는다고 설명하였다. 이를 통해 '무진'은 산으로 둘러싸여 있고 평야가 발달하지 않은 곳임을 알 수 있다.
③ '무진'은 항구로 발전할 수도 없고 이렇다 할 평야가 있는 것도 아니므로 경제적 여건을 갖추지 못한 지역이지만, 오륙만이나 되는 인구가 그럭저럭 살아가는 곳이다. 이로써 '무진'은 지역의 경제적 여건에 비해 인구가 적지 않은 공간임을 알 수 있다.

👍 이것도 알면 합격!

김승옥, '무진기행'에 대해 알아두자.

1. 작품 속 '안개'의 의미
반투명하여 사물을 뚜렷하게 인식할 수 없게 만든다는 '안개'의 속성을 이용해서 우울한 분위기를 조성하고 '무진'을 비현실적, 몽환적인 공간으로 만들고 있다. 또한 '안개'는 혼돈 속에서 진정한 자아를 찾고자 방황하는 주인공의 내면 세계를 반영하는 소재이기도 하다.

2. 여로형 구조

서울 (현실)		무진 (추억의 공간)
현실적 가치가 중심이 되는 일상적 공간	떠남 → ← 복귀	• 일상에서 벗어나 새로운 경험을 하도록 하는 공간 • 방황하는 주인공의 내면세계

→ 주인공 '나'는 무진을 떠나 서울로 가면서 현실에 타협한 자기 자신을 부끄러워함

06 어휘 한자 성어 난이도 ★★★

해설 ④ 빈칸이 포함된 문장에서 필자는 처음으로 외국 여행을 다녀온 사람이 별것 아닌 사실을 과장하거나 특수한 경험을 일반화하여 이야기하더라도 들어 주는 편이 좋다고 말한다. 이때 빈칸에는 작은 일을 과장해 말한다는 의미의 한자 성어가 들어가는 것이 적절하므로 답은 ④ '針小棒大(침소봉대)'이다.
• 針小棒大(침소봉대): 작은 일을 크게 불리어 떠벌림

오답 분석
① 刻舟求劍(각주구검): 융통성 없이 현실에 맞지 않는 낡은 생각을 고집하는 어리석음을 이르는 말
② 捲土重來(권토중래): 1. 땅을 말아 일으킬 것 같은 기세로 다시 온다는 뜻으로, 한 번 실패하였으나 힘을 회복하여 다시 쳐들어옴을 이르는 말 2. 어떤 일에 실패한 뒤에 힘을 가다듬어 다시 그 일에 착수함을 비유하여 이르는 말

③ 臥薪嘗膽(와신상담): 불편한 섶에 몸을 눕히고 쓸개를 맛본다는 뜻으로, 원수를 갚거나 마음먹은 일을 이루기 위하여 온갖 어려움과 괴로움을 참고 견딤을 비유적으로 이르는 말

07 문학 표현상의 특징과 효과 난이도 ★★★

해설 ① 제시된 작품의 초장에서 '못 오던가'를 반복함으로써 화자는 '나'에게 오지 않는 '너'에 대한 섭섭한 감정을 표출하고 있다.

오답 분석
② 종장에서 화자는 한 달 30일 중 날 보러 올 하루가 없는지를 묻고 있다. 이는 화자가 '너'에 대한 원망을 드러내는 표현일 뿐, 날짜 수를 대조하거나 '너'와 헤어진 기간이 길다는 것을 강조한 것은 아니다.
③ 중장에서 임이 '나'에게 오는 데에 방해가 되는 장애물(무쇠 성, 담, 집, 뒤주, 궤, 자물쇠)을 연쇄적으로 나열하며 아무리 기다려도 오지 않는 '너'에 대한 답답한 마음을 해학적으로 표현하고 있다. 이는 '너'가 오지 못하는 이유를 상상하며 화자가 과장해 표현한 것일 뿐, 감정의 기복을 표현한 것은 아니다.
④ 중장에서 '무쇠 성 → 담 → 집 → 뒤주 → 궤'와 같이 단계적으로 공간을 축소하고 있다. 하지만 이는 이러한 상황이 아닌 이상 어떻게 자신을 보러 오지 않을 수가 있는지에 대한 의구심과 함께 '너'에 대한 화자의 원망을 표현하는 것으로, '너'를 만날 수 있다는 희망을 표현한 것은 아니다.

지문 풀이
어찌하여 못 오던가, 무슨 일로 못 오던가?
너 오는 길에 무쇠로 성을 쌓고, 성안에 담을 쌓고, 담 안에 집을 짓고, 집 안에 뒤주를 놓고, 뒤주 안에 궤짝을 놓고, 궤 안에 너를 결박하여 넣고, 쌍배목, 외걸쇠, 용거북 자물쇠로 꽁꽁 잠가 두었더냐? 너 어째서 그렇게 아니 오던가?
한 달이 서른 날인데, 나를 보러 올 하루가 없는가? — 작자 미상

👍 이것도 알면 합격!

작자 미상, '어이 못 오던가'에 대해 알아두자.

1. 주제: 임을 기다리는 안타까운 마음
2. 특징
• 열거법, 연쇄법을 사용하여 운율을 형성함
• 해학적이고 과장된 표현을 통해 화자의 간절한 마음을 표현함
3. 구성

초장	임이 오지 않는 이유를 알 수 없음
중장	임이 오지 못하는 이유를 상상함
종장	한 달 중 하루도 내지 못하는 임을 원망함

08 비문학 내용 추론 난이도 ★☆☆

해설 ① 빈칸에 들어갈 말로 가장 적절한 것은 ①이다.
• (가): 2문단에서 영·유아기에 꾸준한 훈련을 통해 '발음 능력'을 습득하면 음성 기관의 움직임은 자동화된다고 설명한다. 따라서 모어가 아닌 외국어 음성을 발음하기 어려운 이유는 음성 기관의 움직임이 모어의 음성에 맞게 자동화되었기 때문이라고 추론할 수 있다.
• (나): 3문단에서 '발음 능력'에 비해 '필기 능력'은 의식적이라 할 수 있다고 설명한다. 그렇지만 개인의 의지와 관계없이 필체가 일정한 것은 '필기 능력'도 '발음 능력'과 마찬가지로 손을 놀리는 데에 무의식적이고 자동적인 면이 있다는 것을 의미한다고 추론할 수 있다.

09 어법 한글 맞춤법 (맞춤법에 맞는 표기) 난이도 ★★☆

해설 ② 한글 맞춤법에 맞게 쓰인 것은 ② 'ⓒ, ⓔ'이다.
- ⓒ 무정타(ㅇ), ⓔ 선발토록(ㅇ): '무정하다'와 '선발하도록'의 준말이다. 어간의 끝음절 '하'의 'ㅏ'가 줄고 'ㅎ'이 다음 음절의 첫소리와 어울려 거센소리로 될 적에는 거센소리로 적는다.

오답
분석
- ⓒ 섭섭치(×) → 섭섭지(ㅇ): '섭섭하지'의 준말로, 안울림소리 받침 'ㅂ' 뒤에서 어간의 끝음절 '하'가 아주 줄 적에는 거센소리로 표기하지 않고 준 대로 적는다.
- ⓔ 생각컨대(×) → 생각건대(ㅇ): '생각하건대'의 준말로, 안울림소리 받침 'ㄱ' 뒤에서 어간의 끝음절 '하'가 아주 줄 적에는 거센소리로 표기하지 않고 준 대로 적는다.

👍 이것도 알면 합격!

어간의 끝음절 '하'가 줄어드는 방식에 대해 알아두자.

어간의 끝음절 '하'가 줄어드는 기준은 '하' 앞에 오는 받침의 소리이다. '하' 앞의 받침의 소리가 [ㄱ, ㄷ, ㅂ]이면 '하'가 통째로 줄고 그 외의 경우에는 'ㅎ'이 남는다.

'하'가 통째로 줄어드는 경우
[ㄱ] 넉넉하지 않다 → 넉넉지 않다 → 넉넉잖다
[ㄷ] 깨끗하지 않다 → 깨끗지 않다 → 깨끗잖다
[ㅂ] 답답하지 않다 → 답답지 않다 → 답답잖다

'하'가 통째로 줄지 않고 'ㅎ'이 남아 뒤에 오는 말의 첫소리와 어울려 거센소리가 되는 경우
[ㄴ] 결근하고자 → 결근코자
[ㄹ] 분발하도록 → 분발토록
[ㅁ] 무심하지 → 무심치
[ㅇ] 회상하건대 → 회상컨대
[모음] 개의하지 → 개의치

10 어휘 한자어 (한자어의 표기) 난이도 ★★☆

해설 ④ 記憶(기록할 기, 생각할 억)(×) → 追憶(쫓을 추, 생각할 억)(ㅇ): '지나간 일을 돌이켜 생각함. 또는 그런 생각이나 일'을 의미하는 '추억'의 올바른 한자어 표기는 '追憶'이다.
- 記憶(기억): 이전의 인상이나 경험을 의식 속에 간직하거나 도로 생각해 냄

오답
분석
- ① 到着(이를 도, 붙을 착)(ㅇ): 목적한 곳에 다다름
- ② 佛像(부처 불, 모양 상)(ㅇ): 부처의 형상을 표현한 상. 나무 · 돌 · 쇠 · 흙 등으로 만든, 부처의 소상이나 화상을 통틀어 이르는 말
- ③ 境地(지경 경, 땅 지)(ㅇ): 몸이나 마음, 기술 따위가 어떤 단계에 도달해 있는 상태

11 비문학 세부 내용 파악 난이도 ★☆☆

해설 ③ 제시문은 인간의 정신 활동이 프레임의 지배를 받으므로 세상을 객관적으로 보기 어렵다는 이야기를 하고 있다. 인간의 지각과 사고를 확장하는 과정에서 프레임을 극복해야 한다는 ③의 설명은 제시문에서 확인할 수 없다.

오답
분석
- ① ④ 제시문 1~6번째 줄에서 사람의 '지각과 생각(인간의 모든 정신 활동)'은 항상 '어떤 맥락, 관점, 평가 기준, 가정(프레임)'에 의해 일어난다고 설명한다. 이는 인간의 정신 활동이 프레임 없이 일어나지 않으며, 프레임이 인간의 정신 활동에 영향을 미치는 어떤 맥락이나 평가 기준임을 의미한다. 따라서 ①과 ④는 제시문을 이해한 설명으로 적절하다.

② 끝에서 4~5번째 줄에서 우리가 프레임이라는 안경을 쓰고 세상을 보고 있다고 설명한다. 이는 인간이 세상을 바라볼 때 프레임으로 인해 어떤 편향성을 가지게 된다는 의미이다.

12 비문학 세부 내용 파악 난이도 ★☆☆

해설 ① 제시문은 보잉과 에어버스의 자동조종시스템 활용 정도에 대한 차이를 설명하고 있다. 보잉은 '시스템은 불안정하고 완벽하지 않다'라는 관점을 가지며 조종사가 대개 항공기를 조종간으로 직접 통제한다. 반면 에어버스는 '인간은 실수할 수 있는 존재'라고 전제하며 조종사의 모든 조작을 컴퓨터가 모니터링하고 제한하게 하였다. 따라서 제시문의 내용을 이해한 것으로 가장 적절한 것은 ①이다.

오답
분석
- ② 2문단 끝에서 4번째 줄에 따르면 에어버스의 베테유가 인간을 실수할 수 있는 존재로 보는 것은 맞지만, 윌리엄 보잉이 그렇지 않다고 보는지는 제시문에서 확인할 수 없다. 제시문에서 윌리엄 보잉은 '인간이 실수할 수 있는 존재'라는 사실 자체를 부정하는 것이 아니라, 시스템은 불안정하고 완벽하지 않기 때문에 컴퓨터가 조종사의 판단보다 우선시될 수 없다는 입장일 뿐이다.
- ③ 1문단 끝에서 1~2번째 줄에 따르면 에어버스는 항공기 운항 시 컴퓨터(자동조종시스템)가 조종사의 조작을 감시하고 제한한다. 따라서 에어버스의 조종사가 자동조종시스템을 통제하고 조작한다는 ③의 설명은 적절하지 않다.
- ④ 1문단에서 보잉의 조종사가 대개 항공기를 조종간으로 직접 통제하며 이에 대한 전권을 가진다는 것은 알 수 있으나, 보잉의 조종사가 자동조종시스템을 사용하지 않고 항공기를 조종한다는 ④의 내용은 제시문에서 확인할 수 없다.

13 비문학 내용 추론 난이도 ★☆☆

해설 ② 제시문 끝에서 5~7번째 줄에 따르면, 불안은 현재 발생하지 않으며 미래에 일어날지 모르는 불명확한 위협에 의해 야기된 상태이다. ②에서 말한 '전기 · 가스 사고'는 미래에 일어날지 모르는 불명확한 위협에 해당하므로, 이로 인해 두려워서 외출을 못하는 사람은 불안한 상태에 있다고 볼 수 있다.

오답
분석
- ① 제시문 마지막 문장에서 공포를 느끼는 것은 '나 자신'이 위험한 상황에 놓여 있다는 사실을 아는 것이고, 불안의 경험은 '나 자신'이 위해를 입을까 봐 걱정하는 것이라고 설명한다. 이에 따르면 ①의 '자신이 처한 위험한 상황을 정확히 인식하는 경우'는 공포를 느끼는 것에 해당하므로, 공포감에 비해 불안감이 더 크다는 설명은 적절하지 않다.
- ③ 제시문 끝에서 5~7번째 줄에 따르면, 불안은 현재 발생하지 않으며 미래에 일어날지 모르는 불명확한 위험에 의해 야기된 상태이다. ③에서 말한 '시험에 불합격할 수 있다는 생각'은 미래에 일어날지 모르는 불명확한 위협에 해당하므로, 이러한 생각에 사로잡힌 사람은 공포감이 아닌 불안감에 빠져 있다고 볼 수 있다.
- ④ 제시문은 공포와 불안 두 감정을 함께 느끼거나 한 감정이 다른 감정을 유발할 때가 많다고 말하며, 전염병을 목도하고 공포에 빠진 사람은 자신도 언젠가 그 병에 걸릴지 모른다는 불안 상태에 빠지게 된다고 설명한다. 이처럼 과거에 큰 교통사고를 경험한 사람은 실재하는 객관적 위험으로 인해 공포감이 크고, 미래에 또다시 교통사고가 일어날지도 모른다는 불명확한 위협으로 인해 불안감도 클 것이다.

14 비문학 세부 내용 파악   난이도 ★☆☆

해설 ② 1문단 내용에 따르면 프톨레마이오스가 행성들이 주기적으로 종전의 운동과는 반대 방향으로 움직인다는 관찰 결과를 얻었음에도, 그는 이를 행성의 역행 운동을 허용하지 않는 '천동설'로 설명하며 주전원을 따라 공전 궤도를 그리면서 행성들이 운동한다고 주장하였다. 따라서 프톨레마이오스의 주전원이 '지동설'을 지지하고자 만든 개념이라는 ②의 설명은 제시문의 내용과 부합하지 않는다.

오답 분석
① 1문단 내용에 따르면 과학 혁명 이전 아리스토텔레스 철학이 지배적인 영향력을 발휘하였고, 천문 분야에서도 아리스토텔레스의 세계관을 따라 우주의 중심은 지구이며, 모든 천체는 원운동을 하면서 지구의 주위를 공전한다는 천동설이 정설로 자리 잡았다고 한다.

③ 1문단 4∼6번째 줄 내용에 따르면 천동설은 우주의 중심은 지구이며, 모든 천체는 원운동을 하면서 지구의 주위를 공전한다고 설명한다. 반면 2문단 끝에서 3∼5번째 줄을 통해 지동설은 천체의 중심이 태양이며, 지구가 태양의 주위를 공전한다는 입장임을 알 수 있다. 즉 천동설과 지동설은 우주의 중심을 지구와 태양 중 어디에 두느냐에 따라 구분된다.

④ 2문단 마지막 문장에서 코페르니쿠스의 지동설은 행성들의 운동에 대해 프톨레마이오스보다 수학적으로 단순하게 설명하였다고 말한다. 이는 행성의 공전에 대한 프톨레마이오스의 설명이 코페르니쿠스의 설명보다 수학적으로 복잡했음을 의미한다.

15 어법 표준어 사정 원칙   난이도 ★★☆

해설 ④ 으레(○): '으레'는 모음이 단순화한 형태를 표준어로 삼는다. 참고로 '으례'는 잘못된 표기이다.

오답 분석
① 수염소(×) → 숫염소(○): 수컷을 이르는 접두사는 '수-'로 통일하나, '숫양, 숫염소, 숫쥐'는 '숫-'으로 적는다.

② 윗층(×) → 위층(○): '웃-' 및 '윗-'은 명사 '위'에 맞추어 '윗-'으로 통일하는데, 이때 된소리나 거센소리 앞에서는 '위-'로 적는다. '위+층'은 뒷말의 첫소리가 [ㅊ]이므로 '위층'으로 고쳐 써야 한다.

③ 아지랭이(×) → 아지랑이(○): '아지랑이'는 'ㅣ' 역행 동화가 일어나지 않은 형태를 표준어로 삼는다.

16 비문학 작문 (고쳐쓰기)   난이도 ★★☆

해설 ③ 제시문 6∼11번째 줄에서 정독(精讀)의 결과로 생기는 어문 실력이 문해력이며, 문해력이 발달하면 결국 독서 속도가 빨라져, '빨리 읽기'인 속독(速讀)이 가능해진다고 설명하고 있다. 이어서 속독(速讀)은 정독(精讀)을 전제로 할 때에 의미가 있음을 설명하며, 결국 문해력의 증가는 정독(精讀)과 속독(速讀)이 결합된 '정교하고 빠르게 읽기'에서 일어남을 알 수 있다. 따라서 ⓒ '정속독(正速讀)'을 '정속독(精速讀)'으로 수정하는 것이 적절하다.

오답 분석
① '정교한 독서'를 의미하는 '정독(精讀)'과 '바른 독서'를 의미하는 '정독(正讀)'은 서로 소리는 같지만 뜻이 다른 동음이의어이다. 따라서 ⊙을 '다르게 읽지만 뜻이 같다'로 수정한다는 ①은 적절하지 않다.

② ⓒ의 앞 문장에서 정교한 독서인 '정독(精讀)'의 방법으로 모든 단어에 눈을 마주치면서 제대로 인식하는 것에 대해 설명하고 있다. 따라서 ⓒ을 '정독(正讀)'으로 수정한다는 ②는 적절하지 않다.

④ ⓔ이 포함된 문장에서 '빼먹고 읽는 습관'은 정교하지 않은 독서를 의미하며, 결국 이는 '정독'이 빠진 것을 말한다. 따라서 ⓔ을 '속독이 빠진 정독'으로 수정한다는 ④는 적절하지 않다.

17 문학 작품의 종합적 감상 (시)   난이도 ★★☆

해설 ④ 1연 6행에서 매미 울음 소리가 사라진 고요한 상태를 '정적의 소리인 듯 쟁쟁쟁'이라고 표현하고 있다. 이는 '고요하고 괴괴함'을 뜻하는 '정적'을 '소리'로 표현한 것이므로, 반어법이 아닌 역설법이 사용된 것이다. 따라서 ④는 적절하지 않은 감상이다.

오답 분석
① 1연에서는 한여름에 절정이었던 '매미 울음'이 잦아들고 지금은 아무 기척도 없이 조용해진 상황을 '정적의 소리, 그늘의 소리'라고 표현하며 마치 소리가 들리는 것처럼 감각적으로 제시하고 있다.

② 1연에서는 주로 청각적 이미지를 활용하였고, 2연에서는 주로 시각적 이미지를 활용하여 시상을 전개하고 있다.
- 청각적 이미지: 매미 울음, 정적의 소리인 듯 쟁쟁쟁
- 시각적 이미지: 맑은 구름만 눈이 부시게 / 하늘 위에 펼치기만 하노니
- 시각의 청각화(공감각적 이미지): 그늘의 소리

③ 2연에서는 사랑의 열정적인 속성을 '소나기'에 비유하고, 열정적인 사랑이 지나간 뒤 고요해진 마음을 '맑은 구름'으로 형상화하고 있다. 이렇듯 열정적이었다가 차분해지는 사랑의 변화(사랑의 속성)를 드러내고 있다.

👍 **이것도 알면 합격!**

박재삼, '매미 울음 끝에'의 시상 전개 방식에 대해 알아두자.

매미 울음소리가 한여름 무더위를 절정으로 올려놓고는 이내 사라지는데, 화자는 이러한 자연 현상과 인간의 사랑 사이의 유사성을 발견하고, 이를 통해 사랑의 본질에 대한 깨달음을 얻는다. 화자는 '사랑' 또한 소나기처럼 숨이 차고 온몸이 젖도록 들이붓다가 아무 일도 없었던 양 사라진다는 점에서 '매미 울음소리'와 공통점이 있다고 보았다.

매미의 울음소리	→유추→	사랑의 의미

18 비문학 세부 내용 파악   난이도 ★★☆

해설 ④ 제시문은 신과 인간의 결합 정도를 가리키는 총체성을 기준으로 그리스 세계를 '서사시의 시대 → 비극의 시대 → 철학의 시대'와 같이 구분할 수 있으며, 후대로 갈수록 총체성이 낮아진다고 하였다. 에우리피데스의 비극은 '비극의 시대'에 해당하고, 오디세이아는 '비극의 시대'보다 앞선 '서사시의 시대'에 해당하므로, 에우리피데스의 비극에 비해 오디세이아에서 신과 인간의 결합 정도가 더 높다는 ④의 설명은 제시문을 이해한 내용으로 적절하다.

오답 분석
① 끝에서 4∼6번째 줄에 따르면 '철학의 시대'는 이미 계몽된 세계여서 신탁 같은 것을 신뢰할 수 없게 되었다. 이를 통해 계몽사상은 '서사시의 시대'가 아닌 '비극의 시대'에서 '철학의 시대'로의 전환을 이끌었다는 것을 알 수 있다.

② 끝에서 2∼4번째 줄에 따르면 '철학의 시대'에 신과 인간의 세계가 완전히 분리되면서 신의 세계는 인격적 성격을 상실하여 '이데아'라는 추상성의 세계로 바뀐다고 한다. 따라서 플라톤의 이데아는 신탁이 사라진 시대의 비극적 세계가 아닌 추상적인 신의 세계를 표현한 것임을 알 수 있다.

③ 1∼2번째 줄에 따르면 루카치는 총체성을 기준으로 그리스 세계를 세 시대로 구분하였다. 따라서 각기 다른 기준에 따라 그리스 세계를 구분했다는 ③의 설명은 제시문을 이해한 내용으로 적절하지 않다.

해설 ② 끝에서 3~5번째 줄에 따르면 17세기 이후에 창작된 몽유록은 '방관자형'이며, 몽유자가 꿈속 인물들과 함께 현실을 비판하는 것이 아니라 구경꾼의 위치에 서 있다고 한다. 몽유자가 현실을 비판하는 경향이 강하게 나타나는 것은 16~17세기에 창작된 '참여자형' 몽유록이다.

오답
분석
① 4~8번째 줄에서 몽유록은 몽유자의 역할(꿈에서 만난 인물들의 모임에 직접 참여하는지의 여부)에 따라 '참여자형'과 '방관자형'으로 구분할 수 있다고 설명한다.

③ 몽유자가 모임의 구경꾼 역할을 하는 몽유록은 '방관자형'이다. 제시문 마지막 문장에서 '방관자형' 몽유록이 통속적이고 허구적인 성격으로 변모했다고 설명한 것으로 보아 ③의 설명은 제시문의 내용과 부합한다.

④ 끝에서 5~8번째 줄에서 '참여자형'은 몽유자와 꿈속 인물들이 동질적인 이념을 공유하고 현실의 고통스러운 문제에 대해 의견을 나누며 비판적 목소리를 낸다고 설명한다. 따라서 ④의 설명은 제시문의 내용과 부합한다.

해설 ③ 제시문에서 디지털 트윈의 이용자는 가상 세계에서의 시뮬레이션을 통해 미래 상황을 예측할 수 있게 되고, 글로벌 기업들은 디지털 트윈을 도입하여 사전에 위험 요소를 제거해 수익 모델의 효율성을 높이고 있다고 말한다. 따라서 디지털 트윈에서의 시뮬레이션으로 현실 세계의 위험 요소를 찾아내고 방지할 수 있다는 ③의 설명은 제시문을 이해한 내용으로 적절하다.

오답
분석
① 디지털 트윈을 활용함에 따라 글로벌 기업들의 고용률이 향상되었다는 내용은 제시문에서 확인할 수 없다.

② 마지막 문장에 따르면 디지털 트윈이 이렇게 주목받는 이유는 안정성과 경제성이 높기 때문이다. 따라서 디지털 트윈의 데이터 모델이 현실 세계의 다른 실험 모델보다 경제성이 낮다는 ②의 설명은 적절하지 않다.

④ 3~5번째 줄에서 확인할 수 있듯이, 가상 세계와 현실 세계가 융합된 플랫폼으로 이용자들에게 새로운 경제·사회·문화적 경험을 제공하는 데 목적을 두는 것은 '메타버스'이므로 ④의 설명은 적절하지 않다.

정답 및 취약점 확인

p.20

문항	정답	출제 포인트	정답률	약점 개념 확인	문항	정답	출제 포인트	정답률	약점 개념 확인
01	①	비문학-화법	93%		11	②	비문학-화법	79%	
02	①	비문학-글의 구조 파악	82%		12	②	어휘-한자어	69%	謳歌, 買受, 軋轢, 鞭撻
03	③	어법-문장	88%	문장 성분	13	④	어휘-혼동하기 쉬운 어휘	79%	걷잡다, 겉잡다
04	④	어휘-고유어와 한자어	87%	부유(浮遊/浮游)하다-떠다니다	14	①	어휘-한자어	40%	長官, 補償, 決裁
05	②	문학-표현상의 특징과 효과	74%	황진이 〈청산은 내 뜻이오〉, 이황 〈도산십이곡〉	15	③	비문학-내용 추론	86%	
06	④	비문학-주제 및 중심 내용 파악	89%		16	③	문학-서술상의 특징	97%	〈춘향전〉
07	④	비문학-작문	88%	지양하다, 지향하다	17	②	비문학-세부 내용 파악	79%	
08	③	비문학-내용 추론	75%		18	②	비문학-세부 내용 파악	89%	
09	④	문학-작품의 종합적 감상	85%	기형도 〈빈집〉	19	①	비문학-내용 추론	87%	
10	②	문학-서술상의 특징	85%	윤흥길 〈아홉 켤레의 구두로 남은 사내〉	20	①	비문학-내용 추론	48%	

01 비문학 화법 (말하기 전략)

난이도 ★☆☆

해설 ① ⑦은 'AI에 대한 국민 이해도를 높이기 위한 설명회'를 개최할 필요성이 있다는 김 주무관의 의견에 최 주무관 또한 그 필요성을 절감하고 있다고 답함으로써 상대(김 주무관)의 의견에 공감을 표현한 것이다.

오답분석 ② ⓒ은 설명회를 어떻게 준비해야 효과적으로 전달할 수 있을지에 대해 자신의 고민을 이야기하듯이 간접적으로 묻는 표현이다. 이와 같은 간접 발화는 직접 발화에 비해 듣는 이의 부담감을 덜어 주며, 문장의 길이는 공손함에 비례하는 경향이 있다. 즉 ⓒ은 정중한 표현을 사용한 것은 맞으나, 직접 질문을 한 것으로 볼 수 없다.

③ ⓒ은 청중의 특성 중 무엇을 조사해야 할지에 대해 직접 질문한 것으로, 반대 의사를 표현한 것이 아니며 우회적으로 드러낸 표현에 해당하지 않는다.

④ ⓔ은 청중의 특성 중 무엇을 조사해야 할지에 대해 묻는 최 주무관의 질문에 대한 답변이다. 이때 상대(최 주무관)도 자신(김 주무관)의 의견에 동의하는지 확인하기 위해 의문문 형식을 사용했을 뿐, 상대의 의견을 반박하는 것은 아니다.

02 비문학 글의 구조 파악 (문장 배열)

난이도 ★☆☆

해설 ① 맥락에 따라 가장 자연스럽게 배열한 것은 ①'(나)-(가)-(다)'이다.

순서	중심 내용	순서 판단의 단서와 근거
첫 문장	독서는 아이들 뇌 발달에 영향을 미침	–
(나)	A 교수는 독서 유무에 따른 뇌 변화를 연구함	첫 문장 내용에 이어, 글의 중심 화제인 '독서와 뇌 발달'에 대한 연구를 소개함
(가)	독서 시에는 전두엽을 많이 사용하게 됨	지시 표현 '그에 따르면': (나)에서 말한 'A 교수'의 연구 내용을 의미함
(다)	독서를 통해 전두엽이 훈련되어 뇌 발달의 가능성이 높아짐	• 지시 표현 '이처럼': (가)의 독서를 하면 전두엽을 많이 사용하게 되는 것을 가리킴 • 지시 표현 '그 결과': 마지막 문장에 '그 결과'에 대한 내용이 드러남
마지막 문장	교육 현장에서 증명된 연구 결과	–

03 어법 문장 (문장 성분)

난이도 ★☆☆

해설 ③ ⓒ'얼음이'는 불완전 서술어 '되다'가 필요로 하는 문장 성분으로, 보어에 해당한다. 보어는 주어와 목적어 이외에 문장에서 필수적으로 나타나는 주성분으로, '되다, 아니다' 앞에 조사 '이/가'가 붙는 것을 말한다.

오답분석 ① ⑦'지원은'은 서술어 '깨웠다'의 주체인 주어이다.

② ⓒ'만들었다'는 주어 '유선은'과 목적어 '도자기를'을 요구하는 두 자리 서술어이다.

④ ⓔ'어머나'는 어느 성분과도 직접적인 관련이 없는 독립된 성분으로, 독립어이다.

② 탈피하다(脫皮–: 벗을 탈, 가죽 피): 일정한 상태나 처지에서 완전히 벗어나다.

③ 제고하다(提高–: 끌 제, 높을 고): 수준이나 정도 따위를 끌어올리다.

이것도 알면 **합격!**

문장 성분에 대해 알아두자.

주성분	주어	• 개념: 서술어가 나타내는 행위나 동작 또는 상태나 성질 등의 주체가 되는 성분 • 형식 – 체언 또는 체언 구실을 하는 구나 절+주격 조사(이/가, 께서 등) – 체언+보조사(은/는, 만 등) – (사람의 수를 나타내는) 체언+격 조사(서)
	서술어	• 개념: 주어의 행위나 동작 또는 상태나 성질 등을 서술하는 성분 • 형식 – 용언(동사, 형용사) – 서술격 조사 '이다'의 종결형 – 서술절 – 본용언+보조 용언
	목적어	• 개념: 서술어의 행위나 동작의 대상 혹은 목적이 되는 성분 • 형식 – 체언 또는 체언 구실을 하는 구나 절+목적격 조사(을/를) – 체언+보조사(은/는, 만 등) – 체언+보조사+목적격 조사
	보어	• 개념: 주어와 서술어만으로 뜻이 완전하지 못한 문장에서, 불완전한 곳을 보충하는 성분 • 형식 – (서술어 '되다', '아니다' 앞에서) 체언+보격 조사(이/가) – (서술어 '되다', '아니다' 앞에서) 체언+보조사(은/는, 만 등)
부속 성분	관형어	• 개념: 체언을 수식하는 말 • 형식 – 관형사 – 체언 – 체언+관형격 조사(의) – 용언의 관형사형
	부사어	• 개념: 용언, 관형어, 부사어, 문장 전체 등을 수식하는 성분 • 형식 – 부사 – 부사+보조사 – 체언+부사격 조사(에서, 으로, 보다, 에 등) – 용언의 부사형
독립 성분	독립어	• 개념: 문장 내의 다른 성분과 문법적으로 관련이 없는 성분 • 형식 – 감탄사 – 체언+호격 조사(아/야/이여) – 제시어

04　어휘　고유어와 한자어　난이도 ★☆☆

해설 ④ '부유하다'는 '물 위나 물속, 또는 공기 중에 떠다니다'를 뜻하는 말로, ④ '헤엄치는'과 의미상 유사성이 없다. 이때 ⓔ '부유하는'은 '떠다니는'과 같은 표현으로 바꿔 쓰는 것이 적절하다.
　• 부유하다(浮遊/浮游–: 뜰 부, 놀 유 / 뜰 부, 헤엄칠 유)

오답 분석 ① 맹종하다(盲從–: 맹인 맹, 좇을 종): 옳고 그름을 가리지 않고 남이 시키는 대로 덮어놓고 따른다.

05　문학　표현상의 특징과 효과　난이도 ★★☆

해설 ② (나)는 '푸른 청산'과 '그치지 않는 유수'의 변하지 않는 모습을 시각적 심상을 활용하여 표현함으로써 작품의 주제 의식인 '학문 수양에 대한 변함없는 의지'를 강조하고 있다. 이때 청각적 심상이 활용된 부분은 확인할 수 없으므로 답은 ②이다.

오답 분석 ① (가)의 중장은 '청산'의 불변성과 '녹수'의 가변성을 대조하여 표현한 것으로, 이때 '청산'은 변치 않는 화자의 마음을 의미하며 '녹수'는 변해 버린 임의 정을 형상화하고 있다. 즉, '녹수(임)'가 흘러가도 '청산(나)'은 변하지 않을 것임을 노래함으로써 임이 떠난 후에도 임을 그리워하는 화자의 상황을 제시하고 있다.

③ (가)는 초장에서, (나)는 초장과 중장에서 대구를 통해 시상을 전개하고 있다.
　• (가): 청산은 내 뜻이오 녹수는 님의 정이
　• (나): 청산는 엇뎨ᄒᆞ야 만고애 프르르며 / 유수는 엇뎨ᄒᆞ야 주야애 긋디 아니는고

④ (가)는 중장에서 설의적 표현을 활용하여 임을 향한 화자의 변함없는 사랑을 드러내고 있다. 또한 (나)는 중장에서 설의적 표현을 활용하여 불변하고 영원한 자연물을 본받아 학문 수양에 힘쓰고자 하는 화자의 의지를 드러내고 있다.
　• (가): 녹수(綠水)ㅣ 흘너간들 청산(靑山)이야 변(變)ᄒᆞᆯ손가
　• (나): 유수(流水)는 엇뎨ᄒᆞ야 주야(晝夜)애 긋디 아니는고

지문 풀이
> (가) 청산은 변함없는 내 마음과 같고 쉬지 않고 흘러가는 푸른 시냇물은 임의 정과 같다.
> 　푸른 시냇물이야 흘러가 버리지만 청산이야 변할 수 있겠는가?
> 　하지만 흐르는 시냇물도 청산을 잊지 못해 울면서 흘러가는구나.
> 　　　　　　　　　　　　　　　　　　　　– 황진이의 시조
> (나) 청산은 어찌하여 영원히 푸르며
> 　유수는 어찌하여 밤낮으로 그치지 않는가?
> 　우리도 그치지 말고 언제나 푸르리라.
> 　　　　　　　– 이황, '도산십이곡' 제11곡 언학 5

이것도 알면 **합격!**

이황, '도산십이곡'의 주제와 구조에 대해 알아두자.

1. 주제: 자연 관조와 학문 수양의 길
2. 구조

구분	전육곡(前六曲) – 언지(言志)	후육곡(後六曲) – 언학(言學)
1수	자연에 대한 깊은 애정	독서하는 즐거움
2수	자연에의 동화	진리 터득의 중요성
3수	후덕하고 순박한 풍습 강조	성현의 도리를 본받고자 함
4수	임금을 그리워하는 마음	벼슬길을 떠나 학문 수양에 힘쓸 것을 다짐
5수	자연을 멀리하는 현실 개탄	청산과 유수를 본받아 학문 정진에 힘쓸 것을 다짐
6수	대자연의 웅대함과 오묘함	영원한 학문 수양의 길을 강조

해설 ④ 1문단에서는 상품을 구매할 때 사용가치의 영향이 크다는 것을 설명하고 있고, 2문단에서는 타인에 의해 사용가치를 잘못 판단하고 상품을 구매한 사례를 제시하고 있다. 이어서 3문단에서는 건강한 소비를 위해 구매하려는 상품의 사용가치가 어떤 과정을 거쳐 결정된 것인지 생각해 봐야 한다고 말한다. 이를 통해 상품 구매 시 '나'에게 얼마나 필요한 것인지를 신중하게 고민하여 사용가치를 결정하였는지 따져봐야 한다는 것이 글의 중심 내용임을 알 수 있다.

오답 분석
① 1문단 마지막 문장에서 교환가치가 아무리 높아도 '나'에게 사용가치가 없다면 상품을 구매하지 않을 것이라고 말한다. 따라서 ①의 설명은 글의 중심 내용으로 적절하지 않다.

② 1문단에 사용가치와 교환가치가 무엇인지에 대한 설명은 있으나, 상품 구매 시 사용가치와 교환가치를 두루 고려해야 한다는 내용은 제시문에서 확인할 수 없다.

③ 2문단에서 다른 사람의 평가만을 보고 상품을 구매하여 사용가치를 잘못 판단하는 사례를 제시하고, 3문단 마지막 문장에서는 다른 사람들의 말에 휩쓸려 상품의 사용가치가 결정될 때 그 상품은 '나'에게 쓸모없는 골칫덩이가 될 수 있다고 말한다. 따라서 ③의 설명은 글의 중심 내용으로 적절하지 않다.

해설 ④ ㉣이 포함된 문장은 서학의 일부분은 수용했지만, 반대로 어느 일부분은 받아들이지 않았다는 내용이다. 즉 ㉣에는 '수용'과 대립되는 부정적 의미의 단어가 들어가야 하므로 ㉣ '지향했다'를 '지양했다'로 수정하는 것이 적절하다.
  • 지향하다(志向-): 어떤 목표로 뜻이 쏠리어 향하다.
  • 지양하다(止揚-): 더 높은 단계로 오르기 위하여 어떠한 것을 하지 않다.

오답 분석
① 천주학의 '학(學)'은 '학문'을 의미하므로, ㉠에는 종교적인 관점에서보다 학문적인 관점에서 받아들여졌다는 내용이 나와야 한다.

② ㉡ 뒤에서 서학은 신봉의 대상이 아니라고 하였으므로, ㉡에는 서학 수용에 적극적인 이들도 서학을 무조건 따르자고 주장하지 않았다는 내용이 나와야 한다.

③ ㉢ 앞 내용에 따르면, 외부에서 유입된 사유 체계에는 양명학과 고증학 등 다른 학문도 있었다고 한다. 따라서 ㉢에는 서학이 조선 사회를 바로잡고 발전시키기 위한 유일한 대안은 아니었다는 내용이 나와야 한다.

해설 ③ 제시문의 마지막 문장에서 '글쓰기'는 필자가 글을 통해 자신의 메시지를 독자에게 전달하는 행위이므로 반드시 예상 독자를 분석해야 한다고 설명한다. 이 내용에 따르면 예상 독자 분석이 중요한 이유는 '필자의 메시지를 독자에게 효과적으로 전달하는 데 도움이 되기' 때문이다. 따라서 빈칸에 들어갈 말로 가장 적절한 것은 ③이다.

오답 분석
① 계획하기 과정이 글쓰기 과정의 첫 단계라는 ①의 설명은 '예상 독자 분석의 이유'와는 관련이 없는 내용이므로 빈칸에 들어갈 말로 적절하지 않다.

② 끝에서 3~5번째 줄에 따르면 글을 쓸 때 예상 독자의 수준에 따라 어려운 개념이나 전문용어의 포함 여부를 결정할 수 있을 것이다. 글에 어려운 개념이나 전문용어를 어느 정도 포함하기 위해 예상 독자를 분석한다는 것은 제시문과 거리가 먼 내용이므로 ②는 빈칸에 들어갈 말로 적절하지 않다.

④ 제시문에서 '계획하기'는 글쓰기의 목적 수립, 주제 선정, 예상 독자 분석 등을 포함한다고 설명한다. 그러나 예상 독자의 분석 요소 중 독자의 배경지식 수준이 글의 목적과 주제를 결정한다는 내용은 확인할 수 없으므로 ④는 빈칸에 들어갈 말로 적절하지 않다.

해설 ④ 1연에는 사랑을 잃어버린 상황에서 글을 쓰는 화자의 모습이 그려진다. 이후 2연에서 사랑했던 순간과 관련된 대상들에게 이별을 고하고, 3연에서 공허함과 상실감을 드러내고 있다. 즉, 글을 쓰는 것은 화자가 사랑과 이별하는 마지막 행위로 볼 수 있으므로 화자가 글을 쓰는 행위를 통해 잃어버린 사랑의 회복을 열망한다는 ④의 설명은 작품을 이해한 내용으로 적절하지 않다.

오답 분석
① 화자는 사랑할 때 함께했던 대상들(밤, 겨울 안개, 촛불, 흰 종이, 눈물, 열망)을 호명하며 이별을 고하는데, 이를 통해 사랑했던 것들과 헤어져야 하는 화자의 안타까운 심정을 표현하였다.

② '빈집'은 화자의 '사랑'이 갇힌 곳으로, '문을 잠그네'라는 표현에서 알 수 있듯이 폐쇄적 공간을 의미한다. 이는 사랑의 추억과 모든 열망을 상실한 화자의 공허한 내면을 상징한 것으로 볼 수 있다.

③ 대상을 반복적으로 호명하고, 3연에서 '잠그네', '갇혔네'와 같이 감탄형 종결 어미를 사용하는 등 영탄적 어조를 통해 이별로 인한 화자의 공허한 정서를 부각하고 있다.

👍 이것도 알면 **합격!**

기형도, '빈집'의 시어 및 시구의 의미를 알아두자.

짧았던 밤들	사랑하는 마음으로 지새웠던 밤
창밖을 떠돌던 겨울 안개들	불투명한 미래로 인한 불안과 방황
아무것도 모르던 촛불들	화자의 가슴앓이를 몰라주던 대상
공포를 기다리던 흰 종이들	사랑은 가득하지만 실제로는 아무것도 쓸 수 없었던 마음
망설임을 대신하던 눈물들	사랑을 고백하지 못하던 안타까움과 답답함
더 이상 내 것이 아닌 열망들	사랑을 잃고 간직할 필요가 없는 열망
장님	사랑을 잃은 화자의 처지
빈집	• 상실되어 아무것도 없는 절망의 공간 • 화자의 사랑과 절망이 갇힌 폐쇄적 공간 • 사랑을 상실한 화자의 공허한 마음을 상징하는 공간

해설 ② 제시된 작품은 작품 속 등장인물인 '나'가 서술자로서 '그'의 행동과 심리 등을 관찰하여 진술하는 '1인칭 관찰자 시점'의 소설이다. 이러한 작품의 시점과 서술 방식에 대해 가장 잘 이해한 것은 ②이다.

오답 분석
① 서술자가 등장인물의 심리를 전지적 위치에서 전달하는 방식은 '전지적 작가 시점'이다.

③ 제시된 작품에서 서술자인 '나'가 유년 시절을 회상하거나 갈등의 원인을 해명하는 내용은 확인할 수 없다. 또한 작품 속의 '나'가 서술자이자 주인공으로서, '나'의 입장에서 사건이나 주변 상황을 관찰하고 서술해 나가는 방식은 '1인칭 주인공 시점'에 해당한다.

④ 서술자가 외부 관찰자의 시선으로 객관적인 입장을 지키며 이야기를 서술해 가는 방식은 '3인칭 관찰자 시점'이다.

👍 **이것도 알면 합격!**

윤흥길, '아홉 켤레의 구두로 남은 사내'의 줄거리를 알아두자.

발단	오랜 셋방살이 끝에 힘겹게 집을 마련한 교사인 '나'는 문간방에 세를 놓고, 권 씨가 임신한 아내와 두 아이를 데리고 세를 들어옴
전개	권 씨는 일자리를 구하지 못하는 처지에도 여러 켤레의 구두를 매일 닦아 신음. '나'는 어느 날 정책에 항의하는 시위를 주도하다가 전과자가 되고 변두리 인생을 살아가게 된 권 씨의 사연을 듣게 됨
위기	권 씨가 아내의 출산 수술비를 빌리기 위해 '나'를 찾아왔으나 이를 거절했다가, 뒤늦게 돈을 구하여 병원으로 가서 권 씨 아내가 해산할 수 있도록 도와줌
절정	이 사실을 모르는 권 씨는 강도 짓을 하러 '나'의 집에 들어왔다가 정체를 들켰다고 느끼고 자존심이 상한 채 집을 나감
결말	권 씨는 아홉 켤레의 구두만 남긴 채 사라짐

---

11 **비문학** 화법 (말하기 전략) 난이도 ★★☆

해설 ② 운용은 은지의 주장에 대한 근거가 있는지 물어보았을 뿐, 은지의 주장에 반대하는 것은 아니다. 운용이 은지 주장에 반대하는지는 제시된 대화 내용을 통해 확인할 수 없다.

오답 분석
① 은지는 첫 번째 발언에서 '설탕세 부과'라는 대화의 화제를 제시하고 있다.
③ 은지는 두 번째 발언에서 설탕세를 부과하면 당 소비가 감소한다는 자신의 의견을 뒷받침하기 위해 '세계보건기구 보고서'의 내용을 근거로 제시하고 있다.
④ 은지는 설탕세를 부과해야 한다는 주장의 근거로 당 소비가 감소하여 질병이 예방되고 국민 건강 증진에 도움이 된다는 것을 제시하고 있다. 그러나 재윤은 당 섭취와 질병 발생에 유의미한 상관관계가 없다는 연구 결과를 언급하며, 은지가 제시한 주장의 근거를 부정하고 있다.

---

12 **어휘** 한자어 난이도 ★★★

해설 ② 매수(買受: 살 매, 받을 수)(×) → 매도(賣渡: 팔 매, 건널 도)(○): 문맥상 ⓒ에는 '팔다'의 의미를 가진 단어가 들어가야 한다. '매수(買受)'는 '물건을 사서 넘겨받음'을 의미하므로 ⓒ에 들어갈 단어로 적절하지 않다. 참고로 ⓒ에는 '값을 받고 물건의 소유권을 다른 사람에게 넘김'을 뜻하는 '매도(賣渡)'를 사용하는 것이 어울린다.

오답 분석
①③④ 모두 빈칸에 들어갈 단어로 적절하다.
① 구가(謳歌: 노래 구, 노래 가): 행복한 처지나 기쁜 마음 따위를 거리낌 없이 나타냄. 또는 그런 소리
③ 알력(軋轢: 삐걱거릴 알, 칠 력): 수레바퀴가 삐걱거린다는 뜻으로, 서로 의견이 맞지 않아 사이가 안 좋거나 충돌하는 것을 이르는 말
④ 편달(鞭撻: 채찍 편, 때릴 달): 경계하고 격려함

---

13 **어휘** 혼동하기 쉬운 어휘 난이도 ★★★

해설 ④ 걷잡아서(×) → 겉잡아서(○): '겉으로 보고 대강 짐작하여 헤아리다'의 의미일 때는 '겉잡다'를 써야 한다. 이때 '겉잡다'는 '걷잡다'와 구별하여 적어야 한다.
• 걷잡다: 1. 한 방향으로 치우쳐 흘러가는 형세 따위를 붙들어 잡다. 2. 마음을 진정하거나 억제하다.

---

① 힘에 부치는 일(○): 이때 '부치다'는 '모자라거나 미치지 못하다'를 의미하는 말로 단어의 쓰임이 올바르다.
② 알음이 있던 사이(○): 이때 '알음'은 '사람끼리 서로 아는 일'을 의미한다. 참고로 '알음'은 '앎'과 구별하여 적어야 한다.
• 앎: '아는 일' 또는 '지식이나 지혜'를 뜻함
③ 대문이 저절로 닫혔다(○): 이때 '닫히다'는 '닫다'의 피동사로, '열린 문짝, 뚜껑, 서랍 따위가 도로 제자리로 가 막히다'를 의미한다. 참고로 '닫히다'는 '닫치다'와 구별하여 적어야 한다.
• 닫치다: 1. 열린 문짝, 뚜껑, 서랍 따위를 꼭꼭 또는 세게 닫다. 2. 입을 굳게 다물다.

---

14 **어휘** 한자어 (한자의 표기) 난이도 ★★★

해설 ① • ㉠長官(길 장, 벼슬 관): 국무를 나누어 맡아 처리하는 행정 각부의 우두머리
• ㉡補償(기울 보, 갚을 상): 남에게 끼친 손해를 갚음
• ㉢決裁(결단할 결, 마를 재): 결정할 권한이 있는 상관이 부하가 제출한 안건을 검토하여 허가하거나 승인함

오답 분석
• ㉠ 將官(장수 장, 벼슬 관): 군사를 거느리는 우두머리
• ㉡ 報償(갚을 보, 갚을 상): 1. 남에게 진 빚 또는 받은 물건을 갚음 2. 어떤 것에 대한 대가로 갚음
• ㉢ 決濟(결단할 결, 건널 제): 1. 일을 처리하여 끝을 냄 2. 증권 또는 대금을 주고받아 매매 당사자 사이의 거래 관계를 끝맺는 일

---

15 **비문학** 내용 추론 난이도 ★☆☆

해설 ③ 제시문 7~9번째 줄 내용에 따르면 우리는 사회 속에서 보편적 복수성과 특수한 단수성을 겸비한 채 살아가는 다원적 존재이다. 이를 통해 유일무이성(특수한 단수성)과 보편적 복수성은 공존하는 성질임을 알 수 있으며, 개인의 유일무이성을 보존하려는 제도가 개인의 보편적 복수성을 침해한다는 내용은 제시문에서 확인할 수 없다. 따라서 ③의 추론은 적절하지 않다.

오답 분석
① 1~3번째 줄에서 우리는 개별적으로 고립된 채 살아갈 수 없으며, 여럿이 모여 '복수'의 상태로 살아갈 수밖에 없는 존재라고 설명한다. 이는 우리가 고립된 상태에서 '단수'로 살아가는 존재가 아님을 의미한다.
② 끝에서 3~7번째 줄에서 우리는 다원적 존재이며, 이러한 존재들로 구성된 다원화 사회에서 살아가기 위해 타인을 포용하는 공존의 태도가 필요함을 설명하고 있다.
④ 제시문 마지막 문장에서 공동체 정화 등을 목적으로 개별적 유일무이성(개인의 특수한 단수성)을 제거하는 것은 우리가 살아가는 사회의 다원성을 파괴하는 일임을 설명하고 있다.

---

16 **문학** 서술상의 특징 난이도 ★☆☆

해설 ③ 제시된 부분은 변 사또의 수청을 거절한 주인공 춘향이 곤장을 맞으며 '십장가'를 부르는 장면으로, 등장인물 간의 대화를 통해 주인공의 내적 갈등이 해결되는 모습은 확인할 수 없다.

오답 분석
① 각 문단별로 동일한 글자 '일, 이, 삼'을 반복함으로써 리듬감을 조성하고 있다.
• 1문단: 일자, 일편단심, 일정지심, 일부종사, 일신난처 등
• 2문단: 이자, 이부불경, 이내 마음, 이군불사 등
• 3문단: 삼자, 삼청동, 삼생연분, 삼강, 삼척동자 등
② 매를 맞는 숫자 '일, 이, 삼'을 활용하여 절개를 지키고자 변 사또의 수청을 거절하고 곤장을 맞는 춘향의 상황을 제시하고 있다.

④ '일부종사, 이부불경, 이군불사, 삼강, 삼종지도' 등과 같이 유교적 가치를 담고 있는 말을 활용하여 절개를 지키고자 하는 춘향의 의지를 드러내고 있다.

- 일부종사(一夫從事): 한 남편만을 섬김
- 이부불경(二夫不更): 정절을 굳게 지키어, 두 남편을 섬기지 않음
- 이군불사(二君不事): 두 임금을 섬기지 않음
- 삼강(三綱): 유교의 도덕에서 기본이 되는 세 가지 강령. 임금과 신하, 부모와 자식, 남편과 아내 사이에 마땅히 지켜야 할 도리로 '군위신강, 부위자강, 부위부강'을 이른다.
- 삼종지도(三從之道): 예전에, 여자가 따라야 할 세 가지 도리를 이르던 말. 어려서는 아버지를, 결혼해서는 남편을, 남편이 죽은 후에는 자식을 따라야 하였다.

17 비문학 세부 내용 파악 난이도 ★★☆

해설 ② 2문단 2~3번째 줄에서 '차람'은 소설을 소유하고 있는 사람에게 직접 빌려서 보는 것으로, 알고 지내던 개인들 사이에서 이루어졌다고 설명한다. 이때 책을 빌리기 위해 대가를 지불하였다는 내용은 제시문에서 확인할 수 없으므로, ②의 설명은 적절하지 않다.

오답 분석
① 1문단 2~6번째 줄에서 구연에 의한 유통 방식에 대해 설명하고 있다. 이때 '전기수'로 불리는 구연자는 글을 모르는 사람들과 남이 읽어 주는 것을 선호하는 이들을 대상으로 소설을 구연하였다고 한다. 따라서 ①은 제시문을 이해한 내용으로 적절하다.

③ 1문단 마지막 문장에서 구연에 의한 유통 방식은 문헌에 의한 유통에 비해 시간과 공간의 제약이 많았다고 설명한다. 이는 곧 문헌에 의한 유통이 구연에 의한 유통에 비해 시간과 공간의 제약이 적었다는 것을 의미하므로, ③은 제시문을 이해한 내용으로 적절하다.

④ 2문단 끝에서 1~5번째 줄에 조선 후기에 세책가가 성행하게 된 이유가 제시된다. 세책가에서는 소설을 구매하는 것보다 훨씬 적은 비용으로 책을 빌려 볼 수 있어, 경제적으로 넉넉하지 않은 사람도 소설을 쉽게 접할 수 있었기 때문이다. 따라서 ④는 제시문을 이해한 내용으로 적절하다.

18 비문학 세부 내용 파악 난이도 ★☆☆

해설 ② 2문단에서 반신이지만 당나라에 대적한 민족적 영웅의 모습으로도 그려진 연개소문을 사례로 들며, '삼국사기'는 기존 평가와 달리 다면적이고 중층적인 역사 텍스트로 볼 수 있다고 설명한다. 따라서 제시문을 이해한 내용으로 가장 적절한 것은 ②이다.

오답 분석
① 1문단 3~4번째 줄에서 '삼국사기' 열전에 수록된 인물 중 신라인이 가장 많고, 백제인이 가장 적다는 내용이 나오며, 2문단에는 열전 끝부분에 고구려의 연개소문이 수록되었다는 내용이 나온다. 이를 통해 '삼국사기' 열전에 고구려인과 백제인도 수록되었다는 점은 알 수 있다. 다만, 2문단 끝에서 4~5번째 줄에서 '삼국사기'가 신라 정통론에 기반해 있다고 설명하였으므로 ①은 제시문을 이해한 내용으로 적절하지 않다.

③ 1문단 마지막 문장에서 '삼국사기' 열전에 수록 인물을 배치하는 원칙에 대해 소개하였다. 앞부분에는 명장, 명신, 학자 등을 수록했고, 다음으로 관직에 있지는 않았으나 기릴 만한 사람을 실었다고 설명한 것으로 보아 ③은 제시문을 이해한 내용으로 적절하지 않다.

④ 1문단 첫 문장 내용을 통해 '삼국사기' 체제 중 가장 많은 권수를 차지하는 것은 '열전(10권)'이 아니라 '본기(28권)'임을 알 수 있다.

19 비문학 내용 추론 난이도 ★☆☆

해설 ① 1문단에 따르면, 최초의 IQ 검사는 프랑스에서 의무교육 제도를 실시하면서 정규학교에 입학하기 어려운 지적장애아, 학습부진아를 가려내고자 기초 학습 능력 평가를 목적으로 시행되었다. 따라서 학습 능력이 우수한 아이를 고르기 위해 최초의 IQ 검사가 시행되었다는 ①의 추론은 적절하지 않다.

오답 분석
② 1문단 마지막 문장에서 IQ 검사를 통해 비로소 인간의 지능을 구체적으로 수치화할 수 있게 되었다고 설명한다. 이는 IQ 검사가 만들어지기 전에는 인간의 지능을 수치화할 수 없었다는 것을 의미하므로 ②의 추론은 적절하다.

③ 2문단 마지막 문장에서 IQ 검사는 인간의 지능 중 일부(기초 학습에 필요한 최소 능력)만을 측정하는 것이라고 설명한다. 따라서 IQ가 높은 아이라도 전체 지능은 높지 않을 수 있다는 점을 추론할 수 있다.

④ 2문단 3~5번째 줄에서 IQ가 높은 아이는 그렇지 않은 아이에 비해 읽기나 계산 등 사고 기능과 관련한 과목에서 높은 성취도를 보이는 경우가 많다고 설명한다. 즉, IQ가 높은 아이는 읽기 능력이 좋을 확률이 높으므로 ④의 추론은 적절하다.

20 비문학 내용 추론 난이도 ★★☆

해설 ① 제시문은 한자가 한글과 달리 문맥에 따라 다른 문장 성분으로 사용되기도 해 혼란을 야기하는 경우가 있다고 설명할 뿐이다. 한국어 문장보다 한문의 문장 성분이 복잡하다는 내용은 제시문에서 확인할 수 없으므로 ①의 추론은 적절하지 않다.

오답 분석
② 淨水(정수)'가 문맥상 '깨끗하게 한 물'일 때, '淨(깨끗할 정)'은 '水(물 수)'를 수식하는 관형어이다.

③ 한글에서는 동음이의어가 많아 글자만으로 의미를 파악하지 못하는 경우가 많지만, 한자는 그렇지 않다. 따라서 '愛人(애인)'에서 '愛(사랑 애)'의 문장 성분이 바뀌더라도 '愛'의 뜻이 달라지는 것은 아니므로 '愛'는 동음이의어가 아니다.

④ 사례로 제시된 '사고'처럼 '의사'도 동음이의어에 해당한다. 따라서 한글로 '의사'라고만 쓰면 '병을 고치는 사람[醫師]'인지 '의로운 지사[義士]'인지 구별할 수가 없다.

정답 및 취약점 확인

p.28

문항	정답	출제 포인트	약점 개념 확인	문항	정답	출제 포인트	약점 개념 확인
01	①	어법-말소리	동화	11	④	어법-표준어 사정 원칙	예, 구시렁거리다, 들이켜다, 곰기다
02	①	어법-한글 맞춤법	의존 명사의 띄어쓰기	12	③	어법-단어	용언의 활용
03	④	어휘-한자어	穿鑿, 貶下, 忌避, 脚光	13	②	문학-시어의 의미	김광규 〈어린 게의 죽음〉
04	③	어법-국어 순화	所定, 常存, 到來, 提高	14	③	문학-작품의 종합적 감상	의유당 〈동명일기〉
05	②	비문학-글의 구조 파악		15	③	혼합-내용 추리, 한자 성어	臥薪嘗膽, 泥田鬪狗, 吳越同舟, 結草報恩
06	③	문학-시어의 의미	〈댁들아 동난지이 사오〉	16	③	비문학-세부 내용 파악	
07	③	어법-표준어 사정 원칙	표준어 규정 제26항	17	②	비문학-내용 추론	
08	②	어법-외래어 표기	브러시, 보닛, 보트, 그래프	18	①	어휘-한자어	玉稿, 管見, 短見, 拙稿
09	①	문학-인물의 심리 및 태도, 화자의 정서 및 태도	이청준 〈아름다운 흉터〉	19	②	어법-단어	수사와 수 관형사의 구분
10	③	문학-시어의 의미	윤동주 〈간〉	20	④	어법-단어	파생어와 합성어의 형성

---

01 어법 말소리 (음운의 변동)   난이도 ★☆☆

해설 ① 〈보기〉의 '국민[궁민]'은 파열음 'ㄱ'이 비음 [ㅁ]을 만나 비음 [ㅇ]으로 발음되며, '묻는[문는]'은 파열음 'ㄷ'이 비음 [ㄴ]을 만나 비음 [ㄴ]으로 발음되는 비음화 현상이 나타난다. 이때 비음화는 조음 방법 동화에 해당하므로 조음 위치는 바뀌지 않는다. 따라서 ①의 설명은 옳지 않다.
- 국민[궁민]: 연구개음/파열음 'ㄱ' → 연구개음/비음 [ㅇ]
- 묻는[문는]: 치조음/파열음 'ㄷ' → 치조음/비음 [ㄴ]

오답 분석 ② '국민[궁민]'과 '묻는[문는]'의 비음화는 각각 비음 [ㅁ], [ㄴ] 앞에서 일어나는 음운 현상이다.

③ 비음화는 자음 동화 현상에 속한다.

④ '읊는'에서도 '국민', '묻는'과 같이 비음화 현상이 일어난다. '읊는[음는]'은 자음군 단순화로 인해 받침 'ㄿ'의 'ㄹ'이 탈락해 'ㅍ'이 남고 음절 끝소리 규칙에 의해 'ㅍ'는 [ㅂ]로 발음하게 된다. 이때 [ㅂ]은 비음 [ㄴ]의 영향을 받아 [ㅁ]으로 발음되므로 〈보기〉와 동일한 음운 현상인 비음화가 나타난다.

---

02 어법 한글 맞춤법 (띄어쓰기)   난이도 ★★☆

해설 ① 본바가(×) → 본∨바가(○): 이때 '바'는 '앞에서 말한 내용 그 자체나 일 따위를 나타내는 말'로 의존 명사이므로 앞말과 띄어 써야 한다.

오답 분석 ② 생각대로(○): 이때 '대로'는 '앞에 오는 말에 근거하거나 달라짐이 없음'을 나타내는 보조사이므로 앞말인 체언과 붙여 쓴다.

③ 고향뿐이다(○): 이때 '뿐'은 '그것만이고 더는 없음'을 나타내는 보조사이고, '이다'는 주어가 지시하는 대상의 속성이나 부류를 지정하는 뜻을 나타내는 서술격 조사이므로 모두 붙여 쓴다.

④ 원칙만큼은(○): 이때 '만큼'은 '앞말에 한정됨'을 나타내는 보조사이고, '은'은 강조의 뜻을 나타내는 보조사이므로 모두 붙여 쓴다.

👍 이것도 알면 합격!

의존 명사 '바'와 어미 '-ㄴ바/-은바'의 띄어쓰기를 알아두자.

의존 명사 '바'	다음과 같은 뜻으로 쓰일 때는 의존 명사이므로 앞말과 띄어 씀 · 앞에서 말한 내용 그 자체나 일 따위를 나타내는 말 예 평소에 느낀 바를 말해라. · 일의 방법이나 방도 예 어찌할 바를 모르다. · 앞말이 나타내는 일의 기회나 그리된 형편의 뜻을 나타내는 말 예 이왕 산 중턱까지 온 바에 꼭대기까지 올라갑시다. · 자기주장을 단언적으로 강조하여 나타내는 말 예 우리는 우리의 굳건한 의지를 내외에 천명하는 바이다.
어미 '-ㄴ바/-은바'	다음과 같은 뜻으로 쓰일 때는 어미이므로 앞말과 붙여 씀 · 뒤 절에서 어떤 사실을 말하기 위하여 그 사실이 있게 된 것과 관련된 과거의 어떤 상황을 미리 제시하는 데 쓰는 연결 어미. 앞 절의 상황이 이미 이루어졌음을 나타낸다. 예 서류를 검토한바 몇 가지 미비한 사항이 발견되었다. 진상을 들은바, 그것은 사실이 아님이 드러났다. · 뒤 절에서 어떤 사실을 말하기 위하여 그 사실이 있게 된 것과 관련된 상황을 제시하는 데 쓰는 연결 어미 예 그는 나와 동창인바 그를 잘 알고 있다. 어버이의 은혜가 하해와 같은바 갚을 길이 없다.

---

03 어휘 한자어 (한자어의 의미)   난이도 ★☆☆

해설 ④ ㄹ의 '천착하다(穿鑿-)'는 '어떤 원인이나 내용 따위를 따지고 파고들어 알려고 하거나 연구하다'라는 의미를 가지므로, ④의 뜻풀이는 옳지 않다. 참고로, '잘못된 것을 바로잡는다'의 의미를 가진 단어는 '시정하다(是正-)'이다.

오답 분석 ① ㄱ 폄하하다(貶下-): 가치를 깎아내리다.

② ㄴ 기피하다(忌避-): 꺼리거나 싫어하여 피하다.

③ ㄷ 각광(脚光): 사회적 관심이나 흥미

04   어법   국어 순화   난이도 ★★☆

해설 ③ '소정의 급여'에서 '소정(所定)'은 '정해진 바'를 뜻한다. 따라서 '소정의 급여'는 '정해진 급여'와 같이 쉬운 표현으로 다듬어야 한다.

오답 분석 ① '가능성은 상존하고 있다'의 '상존하다(常存-)'는 '언제나 존재하다'를 뜻하므로, 이를 쉬운 표현으로 다듬으면 '가능성은 늘 있다'이다.

② '만 65세 도래자는'의 '도래(到來)'는 '어떤 시기나 기회가 닥처옴'을 뜻하므로, 이를 쉬운 표현으로 다듬으면 '만 65세가 되는 사람은'이다.

④ '편의성을 제고함'의 '제고하다(提高-)'는 '수준이나 정도 따위를 끌어올리다'를 뜻하므로, 이를 쉬운 표현으로 다듬으면 '편의성을 높임'이다.

05   비문학   글의 구조 파악 (문장 배열)   난이도 ★☆☆

해설 ② 〈보기 1〉은 '왜냐하면~때문이다'와 같은 문장 형식을 사용함으로써, 앞 문장 내용에 대한 원인이나 이유를 설명하고 있다. 〈보기 1〉의 내용을 고려하였을 때 〈보기 1〉 앞에는 학문의 세계에서 여러 요소들이 하나로 합쳐지는 것 자체가 어렵다는 내용이 나와야 하는데, 이는 ⓒ 앞의 내용과 상통하므로 답은 ②이다.

06   문학   시어의 의미   난이도 ★★☆

해설 ③ ㉠, ㉡, ㉣은 모두 '게젓'을 의미하므로, 가리키는 대상이 다른 하나는 ㉢ '청장'이다.
- ㉢청장(淸醬): 게의 뱃속에 들어 있는 푸른 빛깔의 장

지문 풀이
> 사람들아, 동난젓 사오. 저 장수야, 네 물건 그 무엇이라 외치느냐? 사자.
> 밖은 단단하고 안은 물렁하며, 두 눈은 위로 솟아 하늘을 향하고, 앞뒤로 기는 작은 발 여덟 개, 큰 발 두 개, 청장이 아스슥하는 동난젓 사오.
> 장수야, 그렇게 거북하게 말하지 말고 게젓이라 하려무나.
>
>   – 작자 미상

👍 **이것도 알면 합격!**

'댁들아 동난지이 사오'의 시상 전개 방식에 대해 알아두자.

시정(市井)의 상거래 장면을 대화 형식으로 엮어서 표현한 것으로, 쉬운 말을 두고 괜히 어려운 한자어를 써서 지식을 과시하려는 현학적 태도(세태)를 날카롭게 풍자함

초장	게젓 장수가 '동난지이'를 사라고 외치는 말을 듣고도 알아듣지 못한 사람이 게젓 장수에게 되물음
중장	게젓 장수가 '게'를 한자어로 장황하게 묘사함
종장	게젓 장수의 현학적인 태도를 익살맞게 꼬집음

07   어법   표준어 사정 원칙 (표준어의 구분)   난이도 ★★☆

해설 ③ '외눈통이, 덩쿨'은 비표준어이므로 답은 ③이다.
- 상관없다(○): '서로 아무런 관련이 없다, 문제 될 것이 없다'를 의미하는 말로, '상관없다/관계없다'는 복수 표준어이다.
- 외눈통이(×) → 애꾸눈이/외눈박이(○): '한쪽 눈이 먼 사람'을 낮잡아 이르는 말은 '애꾸눈이/외눈박이'로 고쳐 써야 한다.
- 덩쿨(×) → 넝쿨/덩굴(○): '길게 뻗어 나가면서 다른 물건을 감기도 하고 땅바닥에 퍼지기도 하는 식물의 줄기'를 의미하는 말은 '넝쿨/덩굴'로 고쳐 써야 한다.

- 귀퉁배기(○): '사물이나 마음의 한구석이나 부분'을 의미하는 '귀퉁이'를 낮잡아 이르는 말이다. 참고로 '귀퉁배기/귀퉁머리'는 복수 표준어이다.

오답 분석 ① 가엾다(○): '마음이 아플 만큼 안되고 처연하다'를 의미하는 말로, '가엾다/가엽다'는 복수 표준어이다. 참고로 이 둘은 '가엾어라/가여워'와 같이 두 가지 활용형이 다 쓰이므로 복수 표준어로 삼은 것이다.
- 배냇저고리(○): '깃과 섶을 달지 않은, 갓난아이의 옷'을 의미하는 말로, '배냇저고리/깃저고리/배내옷' 모두 복수 표준어이다.
- 감감소식(○): '소식이나 연락이 전혀 없는 상태'를 의미하는 말로, '깜깜소식'보다 여린 느낌을 준다. 이때 '감감소식/감감무소식'은 복수 표준어이다.
- 검은엿(○): '푹 고아 여러 번 켜지 않고 그대로 굳혀 만든, 검붉은 빛깔의 엿'을 의미하는 말로, '검은엿/갱엿'은 복수 표준어이다.

② 눈짐작(○): '눈으로 보아 헤아려 보는 짐작'을 의미하는 말로, '눈짐작/눈대중/눈어림' 모두 복수 표준어이다.
- 세로글씨(○): '글줄을 위에서 아래로 써 내려가는 글씨'를 의미하는 말로, '세로글씨/내리글씨'는 복수 표준어이다.
- 푸줏간(○): '예전에, 쇠고기나 돼지고기 따위의 고기를 끊어 팔던 가게'를 의미하는 말로, '푸줏간/고깃간'은 복수 표준어이다. 참고로 '푸줏관, 고깃관, 다림방'은 비표준어이다.
- 가물(○): '오랫동안 계속하여 비가 내리지 않아 메마른 날씨'를 의미하는 말로, '가물/가뭄'은 복수 표준어이다. 이 둘 중에서도 '가뭄'이 점점 더 큰 세력을 얻어 가고 있으나, '가물에 콩 나듯'이라는 속담에서 보듯 '가물'도 아직 명맥을 유지하고 있다고 보아 복수 표준어로 처리하였다. 이에 따라 '가뭄철/가물철', '왕가뭄/왕가물' 등도 모두 복수 표준어이다.

④ 겉창(○): '창문 겉에 덧달려 있는 문짝'을 의미하는 말로, '겉창/덧창'은 복수 표준어이다.
- 뚱딴지(○): '땅속줄기가 감자 모양인 국화과의 여러해살이풀'을 의미하는 말로, '뚱딴지/돼지감자'는 복수 표준어이다.
- 툇돌(○): '집채의 낙숫물이 떨어지는 곳 안쪽으로 돌려 가며 놓은 돌'을 의미하는 말로, '툇돌/댓돌'은 복수 표준어이다.
- 들랑날랑(○): '자꾸 들어왔다 나갔다 하는 모양, 정신 따위가 있다가 없다가 하는 모양'을 의미하는 말로, '들랑날랑/들락날락'은 복수 표준어이다.

08   어법   외래어 표기   난이도 ★★☆

해설 ② brush 브러쉬(×) → 브러시(○): 'brush'는 [brʌʃ]로 소리 나고 이때 어말의 [ʃ]는 '시'로 적어야 하므로 외래어 표기에 대한 설명으로 옳지 않은 것은 ②이다. 참고로 자음 앞의 [ʃ]는 '슈'로 적고, 모음 앞의 [ʃ]는 뒤따르는 모음에 따라 '샤, 섀, 셔, 셰, 쇼, 슈, 시'로 적는다.

오답 분석 ① bonnet 보닛(○): 'bonnet'은 [bɔ́nit]으로 소리 난다. 이때 짧은 모음 다음의 어말 무성 파열음 [t]는 받침으로 적으므로 적절하다.

③ boat 보트(○): 'boat'는 [bout]로 소리 난다. 이때 [ou]는 '오'로 적으므로 적절하다.

④ graph 그래프(○): 'graph'는 [græf]로 소리 난다. 이때 어말 또는 자음 앞의 [f]는 '으'를 붙여 적으므로 적절하다.

09   문학   인물의 심리 및 태도, 화자의 정서 및 태도   난이도 ★★☆

해설 ① 〈보기〉의 글쓴이와 ①의 화자 모두 '시련과 고난 속에서 완성되는 삶의 가치'에 대한 깨달음을 드러내고 있다.

- 〈보기〉는 이청준의 수필 '아름다운 흉터'의 일부이다. 글쓴이는 흉터 많은 손을 보며 흉터가 곧 어려웠던 어린 시절의 모습이자, 떳떳하고 자랑스러운 삶의 기록이라고 하였으며, 삶의 단단한 마디이자, 숨은 값이라고 표현하였다. 이를 통해 글쓴이는 '흉터'가 시련과 고난을 극복하는 과정 속에서 더욱 단단해진 삶의 모습을 보여 주는 흔적임을 깨닫는다.
- ㉠은 도종환 '흔들리며 피는 꽃'의 일부로, 여기서 '흔들림'은 시련과 고난, 갈등 등을 의미한다. 이렇듯 화자는 시련과 역경을 이겨 내고 꽃이 피듯이 우리의 사랑과 삶도 그렇게 완성된다는 깨달음을 노래하고 있다.

오답분석
② 제시된 작품은 안도현의 '너에게 묻는다'이다. 작품 속 화자는 '연탄재'와 같이 하찮아 보이는 사물을 무시하는 현대인의 삶의 모습을 비판하며, 열정과 사랑 없이 살아가는 사람들의 반성을 유도하고 있다. 즉, 일상적 소재를 통해 삶의 깨달음을 얻은 화자가 인간은 어떻게 살아야 하는지에 대한 답을 제시하고 있다.

③ 제시된 작품은 윤동주 '서시'의 일부로, 화자는 도덕적인 삶에 대한 강한 의지를 보인다. 또한 나뭇잎의 작은 흔들림에도 괴로워하면서 끊임없이 고뇌하고 하늘을 우러러 보면서 부끄러움 없는 삶을 살기를 소망하고 있다. 이를 통해 화자는 일제 강점기의 어두운 시대에 도덕적 순결성과 양심을 지키겠다는 의지를 드러낸다.

④ 제시된 작품은 정호승 '슬픔이 기쁨에게'의 일부로, 자신의 안일만 추구하고 소외된 사람들을 외면하던 '너'에게 진정한 슬픔의 가치를 깨닫게 하겠다는 화자의 의지적인 자세가 나타난다. 이를 통해 자기만을 생각하는 이기적인 사람들의 '사랑'보다, 소외된 이웃들에 대한 사랑과 관심을 의미하는 '슬픔'이 오히려 더 큰 힘을 갖고 있음을 역설적으로 드러내고 있다.

👍 이것도 알면 **합격!**

이청준, '아름다운 흉터'의 주제와 특징을 알아두자.
1. 주제: 시련과 역경을 극복하며 단단해지는 삶의 가치
2. 특징
   - 대상에 대한 인식이 변화된 경험을 바탕으로 깨달은 가치를 서술함
   - 흉터라는 소재가 지닌 참된 의미와 진정한 가치를 서술함

10 문학 시어의 의미 난이도 ★★★

해설 ③ 제시된 작품에서 내가 오래 기르던 '독수리'는 '예리한 정신적·의지적 자아'를 의미한다. 이때 3연에서 독수리에게 '와서 뜯어 먹어라'라고 표현한 것은 화자가 스스로 양심을 지키기 위한 내적 고통을 그린 것으로 볼 수 있다. 반면 '거북이'는 '유혹하는 존재(일제)'를 의미하는 시어로, '용궁의 유혹에 안 떨어진다'라는 표현을 통해 양심을 저버리게 하는 일제의 현실적 유혹에 넘어가지 않겠다는 화자의 의지를 드러내고 있다. 따라서 '독수리'와 '거북이'가 유사한 의미를 갖는다는 ③의 해석은 옳지 않다.

오답분석
① '간'은 '인간의 양심과 본질, 지조와 생명'을 상징하는 소재로, 작품 속 화자는 끝없는 고통을 감내하면서까지 '간'을 지키려는 의지를 보인다.
② '토끼'는 '간'을 지켜 낸 존재이며, 화자와 동일시되는 대상이다. '토끼'가 코카서스 산중에서 도망해 왔다고 표현한 지점에서 제시된 작품은 '토끼'를 매개로 토끼전과 프로메테우스 신화를 연결하고 있음을 알 수 있다.
④ '프로메테우스'는 화자가 지향하는 존재로, 현실(시대)의 끝없는 고통을 감내하겠다는 자기희생의 의지를 나타내는 대상이다. 이때 끝없이 침전한다는 표현을 통해 화자가 겪는 현실(시대)의 고통이 크다는 사실을 알 수 있다.

👍 이것도 알면 **합격!**

윤동주 '간'의 주제와 특징을 알아두자.
1. 주제: 현실의 시련과 고난을 극복하고자 하는 의지
2. 특징
   - 구토지설(토끼전)과 프로메테우스 신화를 연결하여 시상을 전개함
   - 육체적 자아(나)와 내면적 자아(독수리)의 대비를 통해 자아 성찰과 자기 희생의 의지를 드러냄

11 어법 표준어 사정 원칙 (표준어의 구분) 난이도 ★★★

해설 ④ 곰겨서(○): '곪은 자리에 딴딴한 멍울이 생기다'를 의미하는 말은 '곰기다'이므로 '곰겨서'는 올바른 표현이다.

오답분석
① 옛부터(×) → 예부터(○): '옛'은 관형사인데, 관형사는 주로 체언을 수식하므로 조사 '부터'와 결합하여 사용할 수 없다. 따라서 '아주 먼 과거'를 의미하는 명사 '예'와 결합한 '예부터'로 고쳐 써야 한다. 참고로 명사 '예'에 조사 '로부터'를 결합한 '예로부터'도 규범에 맞는 표현이다.
② 궁시렁거리지(×) → 구시렁거리지(○): '못마땅하여 군소리를 듣기 싫도록 자꾸 하다'를 의미하는 말은 '구시렁거리다'이므로 '구시렁거리지'로 고쳐 써야 한다. '궁시렁거리다'는 '구시렁거리다'의 방언이다.
③ 들이키지(×) → 들이켜지(○): '물이나 술 따위의 액체를 단숨에 마구 마시다'를 의미하는 말은 '들이켜다'이므로 '들이켜지'로 고쳐 써야 한다.
   - 들이키다: 안쪽으로 가까이 옮기다.

12 어법 단어 (용언의 활용) 난이도 ★☆☆

해설 ③ 밑줄 친 부분은 용언이 활용될 때 어간의 형태가 바뀌는 경우를 의미한다. ③ '이르다(至)'는 '러' 불규칙 용언으로, 어간의 끝음절 '르' 뒤에 오는 어미 '-어'가 '-러'로 바뀌어 '이르러', '이르렀다'와 같이 활용한다. 이때 어간 '이르-'의 형태는 바뀌지 않으므로 ③은 밑줄 친 경우에 해당하지 않는다.

오답분석
①②④ 모두 어간의 형태가 불규칙하게 활용하는 경우에 해당한다.
①④ '잇다', '낫다'는 'ㅅ' 불규칙 용언으로, 어간의 끝 받침 'ㅅ'이 모음 앞에서 탈락하여 '이어, 이으니', '나아, 나으니'와 같이 활용한다.
② '묻다(問)'는 'ㄷ' 불규칙 용언으로, 어간의 끝 받침 'ㄷ'이 모음 앞에서 'ㄹ'로 바뀌어 '물어, 물으니'와 같이 활용한다.

13 문학 시어의 의미 난이도 ★☆☆

해설 ② 제시된 작품은 유신 체제하에서 숨져가는 젊은이들(어린 게)에 대한 안타까운 심정과 폭압적인 현실에 대한 비판을 드러내고 있다. ㉡ '아스팔트'는 어린 게가 군용 트럭에 깔려 죽게 되는 곳으로, 대상을 구속하는 공간을 의미한다. 따라서 ②의 설명은 적절하지 않다. 참고로, 어린 게가 개펄에서 숨바꼭질하던 자유로운 바다를 그리워한다는 점에서 자유로움을 상징하는 공간은 '개펄'임을 알 수 있다.

오답분석
① ㉠ '구럭'은 어린 게가 게장수에게 잡혀 갇히게 된 공간이므로, 폭압으로 인해 자유를 잃은 구속된 현실을 의미한다.
③ ㉢ '사방'은 어린 게(약자)가 자유(돌파구)를 찾아 두리번거리며 바라보게 된 공간으로, 자유를 찾기 어려운 암울한 현실을 의미한다.

④ 썩어가는 어린 게의 사체 위에 쌓인 ⓔ '먼지'는 폭압적인 현실 속에서 방치된 힘없는 민중의 현실을 강조하고 있다.

👍 이것도 알면 **합격!**

김광규, '어린 게의 죽음'의 주제와 특징을 알아두자.

1. 주제
   • 현대 물질문명의 잔혹함에 대한 고발
   • 민중을 억압하는 군사 정권에 대한 비판 및 고발
2. 특징
   • 우의적 기법을 통해 현실을 비판함
   • 대조적인 시어를 사용하여 대상을 효과적으로 비판함

14 문학 작품의 종합적 감상 (수필) 난이도 ★★☆

해설 ③ 제시된 작품은 의유당의 '동명일기'로, 작가가 함흥 판관으로 부임해 가는 남편을 따라가 그곳의 명승고적을 둘러보고 느낀 바를 쓴 기행 수필이다. 따라서 현실 세계에서 있음직한 이야기를 허구적으로 구성했다는 ③의 설명은 적절하지 않다.

오답 분석
① '의유당'은 여류 작가로 작품 전반에 순우리말의 섬세한 표현이 드러난다.
② 제시된 작품에는 해돋이 장면의 과정이 시각적, 촉각적 심상을 통해 감각적이고 생동감 있게 묘사되어 있다.
④ '회오리밤', '큰 쟁반', '수레바퀴'는 해돋이 과정에서의 점차 커지는 '해'의 모습을 비유한 표현이다.

👍 이것도 알면 **합격!**

의유당, '동명일기'에 나타난 이미지와 표현 방식에 대해 알아두자.

작품 전체에서 작가는 시간의 흐름에 따라 월출과 일출의 변화 과정을 시각적 · 촉각적 이미지와 직유법을 사용하여 생동감 있게 묘사한다.

	달	바다	해
시각적 이미지	희다	어둡다, 희다, 붉다	붉다
촉각적 이미지	–	시리다, 차갑다	뜨겁다
움직임 표현	흥쳐 올라붙다	굽이쳐 올려 치다	치밀어 올라붙다
비유	얼레빗 잔등, 폐백반	은, 옥, 진홍대단, 홍옥	회오리밤, 큰 쟁반, 수레바퀴

15 문학 + 어휘 내용 추리, 한자 성어 난이도 ★★☆

해설 ③ 〈보기〉에서는 금옥이네 누렁이를 꺾고 말겠다는 목적을 달성하기 위해 전보다 더 '베스'를 위해 주는 '석구'의 노력이 나타난다. 따라서 ㉠에 들어갈 사자성어로 적절한 것은 ③ '臥薪嘗膽(와신상담)'이다.
   • 臥薪嘗膽(와신상담): '불편한 섶에 몸을 눕히고 쓸개를 맛본다'라는 뜻으로, 원수를 갚거나 마음먹은 일을 이루기 위하여 온갖 어려움과 괴로움을 참고 견딤을 비유적으로 이르는 말

오답 분석
① 泥田鬪狗(이전투구): 자기의 이익을 위하여 비열하게 다툼을 비유적으로 이르는 말
② 吳越同舟(오월동주): 서로 적의를 품은 사람들이 한자리에 있게 된 경우나 서로 협력하여야 하는 상황을 비유적으로 이르는 말
④ 結草報恩(결초보은): 죽은 뒤에라도 은혜를 잊지 않고 갚음을 이르는 말

16 비문학 세부 내용 파악 난이도 ★☆☆

해설 ③ 제시문 10~12번째 줄에서 고구려 때의 광개토 대왕비에 기록된 빼곡한 한자를 예로 들며, 한자로 우리말을 적는 것이 불가능한 것은 아님을 설명하고 있다. 따라서 한국어는 오로지 한글로만 표기할 수 있다는 ③의 설명은 옳지 않다.

오답 분석
①② 제시문 끝에서 8~9번째 줄에서 많은 이들이 세종대왕이 우리 글(한글)이 아닌 우리말(언어)을 만드신 것으로 오해한다고 하였다. 이를 통해 '한글'은 언어가 아니라 문자를 가리키는 것이며, 세종대왕이 만드신 것은 '우리글'임을 알 수 있다.
④ 제시문 끝에서 1~4번째 줄에서 한글은 우리말을 적는 데만 쓰이기 때문에 많은 이들이 한글과 우리말(한국어)을 같은 것으로 여겨 혼동하는 것이라고 설명하고 있다.

17 비문학 내용 추론 난이도 ★★☆

해설 ② (가)~(다)에 들어갈 문장을 순서대로 나열한 것은 ② 'ㄱ - ㄷ - ㄴ'이다.
   • (가): 1문단에서는 우리의 뇌가 생존에 이롭고 해로운 대상을 구분하는 능력이 있으며, 이는 '본능'에 의한 것임을 설명하고 있다. 한편 2문단에서는 초콜릿 케이크를 먹어 본 경험을 한 사람이 케이크에 대한 기호를 갖게 되는 반응을 예로 들며 '경험에 의한 학습 능력'에 대해 말한다. 따라서 글의 흐름이 '본능'에 대한 내용에서 '경험을 통한 학습 능력'에 대한 내용으로 자연스럽게 이어지도록 (가)에는 동물이 본능과 더불어 경험에 따라 기호를 학습하는 능력을 가지고 있다는 내용의 'ㄱ'이 들어가야 한다.
   • (나): (나)는 2문단 끝에 위치하므로 (나)에는 1~2문단의 내용을 포괄하여 정리할 수 있는 문장이 들어가야 한다. 이때 'ㄷ'은 우리가 타고난 기본 성향(본능)과 학습 능력을 통해 대상에 대한 기호를 형성한다는 내용으로, 기호와 본능의 관계를 설명한 1문단과 기호와 학습의 관계를 설명한 2문단을 포괄하고 있다. 따라서 (나)에는 1~2문단의 내용을 요약하여 정리하는 'ㄷ'이 들어가야 한다.
   • (다): 3문단에서는 두 가지 선택지 앞에 놓인 여우의 이야기를 제시하고 있으며, (다) 바로 뒤 문장의 내용을 고려해 보았을 때 (다)에는 '의사결정의 과정'에 대해 설명하는 내용이 들어가야 한다. 따라서 (다)에는 뇌가 감정적, 인지적 반응을 합쳐 각 선택지에 가치를 매기는 '의사결정 과정'을 설명한 'ㄴ'이 들어가야 한다.

18 어휘 한자어 (한자어의 의미) 난이도 ★★★

해설 ① 자신의 생각, 물건, 일 등을 낮추어 겸손하게 이르는 것과 관련이 없는 단어는 ① '옥고(玉稿)'이다.
   • 옥고(玉稿: 구슬 옥, 원고 고): '훌륭한 원고'라는 뜻으로, 다른 사람의 원고를 높여 이르는 말

오답 분석
② 관견(管見: 대롱 관, 볼 견): '대롱 구멍으로 사물을 본다'라는 뜻으로, 좁은 소견이나 자기의 소견을 겸손하게 이르는 말
③ 단견(短見: 짧을 단, 볼 견): 자기의 생각이나 의견을 겸손하게 이르는 말
④ 졸고(拙稿: 옹졸할 졸, 원고 고): 자기나 자기와 관련된 사람의 원고를 겸손하게 이르는 말

해설   ② **둘(수사)＋이다(조사)**: 이때 '둘'은 조사 '이다'와 결합하므로 '수사' 이다.

오답 분석   ①③④는 모두 의존 명사 '명, 번', 명사 '사람'과 함께 쓰였으므로 수 관형사이다.

① 다섯(수 관형사)＋명(의존 명사)

③ 세(수 관형사)＋번(의존 명사)

④ 열(수 관형사)＋사람(명사)

👍 이것도 알면 **합격!**

수사와 수 관형사의 구분에 대해 알아두자.

조사와 결합하면 수사이고, 조사와 결합할 수 없으며 체언을 수식하면 수 관형사이다.

예 • 사람 다섯이 모였다. (수사)
   • 다섯 사람 (수 관형사)

해설   ④ **짚(어근)＋신(어근)**: '짚신'은 어근과 어근이 결합한 합성어이고, ①②③은 파생어이다. 따라서 조어법이 다른 하나는 ④이다.

오답 분석   ①②③은 접사와 어근이 결합한 파생어이다.

① **개–(접사)＋살구(어근)**: 이때 '개–'는 '야생 상태의' 또는 '질이 떨어지는', '흡사하지만 다른'의 뜻을 더하는 접두사이다.

② **돌–(접사)＋미나리(어근)**: 이때 '돌–'은 '야생으로 자라는'의 뜻을 더하는 접두사이다.

③ **군–(접사)＋소리(어근)**: 이때 '군–'은 '쓸데없는'의 뜻을 더하는 접두사이다.

정답 및 취약점 확인

p.36

문항	정답	출제 포인트	약점 개념 확인	문항	정답	출제 포인트	약점 개념 확인
01	③	비문학-세부 내용 파악		14	④	문학-표현상의 특징과 효과	
02	①	비문학-세부 내용 파악		15	③	문학-적용하기	
03	③	비문학-세부 내용 파악		16	④	어법-중세 국어	
04	②	어법-단어	파생어의 형성	17	②	문학-표현상의 특징과 효과	〈공무도하가〉, 이황 〈도산십이곡〉, 〈한숨아 세 한숨아~〉
05	④	어법-문장	높임 표현	18	①	문학-화자의 정서 및 태도	김춘수 〈강우〉, 오세영 〈자화상 2〉, 김종삼 〈누군가 나에게 물었다〉, 이육사 〈꽃〉
06	②	문학-서술상의 특징	이호철 〈나상〉	19	④	문학-표현상의 특징과 효과	
07	③	문학-문장의 의미		20	②	문학-서술상의 특징	정약용 〈수오재기〉
08	①	문학-작품의 내용 파악		21	④	문학-작품의 내용 파악	
09	③	문학-작품의 종합적 감상	〈가시리〉, 김소월 〈진달래꽃〉	22	③	문학-작품의 내용 파악	
10	②	문학-시어 및 시구의 의미		23	③	비문학-글의 전략 파악	
11	④	문학-작품의 종합적 감상		24	③	어휘-한자어	內包, 誘導, 範例
12	④	문학-시어의 의미	천양희 〈그 사람의 손을 보면〉, 김수영 〈어느 날 고궁을 나오면서〉, 김기택 〈풀벌레들의 작은 귀를 생각함〉	25	②	비문학-세부 내용 파악	
13	④	문학-작품의 종합적 감상					

---

01 | 비문학 세부 내용 파악

난이도 ★★☆

해설 ③ 4문단 끝에서 1~7번째 줄 내용에 따르면, 가짜 뉴스는 이윤을 내기 위해 비윤리적이거나 혐오, 선동과 같은 자극적 요소들을 포함하며, 이와 같은 가짜 뉴스는 사회 구성원들의 통합을 방해하고 극단주의를 불러일으킨다. 따라서 ⊙으로 인해 발생할 수 있는 사회적 문제로 적절한 것은 ③이다.

오답분석
① 4문단 1~4번째 줄에서 가짜 뉴스가 광고를 통해 '돈'을 버는 방식에 대해 설명하긴 하나, 광고주와 중개 업체 사이에 위계 관계와 관련된 내용은 제시문에서 확인할 수 없다. 따라서 ①은 ⊙으로 인해 발생할 수 있는 문제로 적절하지 않다.

② 4문단 5~7번째 줄에 뉴스가 범람하는 상황에서 이용자는 선택과 집중을 할 수밖에 없다는 내용이 나오지만 이는 ⊙으로 인해 발생할 문제로 볼 수 없다. 오히려 뉴스가 범람하는 상황에서 이용자(소비자)는 선택과 집중을 통해 뉴스를 소비할 수밖에 없기 때문에, 이용자의 선택을 받고자 '돈'이 되는 가짜 뉴스를 생산하게 된 것이다.

④ 4문단 1~8번째 줄 내용에 따르면 뉴스와 관련된 돈은 대부분 광고에서 발생하고 높은 조회 수가 나오는 사이트에 높은 금액의 광고가 배치되므로 눈길을 끄는 뉴스를 만들어야 한다. 하지만 제시문에서 소비자가 비용을 지불하고 가짜 뉴스를 읽는다는 내용은 확인할 수 없으므로 ④는 ⊙으로 인해 발생할 수 있는 문제로 적절하지 않다.

02 | 비문학 세부 내용 파악

난이도 ★★☆

해설 ① 1문단 7~12번째 줄에서 가짜 뉴스의 정의와 범위에 대한 의견이 여러 갈래로 나뉘며, 언론사의 오보에서부터 인터넷 루머까지 가짜 뉴스는 넓은 스펙트럼 안에서 혼란스럽게 사용되고 있고, 가짜 뉴스의 기준을 정하고 범위를 좁히지 않으면 비생산적인 논란이 가중될 것이라고 하였다. 이를 통해 가짜 뉴스의 기준과 범위를 정하는 것의 어려움과 이것이 정해지지 않을 경우 발생할 수 있는 문제점은 제시문에서 확인할 수 있으나, 그 이유에 대해서는 구체적으로 제시하고 있지 않으므로 답은 ①이다.

오답분석
② 1문단 끝에서 1~4번째 줄을 보면, 전문성을 가진 단체(한국언론학회, 한국언론진흥재단)의 세미나에서 정의한 가짜 뉴스의 개념이 제시되고 있다.

③ 1문단 1~7번째 줄에서 탈진실화에 대해 설명하면서 이를 시대적 특성이라고 하였다. 또한 탈진실의 시대가 시작되면서 가짜 뉴스가 사회적 논란거리로 떠올랐다고 제시하였다.

④ 3문단 내용에 따르면, 대중이 뉴스를 접하는 채널이 전통적 매체(신문·방송)에서 디지털 매체(포털, SNS 등)로 옮겨 가면서 가짜 뉴스가 쉽게 유통되고 확산되다. 이러한 사용 매체의 변화로 인해서 누구나 쉽게 이용하는 매체에 정식 기사의 얼굴을 하고 나타난다는 21세기형 가짜 뉴스의 특징을 제시하고 있다.

03 비문학 세부 내용 파악 난이도 ★☆☆

해설 ③ 2문단에서 과거 1923년 관동 대지진이 났을 때 일본 내무성이 허위 정보를 퍼뜨려 조선인들이 학살되었던 사건을 가짜 뉴스의 사례로 제시하고 있다. 따라서 제시문을 읽고 나눈 대화로 적절한 것은 ③이다.

오답분석 ① 3문단 2~3번째 줄을 통해 가짜 뉴스는 더 이상 동요나 입소문을 통해 전파되지 않는 것을 알 수 있다. 현재의 가짜 뉴스는 주로 디지털 매체를 통해 유통되고 확산되고 있다.

② 1문단 3~5번째 줄에서 탈진실화는 국지적 현상이 아니라 세계적으로 나타나는 시대적 특성이라고 설명한다. 따라서 탈진실화를 특정 국가에 한정된 일이라고 보기 어렵다.
• 국지적(局地的): 일정한 지역에 한정된

④ 2문단에서 제시한 서동요와 관동대학살 사례를 통해 가짜 뉴스가 역사 속에서 늘 반복되어 왔던 현상임은 알 수 있다. 하지만 2문단 끝에서 1~3번째 줄 내용에 따르면, 최근 일어나는 가짜 뉴스 현상이 과거의 사례와는 확연히 다르다는 점을 확인할 수 있다. 과거의 가짜 뉴스가 동요나 입소문을 통해 전파되었다면, 현재의 가짜 뉴스는 주로 누구나 쉽게 이용하는 매체를 통해 전파된다.

04 어법 단어 (파생어) 난이도 ★★★

해설 ② ㉠의 조건은 '어근+접미사'로 결합된 경우를 의미하며, ㉡의 조건은 어근과 결합되는 접사가 '지배적 접사'이어야 함을 의미한다. 따라서 ㉠과 ㉡을 모두 충족하는 것은 '어근+지배적 접미사'로 결합한 단어이므로, 답은 ② '높여야'이다.
• 높-(어근)+-이-(지배적 접미사)+-어야(연결 어미): 형용사 '높다'에 사동 접미사 '-이-'가 결합하여 만들어진 파생어 '높이다'는 동사이므로 ㉠과 ㉡을 모두 충족한다.

오답분석 ① 새-(접두사)+빨갛다(어근): 이때 '새-'는 '매우 짙고 선명하게'의 뜻을 더하는 접두사이므로 ㉠의 조건을 충족시키지 않는다. 또한 형용사 '빨갛다'에 접두사가 '새-'가 결합하여 만들어진 파생어 '새빨갛다'의 품사는 어근의 품사와 일치한다. 따라서 ① '새빨갛다'는 ㉠과 ㉡의 조건을 모두 충족시키지 않는다.

③ 읽-(어근)+-히-(한정적 접미사)+-다(종결 어미): 동사 '읽다'에 결합한 '-히-'는 피동 접미사이므로 ㉠의 조건은 충족한다. 그러나 '읽히다' 또한 동사이므로 어근과 품사가 일치한다. 따라서 ㉡의 조건은 충족하지 않는다.

④ 달리-(어간)+-기(명사형 전성 어미): 이때 '달리기'는 부사 '천천히'의 수식을 받으며 서술성이 있는 용언의 명사형으로 품사는 동사이다. '-기'는 용언의 어간 뒤에 붙어 그 말이 명사 구실을 하게 하는 어미이기에 품사를 변화시키지 않는다. 따라서 ④ '달리기'는 ㉠과 ㉡의 조건을 모두 충족시키지 않는다.

👍 이것도 알면 **합격!**

한정적 접미사와 지배적 접미사에 대해 알아두자.

한정적 접미사	파생 접사가 어근과 결합하여 새로운 단어를 만들 때 어근의 품사를 바꾸지 않는 접사 예 풋사랑, 드높다, 잠꾸러기, 가위질
지배적 접미사	파생 접사가 어근과 결합하여 새로운 단어를 만들 때 어근의 품사를 바꾸는 접사 예 웃음, 정답다, 가난하다

접미사 '-ㅁ/-음/-기'와 명사형 어미 '-ㅁ/-음/-기'의 차이에 대해 알아두자.

접미사 '-ㅁ/-음/-기'	용언의 어간 뒤에 붙어서 용언을 명사로 파생시킴. 파생된 명사는 서술성이 없으므로 앞에 부사적 표현이 쓰일 수 없고, 관형어가 올 수 있음 예 • 앞이 모자라지 않게 공부를 해야 한다. • 나는 그의 순수한 웃음이 좋다. • 나는 육상 종목 중 달리기를 좋아한다.
명사형 어미 '-ㅁ/-음/-기'	용언의 어간 뒤에 붙어서 용언을 명사형이 되게 하는 역할을 함. 동사의 명사형은 서술성이 있어 주어를 서술하며 품사가 변하지 않음. 앞에 부사적 표현이 쓰일 수 있음 예 • 내가 그를 앎은 우연이 아니었다. • 그가 크게 웃음은 조국이 전쟁에서 이겼다는 소식을 들었기 때문이다. • 그는 너무 빨리 달리기 때문에 아무도 그를 잡을 수 없다.

05 어법 문장 (높임 표현) 난이도 ★☆☆

해설 ④ ㉣ '편찮으셨구나'는 '편찮-+-으시-+-었-+-구나'의 구성으로 주체 높임 선어말 어미 '-으시-'를 사용하여 서술의 주체인 할머니를 높였다. 따라서 객체 높임에 해당하지 않는 것은 ④이다.

오답분석 ①②③ 모두 객체 높임 표현이다.
① ㉠ 모시고(객체 높임): 객체 높임 어휘 '모시다'를 사용하여 서술의 대상인 할머니(목적어)를 높였다.

② ㉡ 할머니께(객체 높임): 부사격 조사 '에게'의 높임말 '께'를 사용하여 서술의 대상인 할머니(부사어)를 높였다.

③ ㉢ 드린대(객체 높임): ㉢은 '(할머니께) 드린대'로 부사어가 생략된 것으로 볼 수 있다. 이때 객체 높임 어휘 '드리다'를 사용하여 서술의 대상인 할머니(부사어)를 높였다.

06 문학 서술상의 특징 난이도 ★★☆

해설 ② 제시된 작품은 액자식 구성으로, (가)는 '나'와 '철'이 베란다 위에 앉아 이야기를 시작하는 외부 이야기이며 (나)~(마)는 6·25 전쟁 당시 포로가 된 형제의 사연을 들려주는 내부 이야기이다. 이렇듯 내화와 외화를 넘나드는 인물을 통해 과거와 현재를 교차시키며 '근원적 인간성의 소중함'과 '극한 상황 속에서 모색하는 올바른 삶의 자세'라는 주제를 전달하고 있다.

오답분석 ① (나)에서 '형이 둔감하고 위태롭도록 솔직했으며, 모자란 사람이었다고 상세히 말하며 형의 순수한 성격에 대해 직접 제시하고 있다. 다만, 이러한 형의 모습을 우스꽝스럽게 묘사하면서 희화화하고 있지는 않으므로 ①의 설명은 적절하지 않다.

③ 제시된 작품에서 등장인물의 내적 독백과 갈등은 확인할 수 없다.

④ 제시된 작품은 현재 (가)에서 과거 (나)로 장면을 전환함으로써 사건을 입체적으로 보여 주고 있다. 그러나 여러 사건을 병렬적으로 열거하여 제시하고 있지는 않으므로 ④의 설명은 적절하지 않다.

👍 이것도 알면 **합격!**

이호철, '나상'에서 액자 구조의 기능에 대해 알아두자.

'나상'에서의 액자 구조는 작가가 말하고자 하는 주제 의식을 효과적으로 드러내는 장치가 되고 있다.

내부 이야기	천진난만하지만 어수룩한 '형'이 전쟁 상황 속에서 외부 폭력에 의해 희생되는 모습이 제시됨으로써 근원적인 인간성의 소중함이라는 주제가 드러남
외부 이야기	'철'이 이야기 속 '동생'임을 밝히며 현실 순응적이었던 자신의 삶에 대한 회한을 드러내고 있어, 극한 상황에서 삶의 올바른 방향이 무엇인지 모색하게 함

07 문학 문장의 의미 　　　　난이도 ★★☆

해설 ③ 형이 동생에게 무슨 일이 생기더라도 자기를 형이라고 부르지 말라고 말한 것은 자신의 죽음을 예감하면서도 동생의 신변을 더 걱정한 것으로, 이를 통해 동생을 위하는 애틋하고 지극한 형의 마음을 확인할 수 있다.

오답 분석 ① (나)에서 형이 둔감하고 위태롭도록 솔직했으며, 모자란 사람이었다고 말하는 것과 형에게는 매일 매일이 천하태평이었다는 것을 통해 형은 현실에 때 묻지 않은 순수한 인간 본연의 모습을 간직한 인물임을 알 수 있다.

② 다리가 좋지 않은 상태인 것을 경비병에게 들킬까봐 경비병의 눈치를 흘끔거리기만 하는 형의 모습을 통해 개인의 자유를 억압하는 외부의 감시가 존재함을 확인할 수 있다.

④ 포로를 감시하던 북한 경비병이 따발총을 휘둘러 쏘며 행군에 방해되는 형을 가차 없이 죽이는 장면은 전쟁의 폭력성에 근원적 인간성이 파괴되었음을 상징적으로 보여 준다.

08 문학 작품의 내용 파악 　　　　난이도 ★☆☆

해설 ① (나)에서 해방 이후 삼팔선을 넘어오는 긴장된 상황에서 '형'이 큰 소리로 자기가 있는 곳이 삼팔선이냐고 말하여 일행 모두를 놀라게 했던 일화를 제시하며 '형'의 천진난만한 모습을 보여 주었다. 따라서 제시된 작품에 대한 이해로 적절하지 않은 것은 ①이다.

오답 분석 ② (다)의 1~5번째 줄과 (라)의 7~10번째 줄에서, '동생'의 울음을 본 '형'이 울지 말라고 하며 본인도 울음을 터뜨리는 모습을 확인할 수 있다.

③ (라)의 끝에서 1~6번째 줄에서, '동생'의 귀에 어떤 말도 하지 않는 '형'으로 인해 '동생'이 서러워져 흐느끼는 모습을 확인할 수 있다.

④ (마)의 2~5번째 줄에서, 여느 때답지 않게 숙성한 사람 같은 억양으로 무슨 일이 생겨도 자신을 모른 체하라고 '동생'에게 당부하는 '형'의 모습을 확인할 수 있다.

09 문학 작품의 종합적 감상 (고려 가요, 시) 난이도 ★★☆

해설 ③ (가)와 (나) 작품 모두 이별 상황에 대한 체념과 화자의 자기희생적 태도가 드러나므로 답은 ③이다.
- (가): 3연에서 떠나는 임을 붙잡지 못하는 화자의 순종적이고 체념적인 태도가 드러나며, 4연에서는 임을 어쩔 수 없이 보내는 화자의 모습에서 소극적이고 자기희생적인 태도가 드러난다.
- (나): 1연에서 이별의 상황이 왔을 때, 임을 말없이 고이 보내 드리겠다는 화자의 체념적 태도가 드러나며, 3연에서는 시적 화자의 분신인 '꽃'을 사뿐히 즈려밟고 가라는 표현을 통해 임에 대한 원망을 초극한 희생적 사랑이 드러난다.

오답 분석 ① (가) 4연의 '가시는 듯 도셔 오쇼셔'에서 임이 올 때까지 기다리겠다는 화자의 의지와 임과의 재회를 희망하는 간절한 소망이 드러난다. 하지만 (나)에서는 임과의 재회를 희망하는 화자의 의지가 드러나는 부분을 확인할 수 없다.

② (나) 2연에서 평안북도의 지명인 '영변'을 언급함으로써 향토성을 부여하고, 이별의 상황을 구체화하고 있다. 다만 (가)에서는 구체적인 지명을 제시하지 않았다.

④ (가)에는 이별의 원인이 구체적으로 드러나 있지 않으며, (나)의 화자는 이별의 원인을 자기 자신 즉, 내부에서 찾고 있다. 또한 (가) 2연에서는 떠나는 임에 대한 원망의 감정이 고조되는 것을 확인할 수 있는 반면 (나)에는 임에 대한 원망이 드러나지 않는다.

지문 풀이

(가) 가시겠습니까, (진정으로 떠나) 가시겠습니까?
　　(나를) 버리고 가시겠습니까?

　　나는 어찌 살라 하고
　　(나를) 버리고 가시겠습니까?

　　(생각 같아서는) 붙잡아 두고 싶지만,
　　(혹시나 임께서) 서운하면 (다시는) 아니 올까 두렵습니다.

　　서러운 임을 (어쩔 수 없이) 보내옵나니,
　　가자마자 곧 돌아오십시오.　　　－ 작자 미상, '가시리'

👍 이것도 알면 **합격!**

제시된 작품들의 주제와 특징을 알아두자.

(가) 작자 미상 '가시리'	주제	이별의 정한(情恨)
	특징	• 간결한 형식과 소박한 시어를 사용하여 이별의 감정을 절묘하게 표현함 • 3·3·2조 3음보의 율격을 지님 • 후렴구가 반복됨
(나) 김소월 '진달래꽃'	주제	승화된 이별의 정한(情恨)
	특징	• 이별의 상황을 가정하여 시상을 전개함 • 7·5조 3음보의 민요조 율격과 '-우리다'의 반복을 통해 운율을 형성함 • 여성적이고 간절한 어조를 띰

10 문학 시어 및 시구의 의미 　　　　난이도 ★★☆

해설 ② '셜온(서러운)'의 주체를 화자로 본다면 ⓒ은 '나를 서럽게 하는 임'을 의미한다. 이는 나를 서럽게 하는 임을 떠나보내는 것이기에, 임이 이별의 상황을 아쉬워한다고 보기 어렵다. 따라서 답은 ②이다. 참고로, ⓒ을 '이별을 서러워하는 임'으로 해석하고자 한다면 '셜온'의 주체를 임으로 보아야 한다.

오답 분석 ① ㉠은 화자가 임을 떠나보내는 이유가 드러나는 대목으로, 떠나는 임을 붙잡으면 마음이 토라져서 돌아오지 않을까봐 걱정하는 화자의 모습이 드러난다. 동시에 임을 보내는 서러움을 절제하는 모습도 나타나 있다.

③ ⓒ은 임에 대한 화자의 헌신적 사랑을 형상화하기 위해 선택한 표상이자, 화자의 분신과도 같다. 즉, 떠나는 임에 대한 원망과 슬픔의 표현이기도 하며, 끝까지 변함없이 임에게 헌신하려는 화자의 순종적 사랑을 상징하는 중심 시어이다.

④ ⓔ은 떠나는 임이 슬퍼하는 나의 모습을 보고 마음이 상하실까 걱정돼 죽는 한이 있어도 눈물을 보이지 않겠다는 인고의 의지가 드러나 있다. 결국 ⓔ에는 임이 떠날 때 자신은 매우 슬퍼할 것이라는 의미가 내포된 것이므로 반어적 표현으로 볼 수 있다.

해설 ④ (가)와 (나) 모두 기 – 승 – 전 – 결의 4단 구성의 짜임을 가지고 있다.

	(가)	(나)
기(1연)	뜻밖의 이별에 대한 안타까움과 하소연	이별의 상황에 대한 체념과 순응
승(2연)	허탈감과 좌절	임에 대한 축복
전(3연)	감정의 절제와 체념	원망을 초극한 희생적 사랑
결(4연)	임이 돌아오기를 바라는 소망과 기원	인고의 의지

오답
분석
① (나)는 유사한 시구를 처음과 끝에 반복하여 작품의 주제를 강조하고 구성의 안정감을 주고 있다. 따라서 수미 상관의 형식을 보이는 것은 (나) 작품에만 해당하는 설명이다.

② (가)와 (나) 모두 시어의 반복을 통해 운율을 형성한다. (가)에서는 '가시리(가시리잇고)'의 반복을 통해 의미를 강조하면서 음악적 효과를 거두고 있으며, (나) 또한 '∼우리다'의 반복을 통해 음악적 리듬감을 형성하고 있다.

③ 3 · 3 · 2조의 3음보 율격을 보이는 것은 (가) 작품에만 해당하는 설명이다. (나)는 7 · 5조 3음보의 율격을 가진다.

- (가): <u>가시리</u> / <u>가시리</u> / <u>잇고</u> (3음보)
      3   3   2

- (나): <u>나 보기가</u> / <u>역겨워</u> / <u>가실 때에는</u> (3음보)
        7   5

해설 ④ <보기>는 텔레비전의 빛과 소리가 사라진 후에 비로소 어둠이 지각되고, 풀벌레 소리가 인식되었음을 표현함으로써 문명과 인간의 이기를 비판하며 자연과의 공생을 노래하고 있다. 이때 ㉮ '풀벌레 소리'는 현대 문명을 뜻하는 '텔레비전'과 대조되는 긍정적 대상으로, 잊고 있던 자연의 소리를 의미한다. (가) 작품의 ㉠∼㉢ 또한 모두 화자가 긍정적으로 인식하는 대상으로, 사소하거나 보잘것없는 것을 의미한다. 반면 ㉢ '보이는 빛'은 화자가 부정적으로 인식하는 대상이자, 돋보이는 것(외면적 가치)을 의미하므로 ㉮ '풀벌레 소리'와 성격이 다른 것은 ④이다.

👍 이것도 알면 **합격!**

김기택, '풀벌레들의 작은 귀를 생각함'에서 시어의 대조적 의미에 대해 알아두자.

긍정적 의미 (자연, 생명과 관련된 것)		부정적 의미 (현대 문명, 장애물과 관련된 것)
풀벌레, 별빛, 작은 귀, 여린 마음, 울음소리	← 대조 →	텔레비전, 발뒤꿈치, 현란한 빛, 전등

해설 ④ (나)의 7연에서 화자는 스스로를 자연물인 '모래, 바람, 먼지, 풀'과 대비하여 이보다 작은 존재라며 자신의 삶을 자조적으로 반성하고 있을 뿐이다. 따라서 미비한 자연물과의 대비를 통해 화자 자신의 왜소함을 극복하고 있다는 ④의 설명은 적절하지 않다.

오답
분석
① 1∼2연에서 50원짜리 갈비에 기름 덩어리만 나왔다고 설렁탕집 주인에게 욕을 하고, 20원을 받으러 찾아오는 야경꾼들을 증오하는 등의 일상적 경험을 나열함으로써 비본질적이고 사소한 일에 분개하는 소시민적 삶에 대한 성찰이 드러난다.

② 1연 4행에서 '설렁탕집 돼지 같은 주인 년'과 같은 비속어를 사용함으로써 화자 자신의 속된 모습을 솔직하게 노출하고 있다.

③ 3연에서 화자는 자신의 옹졸함이 오래된 전통이라고 이야기하며, 포로수용소 시절의 일화를 제시하고 있다. 이는 자신의 옹졸한 언행과 태도가 과거 포로수용소에 있을 때부터 몸에 배어 체질화되었음을 고백하고 있는 것이다.

해설 ④ 역설적 인식을 통해 화자의 태도를 드러내는 것은 (가) 작품에만 해당하는 설명이다. (가)의 화자는 '구두 닦는 사람, 창문 닦는 사람, 청소하는 사람, 마음 닦는 사람'과 같이 사소하고 보잘것없는 일을 하는 사람들에게서 빛이 난다고 인식하며 대상에 대해 예찬적인 태도를 드러내는데, 이러한 화자의 태도는 4연 4행의 보이지 않은 것에서도 빛이 난다는 역설적 표현을 통해 더욱 강조되고 있다.

오답
분석
① (가)에서는 보잘것없어 보이는 '검은 것, 비누 거품, 쓰레기, 보이지 않는 것'과 상대적으로 '흰 것, 맑은 것, 깨끗한 것, 보이는 빛'을 대조적으로 제시하며 시상을 전개하고 있다. (나)에서는 '땅 주인, 구청 직원, 동회 직원'과 같이 권력(힘)을 가진 자들에게 반항하지 못하는 화자의 모습과 '이발쟁이, 야경꾼'과 같이 힘없는 자에게 사소한 일로 흥분하는 화자의 모습을 대조하여 시상을 전개하고 있다.

② (가)에서는 '구두 닦는 사람, 창문 닦는 사람, 청소하는 사람(청소부), 비누 거품, 쓰레기' 등의 일상적 시어를 사용하여 사소해 보일지라도 자신이 맡은 일을 성실하게 수행하는 삶의 소중함을 드러내고 있다. (나)에서도 '50원짜리 갈비, 20원, 스펀지, 거즈, 개 울음소리, 애놈의 투정, 은행나무 잎' 등의 일상적 시어를 사용함으로써 일상의 실제적 삶을 사실적으로 보여 주고 있다.

③ (가)의 1∼4연에서 유사한 문장 구조를 반복함으로써 운율을 형성하고 있으며, (나)의 7연에서도 '얼마큼 작으냐'를 반복하고 있다.

해설 ③ ⓐ '절정 위'는 사회의 자유와 정의를 위해 부정과 불의에 대항하는 모습을 의미한다. 이때 ① '악덕 기업의 제품 불매 운동', ② '불합리한 외교 조약에 대한 반대 시위', ④ '대기업의 노동 착취에 대한 비판' 모두 ⓐ '절정 위'의 삶을 구현한 것으로 볼 수 있다. 반면 ③의 상황은 커다란 부정과 불의가 아닌 자신의 개인적 불이익에 대해 불평하는 것이므로 (나)의 화자처럼 사소한 것에 분개하는 소시민적인 모습에 해당한다.

👍 이것도 알면 **합격!**

김수영, '어느 날 고궁을 나오면서'에서 화자의 태도에 대해 알아두자.

화자는 부조리한 현실과 힘 있는 권력에는 반항하지 못하고 사소한 일과 힘없는 자에게만 분개하는 자신의 소시민적 모습을 반성하며 자책하는 태도를 보인다.

의미 있는 일		사소한 일
• 왕궁의 음탕에 분개, 언론의 자유 요구, 월남 파병 반대 • 불합리한 상황과 힘 있는 권력에 대한 저항	← 대조 →	• 힘없는 자인 설렁탕집 주인, 야경꾼, 이발쟁이에게 분개함 • 스펀지 만들기와 거즈 접는 일

해설　④ ⓑ와 ⓒ의 의문문의 주어는 각각 '이 사ᄅᆞ미(이 사람이)'와 '뉘(누가)'로, 모두 3인칭임을 알 수 있다. 따라서 ⓑ와 ⓒ를 통해 주어의 인칭에 따라 의문형 어미가 다르게 나타나는 경우를 확인할 수 있다는 ④의 탐구 내용은 적절하지 않다. 참고로 ⓑ와 ⓒ는 각각 판정 의문문과 설명 의문문으로, 의문문의 종류에 따라 의문형 어미가 다르게 나타나는 사례로 보는 것이 적절하다.
- ⓑ: ⓑ는 청자에게 질문에 대한 가부(可否)를 묻는 판정 의문문으로, 의문사가 쓰이지 않았고 ᄒᆞ라체 의문형 종결 어미 '-녀'가 사용되었다.
- ⓒ: ⓒ는 청자에게 설명을 요구하는 설명 의문문으로, 의문사 '뉘(누가)'가 쓰였고 ᄒᆞ라체 의문형 종결 어미 '-뇨'가 사용되었다.

오답　① ⓐ-㉠: ⓐ의 '나니이다(나-+-니-+-이-+-다)'가 '났습니다'로 해
분석　석되는 것으로 보아 과거 시제 표현임을 알 수 있다. 이때 '-이-'는 ᄒᆞ쇼셔체 평서형 어미 앞에 나타나는 상대 높임 선어말 어미로, ⓐ에서 과거 시제를 표현하는 선어말 어미는 사용되지 않았다. 따라서 ⓐ '나니이다'는 ㉠ '시제 선어말 어미 없이 과거 시제를 표현하는 경우'에 해당한다.
② ⓒ-㉡: ⓒ의 '出令ᄒᆞ샤디'는 '出令ᄒᆞ-+-시-+-오디'가 결합한 말로 주체 높임 선어말 어미 '-시-'가 모음 어미 '-오디' 앞에서 '-샤-'로 되고 '오'는 탈락하였다. 즉, 자음 어미나 매개모음을 갖는 어미 앞에서는 '-시-'로 실현되나 '아/어'나 '오/우'로 시작되는 모음 어미 앞에서는 '-샤-'로 쓰인다. 따라서 ⓒ '出令ᄒᆞ샤디'에는 서술어의 주체를 높이는 방법 중 하나로 선어말 어미를 사용하였음을 알 수 있다. 참고로 '-오디'는 현대 국어에서의 '-는데'나 '-되'와 같은 것으로, 전제의 기능을 가진 종속적 연결 어미이다.
③ • ⓑ-ⓒ: ⓑ의 '닐온(니르-+-오-+-ㄴ)'은 현대 국어의 '이르다'와 달리 두음 법칙의 적용을 받지 않는다.
　• ⓑ-ⓔ: ⓑ의 'ᄠᅳ들'은 '뜻+을'이 결합된 말로 이때 '을'은 목적격 조사이다. 목적격 조사 '을/를'은 앞말(체언)의 끝소리가 자음일 때 쓰이며, '를/ㄹ'는 체언의 끝소리가 모음일 때 쓰인다. 그 중 '을/를'은 앞 음절의 모음이 음성 모음일 때 사용하는 조사이고 이때 ⓔ'ᄠᅳ들'의 '一'는 중세 국어에서 음성 모음에 해당하므로 모음 조화 현상이 엄격하게 지켜진 표현으로 볼 수 있다.

해설　② (가)~(다) 모두 의문형 진술을 활용함으로써 화자의 정서를 드러내고 있으므로 답은 ②이다.
- (가): 4구의 '어이할꼬'와 같은 의문형 표현을 통해 임의 죽음에 대한 슬픔과 탄식, 화자의 체념적 정서가 드러난다.
- (나): 종장의 '엇절고(어찌할 것인가?)'와 같은 의문형 진술을 통해 학문 수양에 대한 화자의 의지가 드러난다.
  (이황, '도산십이곡'의 주제와 구조: 관련 설명 86p)
- (다): 초장에서 삶의 고난을 의미하는 '한숨'을 의인화하여 청자로 설정하고, '네 어늬 틈으로 드러온다(네 어느 틈으로 들어오느냐?)', '되되글 믄다(대굴대굴 말았느냐?)'와 같은 의문형 표현을 사용함으로써 끝없는 삶의 근심으로 인해 화자가 느끼는 답답한 마음을 드러내고 있다. ('한숨아 셰 한숨아'의 주제와 특징: 관련 설명 104p)

오답　① (다)에서만 과장적 표현이 드러난다. (다)의 중장에서 장지문의 종
분석　류와 돌쩌귀 등 유사한 사물들을 열거하며 한숨이 들어오지 못하도록 문단속하는 화자의 모습과, 그럼에도 '한숨'이 자신의 몸을 병풍처럼 덜럭 접고 족자처럼 둘둘 말아 들어왔다는 묘사 모두 과장된 표현이다. 이를 통해 시름을 막아 보려고 애를 쓰지만 결국 시름에 잠길 수밖에 없는 화자의 처지가 해학적으로 드러나고 있다.

③ (다)에서만 유사한 문장 구조의 반복이 드러난다. (다)에서는 '한숨아', '네 어늬 틈으로 드러온다'라는 문장 구조를 반복적으로 사용함으로써 끝없는 시름과 삶의 고뇌에서 벗어나고 싶은 화자의 힘겨운 감정을 강조하고 있다.
④ 반어적 표현을 통해 시적 상황을 거부하는 화자의 모습은 (가)~(다)에서 확인할 수 없다.

지문
풀이

> (나) 옛 성현도 날 못 보고 나 또한 성현을 뵙지 못하네.
> 　성현을 못 뵈도 그분들이 가던 길이 앞에 있네.
> 　가던 길이 앞에 있는데 아니 가고 어찌할 것인가?
> 　　　　　　　　　　　　　　　　　　　　– 이황, '도산십이곡'
>
> (다) 한숨아 가느다란 한숨아, 네 어느 틈으로 들어오느냐?
> 　고미장지, 세살장지, 가로닫이, 여닫이에 암톨쩌귀, 수톨쩌귀, 배목걸쇠 뚝딱 박고, 용 거북 자물쇠로 꼭꼭 채웠는데, 병풍처럼 덜럭 접고 족자처럼 대굴대굴 말았느냐 네 어느 틈으로 들어오느냐?
> 　어찌 된 일인지 네가 오는 날 밤이면 잠 못 들어 하노라.
> 　　　　　　　　　　　　　　　　　　　　– 작자 미상

해설　① ㉠은 물에 빠져 죽은 임에 대한 비통함과 슬픔이 집약되어 있는 구절로, '어이할꼬'를 통해 화자의 체념적인 정서가 드러나고 있다. 이와 유사한 정서가 드러나는 것은 ①이다. 김춘수의 '강우'는 아내의 죽음으로 인한 화자의 슬픈 심정을 애절하게 노래한 작품이다. 풀이 죽는다는 표현과 빗발이 한 치 앞을 못 보게 한다는 표현은 아내의 죽음을 현실로 받아들인 화자의 슬픔과 절망감을 드러낸다. 또한 마지막 행에서 지금은 어쩔 수 없다는 구절을 통해 아내의 죽음을 인정하고 체념한 화자의 정서를 확인할 수 있다.

오답　② 오세영의 '자화상 2'는 빈 가지 끝에 앉아 먼 설원을 응시하는 '검
분석　은 까마귀'의 고고한 모습을 통해 진실하고 순수한 삶을 살고자 하는 화자의 의지를 드러내고 있다.
③ 김종삼의 '누군가 나에게 물었다'에는 '그런 사람들'에 대한 긍정의 태도가 드러나고 있다. 참고로 이 작품은 인간다운 세상을 소망하는 시인이 건강하고 성실하게 하루를 살아가는 서민들의 삶을 긍정하는 작품이다.
④ 이육사의 '꽃'은 하늘도 다 끝나고 비 한 방울 내리지 않는 극한의 상황에서도 빨갛게 피어나는 '꽃'의 생명력을 통해 조국 광복에 대한 기대와 희망을 드러내고 있다.

👍 이것도 알면 합격!

'공무도하가'의 구성에 따른 화자의 정서에 대해 알아두자.

	구성	화자의 정서
기(1구)	임이 물을 건너는 것에 대한 만류	애원
승(2구)	물을 건너는 임	초조
전(3구)	물에 빠져 죽은 임	절망
결(4구)	임을 잃은 화자의 슬픔과 체념	슬픔, 체념

해설　④ 시조의 종장 첫 음보는 3음절로 고정되는데, 이에 따라 연시조인 (나)와 사설시조인 (다) 모두 종장 첫 음보를 3음절(녀던 길, 어인지)로 제시하고 있다. 따라서 (다)의 종장 첫 음보 음절 수가 지켜지지 않는다는 ④의 설명은 적절하지 않다.

오답
분석 ① (나)는 '고인도 / 날 못 보고 / 나도 / 고인 못 뵈'와 같이 초장, 중장, 종장 모두 4음보의 전통적인 시조의 율격으로 구성되어 있다.

② 사설시조는 3장 6구 중 2구 이상이 평시조보다 매우 길어진 시조를 말한다. (다)는 사설시조로, 중장이 초장과 종장에 비해 현저히 길어진 구성을 취하고 있다.

③ (나)와 (다) 모두 시조이므로 초장, 중장, 종장의 3장 구성으로 되어 있다.

20 문학 서술상의 특징 난이도 ★★★

해설 ② 글쓴이는 '나를 지키는 것'의 의미에 대해 의문점을 갖고 있다가 어느 날 갑자기 해답을 얻게 되었는데, 이때 타인과의 문답 과정이 아닌 '자문자답의 형식'으로 천하 만물을 지키지 않아도 되는 이유에 대해 제시하고 있다.
ㆍ 내 밭을 지고 달아날 자가 있는가. (자문)
ㆍ 밭은 지킬 필요가 없다. (자답)

오답
분석
① 제시된 작품 22~32번째 줄에서 글쓴이는 천하 만물과는 다른 '나[吾]'의 특성을 열거하여 '나[吾]'를 지키는 것의 중요성에 대한 깨달음을 제시하고 있다.

③ 제시된 작품의 마지막 문단에서 맹자의 말을 인용하여 글쓴이의 주장(나를 지키는 것의 중요성)에 대한 근거로 삼아 설득력을 높이고 있다.

④ 제시된 작품의 서두에서 글쓴이는 '수오재'라는 명칭에 대해 의문을 제시함으로써 독자의 관심과 흥미를 유발하고 있다.

21 문학 작품의 내용 파악 난이도 ★☆☆

해설 ④ 끝에서 13~15번째 줄에서 둘째 형님도 나[吾]를 잃고 '나'를 쫓아 남해 지방으로 귀양을 왔다고 말하며, 역시 나[吾]를 붙잡아서 그곳에 함께 머물렀다고 한다. 이때 나[吾]를 붙잡았다는 것은 본질적 자아를 지킬 수 있게 되었다는 의미이므로 둘째 형님이 깨달음을 얻지 못했다는 ④의 설명은 적절하지 않다.

오답
분석
① 1~2번째 줄과 끝에서 5~6번째 줄을 통해 '수오재'는 큰형님이 자기 집 거실에 붙인 이름임을 알 수 있다.

② '나'는 조정에 나아가 '검은 사모관대에 비단 도포(벼슬아치가 입던 옷과 모자)'를 입고 12년 동안이나 대낮에 미친 듯이 '큰길(벼슬길)'을 뛰어다녔다며 관직에 나아가 나랏일을 했음을 비유적으로 표현하고 있다.

③ 6~8번째 줄을 통해 '나'는 장기로 귀양 온 뒤에 혼자 지내면서 '수오재'의 의미에 대해 곰곰이 생각해 보다가, 어느 날 갑자기 해답을 얻게 되었음을 알 수 있다.

22 문학 작품의 내용 파악 난이도 ★☆☆

해설 ③ 성현의 경전(책)은 이미 세상에 퍼져 물이나 불처럼 흔하므로 감히 없앨 수 있는 사람은 없다고 하였다. 따라서 '널리 퍼져 없애기 어려운 책'이라는 설명은 제시된 작품의 내용과 일치한다. 또한 ㉠ '나[吾]'는 잠시 살피지 않으면 어디든지 못 가는 곳이 없다고 하였으므로 살피지 않으면 금세 달아날 것임을 알 수 있다. 따라서 ㉠에 대한 설명으로 적절한 것은 ③이다.

오답
분석
① ㉠'나[吾]'는 잘 달아난다고 하였다. 다만, 글쓴이가 내 밭을 지고 달아날 자가 없으므로 밭은 지킬 필요가 없다고 하였으므로, ①의 밭이 훔치기 쉽다는 설명은 적절하지 않다.

② 천하에 있는 실이 모두 '나'가 입을 옷이므로 옷을 훔쳐서 '나'를 옹색하게 하지는 못한다고 하였다. 따라서 옷이 '나'를 옹색하게 만든다는 설명은 적절하지 않다. 또한 ㉠'내[吾]'는 이익으로 꾀거나, 겁을 주거나, 아름다운 음악 소리를 듣거나, 미인의 요염한 모습에도 쉽게 떠나가므로 ㉠'나[吾]'가 유혹에 쉽게 떠나가지 않는다는 설명은 적절하지 않다.

④ 천하의 곡식이 모두 '나'가 먹을 양식이므로 '나'를 옹색하게 하지는 못한다고 하였으나, 누군가 양식을 가져가면 돌아오지 않는지는 제시된 작품을 통해 확인할 수 없다. 또한 ㉠'나[吾]'는 한 번 가면 돌아올 줄을 몰라서 붙잡아 만류할 수가 없는 것이므로 ㉠'나[吾]'가 떠났다가도 곧 돌아온다는 설명은 적절하지 않다.

23 비문학 글의 전략 파악 난이도 ★☆☆

해설 ③ 이차 프레임의 효과에 대한 전문가의 견해를 인용한 부분은 제시문에서 확인할 수 없다.

오답
분석
① 1~3문단에서 이차 프레임의 기능 세 가지를 병렬적으로 나열하여 설명하고 있다.
ㆍ 1문단: 화면 안의 인물이나 물체에 대한 시선 유도 기능
ㆍ 2문단: 작품의 주제나 내용을 암시하는 기능
ㆍ 3문단: 액자형 서사 구조를 지시하는 기능

② 1~3문단에서 이차 프레임이 광고나 영화에서 어떻게 기능하는지에 대한 사례를 제시하고 있다. 또한 4문단에서는 현대의 시각 매체 작가들이 이차 프레임의 범례에서 벗어나는 시도를 통해 다양한 효과를 낳는 사례를 보여 준다.
ㆍ 1문단 끝에서 1~3번째 줄: 광고에서의 이차 프레임 활용 사례
ㆍ 2문단 끝에서 1~3번째 줄, 3문단 2~6번째 줄: 영화에서의 이차 프레임 활용 사례
ㆍ 4문단 3~10번째 줄: 이차 프레임의 범례에서 벗어나는 시도들의 사례

④ 1문단 1~2번째 줄에서 프레임의 개념을 정의하고 있으며, 1문단 5~8번째 줄에서 이중 프레이밍과 이차 프레임의 개념을 정의하고 있다.

24 어휘 한자어 (한자어의 의미) 난이도 ★☆☆

해설 ③ ㉢의 '환기'는 이차 프레임을 활용함으로써 구속, 소외, 고립 따위의 '생각을 불러일으킨다'라는 의미로 쓰였으므로, 문맥상 ③의 의미는 적절하지 않다.
ㆍ 환기(喚起: 부를 환, 일어날 기): 주의나 여론, 생각 따위를 불러일으킴

오답
분석
① 내포(內包: 안 내, 쌀 포): ㉠의 '내포'는 프레임 안에는 카메라로 찍은 사람의 의도와 메시지를 '품고 있다'라는 의미로 쓰였으므로 문맥상 ①의 의미는 적절하다.

② 유도(誘導: 꾈 유, 인도할 도): ㉡의 '유도'는 이차 프레임이 화면 안의 대상으로 시선을 '이끌다'라는 의미로 쓰였으므로 문맥상 ②의 의미는 적절하다.

④ 범례(範例: 법 범, 법식 례): ㉣의 '범례'는 이차 프레임의 '예로 하여 모범으로 삼을 만한 것'에서 벗어나는 시도가 이루어졌다는 의미로 쓰였으므로 문맥상 ④의 의미는 적절하다.

해설   ② 2문단 2~6번째 줄을 통해 이차 프레임 내부의 대상과 외부의 대상 사이에는 정서적 거리감이 조성됨을 알 수 있다. 따라서 제시문을 이해한 내용으로 적절한 것은 ②이다.

오답 분석   ① 1문단 3~5번째 줄에서 카메라로 대상을 포착하는 행위는 현실의 특정 부분을 프레임에 담는 것으로, 찍은 사람의 의도와 메시지를 내포한다고 설명한다. 즉 찍은 사람의 의도와 메시지는 프레임 밖의 영역이 아니라 프레임 안의 영역에 담기는 것이므로 ①의 설명은 적절하지 않다.

③ 1문단 끝에서 5~8번째 줄에서 이차 프레임이 대상을 시각적으로 강조하는 효과가 있어, 대상이 작거나 구도의 중심에서 벗어나 있을 때도 존재감을 부각하기가 용이하다고 설명한다. 따라서 이차 프레임 내 대상의 크기가 작을 경우 대상의 존재감이 강조되기 어렵다는 ③의 설명은 적절하지 않다.

④ 4문단 3~5번째 줄에서 이차 프레임 내부 이미지의 형체를 식별하기 어렵게 할 경우 관객의 지각 행위를 방해하여 강조의 기능을 무력한 것으로 만든다고 설명한다. 따라서 역설적으로 대상을 강조하는 효과가 발생한다는 ④의 설명은 적절하지 않다.

정답 및 취약점 확인

p.48

문항	정답	출제 포인트	정답률	약점 개념 확인	문항	정답	출제 포인트	정답률	약점 개념 확인
01	②	비문학-화법	73%		11	②	문학-작품의 내용 파악	84%	이윤기 〈숨은그림찾기1 — 직선과 곡선〉
02	③	비문학-세부 내용 파악	86%		12	②	비문학-세부 내용 파악	84%	
03	①	비문학-화법	88%		13	④	비문학-내용 추론	56%	필요조건, 충분조건
04	④	비문학-논지 전개 방식	85%	정의, 분류, 서사, 유추	14	③	문학-시어 및 시구의 의미	83%	최치원 〈촉규화〉
05	④	혼합-내용 추론, 한자 성어	72%	天衣無縫, 聲東擊西, 苦盡甘來, 髀肉之歎	15	④	문학-표현상의 특징과 효과	70%	황지우 〈겨울-나무로 부터 봄-나무에로〉
06	②	어휘-한자어	24%	老益壯	16	③	비문학-글의 구조 파악	72%	정약용 〈두 아들에게 부침〉
07	①	어법-표준어 사정 원칙	45%	꿰매다, 빠삭하다, 계면쩍다, 어중되다	17	③	비문학-작문	82%	고쳐쓰기
08	③	어법-단어	41%	어미의 구분	18	①	비문학-내용 추론	63%	
09	③	어법-의미	50%	다의어와 동음이의어의 구분	19	②	비문학-관점과 태도 파악	51%	
10	②	문학-작품의 종합적 감상	26%	〈한숨아 셰 한숨아〉	20	④	비문학-관점과 태도 파악	61%	

---

01 비문학 화법 (말하기 전략)
난이도 ★★★

해설 ② '올림픽 휴전 결의안' 초안 승인을 위해 권위 있는 자료(올림픽 헌장)의 내용을 인용하여 설득력을 높이고 있다.

오답 분석 ①③④ 반대되는 사례를 제시하거나 설의적 표현을 사용하거나 연설자의 공신력을 강조하는 것은 제시문에서 확인할 수 없다.

02 비문학 세부 내용 파악
난이도 ★☆☆

해설 ③ 제시문 끝에서 1~3번째 줄에 따르면, 공공 건축은 지역의 정체성과 문화적 전통을 보존함으로써 공적인 소통의 장이 되어야 한다. 따라서 공공 건축이 지역의 정체성을 반영한 소통의 장이 되어야 한다는 ③의 설명은 제시문의 내용과 부합한다.

오답 분석 ① 5~7번째 줄에 따르면 국민의 삶의 질을 높이는 것은 공공 건축의 역할이다. 따라서 ①의 설명은 제시문의 내용과 부합하지 않는다.

② 끝에서 3~5번째 줄에 따르면 개인의 취향이 반영되기보다 다수가 누릴 수 있도록 보편성을 갖추어야 하는 것은 공공 건축이다. 따라서 ②의 설명은 제시문의 내용과 부합하지 않는다.

④ 1~4번째 줄에 따르면 공공 건축은 다수를 위한 것으로, 사적 자본이 생산해 낼 수 없는 공간을 생산해 내어야 한다. ④의 '다수가 누릴 수 있는 공간'은 공공 건축에 대한 설명이 맞지만, 공공 건축이 사적 자본을 활용한다는 설명은 제시문의 내용과 부합하지 않는다.

03 비문학 화법 (말하기 전략)
난이도 ★☆☆

해설 ① 채연은 지난 학기에 정국이와 과제를 함께 했던 경험을 예로 들어 정국이에 대해 다시 한번 생각해 볼 것을 권유하며 민서를 설득하고 있다.

오답 분석 ② 채연은 민서에게 정국이에게도 나름대로 사정이 있었을 것이라고 말하며, 원만한 갈등 해소를 유도하고 있다. 다만 제시된 대화에서 채연이 민서의 의견을 수용하는 내용은 드러나지 않는다.

③ 민서의 세 번째 발화 '사정은 무슨 사정? 자기 혼자 튀어 보고 싶은 거겠지'라는 내용을 통해, 민서가 정국이의 상황이나 감정을 고려하지 않는 것을 알 수 있다. 또한 정국이에 대해 다시 한번 생각해 보라는 채연의 권유에도 민서는 수긍하지 않는 태도를 보임으로써, 대화의 타협점을 찾으려는 시도도 드러나지 않는다.

④ 제시된 대화에서 민서가 채연의 답변에서 모순점을 찾아내며 논리적으로 비판하는 내용은 드러나지 않는다.

04 비문학 논지 전개 방식
난이도 ★☆☆

해설 ④ 제시문은 별도의 동력에 의지하지 않고 바람의 힘으로 추진력을 얻어 항해할 수 있는 '배의 돛'의 특성을 제시한다. 이후, 우주선 또한 배와 마찬가지로 태양에서 방출되는 입자들이 일으키는 바람에 의해 추진력을 얻을 수 있으므로 '햇살 돛'을 만들면 별도의 동력 없이 먼 우주 공간까지 갈 수 있을 것이라고 설명한다. 이는 두 대상의 유사성을 바탕으로 한 쪽의 특징을 다른 한 쪽도 가질 것이라 추론하는 방식이므로 ④ '유추'에 해당한다.
• 유추: 친숙한 대상의 특징을 제시하고 이와 일부 속성이 일치하는 다른 대상도 그러한 특징을 가질 것이라고 비교하여 설명하는 방식

오답 분석 ① 정의: 용어의 뜻을 분명하게 규정하는 방식

② 분류: 어떤 대상이나 생각들을 비슷한 특성에 따라 나누어 진술하는 방식 (하위 항목을 상위 항목으로 묶어 나가는 것)

③ 서사: 일정한 시간 내에 일어나는 일련의 행동이나 시간의 흐름에 따라 전개되는 사건에 초점을 두는 진술 방식

05 비문학 + 어휘　내용 추론, 한자 성어　난이도 ★★☆

해설　④ (가)가 포함된 문장은 쉼표 없이 자연스럽고 완전한 문장을 만들거나 쉼표 앞뒤를 섬세하게 짚게 하는 치밀한 문장을 만들어야 한다고 설명한다. 따라서 (가)에 들어갈 한자 성어로 가장 적절한 것은 '완전함'을 의미하는 ④ '天衣無縫(천의무봉)'이다.
- 天衣無縫(천의무봉): 천사의 옷은 꿰맨 흔적이 없다는 뜻으로, 일부러 꾸민 데 없이 자연스럽고 아름다우면서 완전함을 이르는 말

오답분석　① 髀肉之歎(비육지탄): 재능을 발휘할 때를 얻지 못하여 헛되이 세월만 보내는 것을 한탄함을 이르는 말
② 聲東擊西(성동격서): 동쪽에서 소리를 내고 서쪽에서 적을 친다는 뜻으로, 적을 유인하여 이쪽을 공격하는 체하다가 그 반대쪽을 치는 전술을 이르는 말
③ 苦盡甘來(고진감래): 쓴 것이 다하면 단 것이 온다는 뜻으로, 고생 끝에 즐거움이 옴을 이르는 말

06 어휘　한자어 (한자어의 표기)　난이도 ★★★

해설　② 老益壯(늙을 노, 더할 익, 장할 장)(o): 늙었지만 의욕이나 기력은 점점 좋아짐. 또는 그런 상태

오답분석　① 百眉(일백 백, 눈썹 미)(×) → 白眉(흰 백, 눈썹 미)(o): 흰 눈썹이라는 뜻으로, 여럿 가운데에서 가장 뛰어난 사람이나 훌륭한 물건을 비유적으로 이르는 말
③ 燈龍門(등 등, 용 용, 문 문)(×) → 登龍門(오를 등, 용 용, 문 문)(o): 용문에 오른다는 뜻으로, 어려운 관문을 통과하여 크게 출세하게 됨. 또는 그 관문을 이르는 말
④ 未縫策(아닐 미, 꿰맬 봉, 꾀 책)(×) → 彌縫策(미륵 미, 꿰맬 봉, 꾀 책)(o): 눈가림만 하는 일시적인 계책

07 어법　표준어 사정 원칙 (표준어의 구분)　난이도 ★★☆

해설　① 꼬매고(×) → 꿰매고(o): '옷 따위의 해지거나 뚫어진 데를 바늘로 깁거나 얽어매다'를 뜻하는 말은 '꿰매다'이다. 참고로 '꼬매다'는 '꿰매다'의 방언이다.

오답분석　② 빠삭한(o): '어떤 일을 자세히 알고 있어서 그 일에 대하여 환하다'를 뜻하는 말은 '빠삭하다'이다.
③ 계면쩍게(o): '계면쩍다'는 '쑥스럽거나 미안하여 어색하다'를 뜻하는 '겸연쩍다'의 변한말이다.
④ 어중된(o): '이도 저도 아니어서 어느 것에도 알맞지 않다'를 뜻하는 말은 '어중되다'이다.

08 어법　단어 (어미의 구분)　난이도 ★★☆

해설　③ 드리-(어간)+-시-(주체 높임 선어말 어미)+-었-(과거 시제 선어말 어미)+-을(관형사형 전성 어미): 이때 '-을'은 앞말이 관형어의 구실을 하게 하는 관형사형 전성 어미이므로 ⓒ이 아닌 ⓔ에 해당한다. 따라서 '드리셨을'은 '어간 + ⑦ + ⑦ + ⓔ'로 분석할 수 있다.

오답분석　① 모시-(어간)+-겠-(미래 시제 선어말 어미)+-지만(연결 어미): '모시겠지만'은 '어간+⑦+ⓒ'으로 분석할 수 있다.
② 오가-(어간)+-았-(과거 시제 선어말 어미)+-기(명사형 전성 어미): '오갔기'는 '어간+⑦+ⓔ'로 분석할 수 있다.
④ 보내-(어간)+-시-(주체 높임 선어말 어미)+-었-(과거 시제 선어말 어미)+-을걸(종결 어미): '보내셨을걸'은 '어간+⑦+⑦+ⓒ'으로 분석할 수 있다.

09 어법　의미 (다의어와 동음이의어)　난이도 ★★☆

해설　③ '입술이 바짝바짝 탄다'의 '타다'와 '장작불이 활활 타고 있다'의 '타다'는 의미적으로 유사성이 있으므로 다의어 관계로 볼 수 있다.
- 입술이 바짝바짝 탄다: 이때 '타다'는 '물기가 없어 바싹 마르다'를 의미한다.
- 장작불이 활활 타고 있다: 이때 '타다'는 '불씨나 높은 열로 불이 붙어 번지거나 불꽃이 일어나다'를 의미한다.

오답분석　①②④ 모두 의미적 유사성이 없으므로 소리는 같으나 뜻이 다른 동음이의어 관계이다.
① ・ 무를 강판에 갈아: 이때 '갈다'는 '날카롭게 날을 세우거나 표면을 매끄럽게 하기 위하여 다른 물건에 대고 문지르다'를 의미한다.
・ 전등을 새것으로 갈아 끼웠다: 이때 '갈다'는 '이미 있는 사물을 다른 것으로 바꾸다'를 의미한다.
② ・ 안개에 가려서 앞이 잘 안 보인다: 이때 '가리다'는 '보이거나 통하지 못하도록 막히다'를 의미한다.
・ 음식을 가리지 말고: 이때 '가리다'는 '음식을 골라서 먹다'를 의미한다.
④ ・ 이 경기에서 지면: 이때 '지다'는 '내기나 시합, 싸움 따위에서 재주나 힘을 겨루어 상대에게 꺾이다'를 의미한다.
・ 모닥불이 지면: 이때 '지다'는 '불이 타 버려 사위어 없어지거나 빛이 희미하여지다'를 의미한다.

10 문학　작품의 종합적 감상 (시조)　난이도 ★★★

해설　② 화자는 시적 대상인 '한숨'을 '너'라고 지칭함으로써 인격을 부여하였고(의인화), '한숨'라고 부르며 시적 대상을 청자로 설정하였다. 그러나 시적 대상을 향한 화자의 일방적 이야기만 있을 뿐, '한숨'의 답변은 확인할 수 없으므로 시적 대상과의 대화를 통해 시상을 전개한다는 ②의 설명은 적절하지 않다.

오답분석　① '병풍(屛風)이라 덜걱 져븐 족자(簇子)ㅣ라 뒤틀글 몬다'라는 표현에서 '덜걱, 뒤틀글'과 같은 부사어를 활용하여 시적 대상인 '한숨'의 존재를 부각하고 있다. 화자가 빈틈없이 문단속을 했음에도 '한숨'이 자신의 몸을 병풍처럼 덜컥 접고 족자처럼 둘둘 말아 들어왔다는 의미이다.
③ '한숨아', '네 어늬 틈으로 드러온다'와 같은 표현을 반복하면서 끝없는 시름과 삶의 고뇌에서 벗어나고 싶은 화자의 답답한 감정을 강조하고 있다.
④ 중장에서 '고모장즈, 셰살장즈', '가로다지, 여다지', '암돌져귀, 수돌져귀', '비목걸새, 용 거북 주물쇠', '병풍, 족자'와 같이 유사한 종류의 사물들을 열거하여 시적 대상인 '한숨'이 들어올 틈이 없도록 문단속하는 모습이 묘사되고 있다. 이를 통해 삶의 고뇌와 시름을 의미하는 '한숨'을 막고자 하는 화자의 의지를 확인할 수 있다.

지문풀이

> 한숨아 가느다란 한숨아, 네 어느 틈으로 들어오느냐?
> 고미장지, 세살장지, 가로닫이, 여닫이에 암톨쩌귀, 수톨쩌귀, 배목걸쇠 뚝딱 박고, 용 거북 자물쇠로 꼭꼭 채웠는데, 병풍처럼 덜컥 접고 족자처럼 대굴대굴 말았느냐 네 어느 틈으로 들어오느냐?
> 어찌 된 일인지 네가 오는 날 밤이면 잠 못 들어 하노라.
> — 작자 미상

작자 미상, '한숨아 세 한숨아'의 주제와 특징을 알아두자.

1. 주제: 그칠 줄 모르는 시름과 힘든 삶에서 벗어나고 싶은 마음
2. 특징
   - 의인법, 반복법, 열거법과 같은 다양한 표현법을 사용하여 화자의 정서를 표현함
   - 부정적인 상황을 웃음을 통해 극복하고자 하는 해학적 태도가 반영되어 있음

11 문학 작품의 내용 파악
난이도 ★☆☆

해설 | ② '그'는 지명 스님이 조계사에 있지 않고 책을 쓰지 않았으며 텔레비전이나 라디오에 나오지 않았다는 '나'의 답변을 듣고, 지명 스님을 공부를 많이 한 스님이 아니라고 평가하고 있다. 따라서 ②의 설명은 '나'가 아닌 '그'의 입장으로 볼 수 있다.

오답분석 | ① 제시된 작품에서 '그'는 지명 스님이 조계사가 아닌 대흥사에 있다는 이유로 지명 스님을 인정하지 않는 듯한 발언을 한다. 이때 '그'에게 대흥사도 대찰이라고 말하면서 스님들에게 중앙청이 어디 있냐고 반박한 것으로 보아, '나'의 입장에서 '조계사'와 '대흥사'는 우열의 관계가 아님을 알 수 있다.

③ '나'는 텔레비전이나 라디오 방송에 나갈 사람을 가르치는 사람도 있다고 말하며, 방송 출연을 하지 않았다는 이유로 지명 스님을 인정하지 않는 것이 잘못되었음을 간접적으로 피력하고 있다. 이에 '그'는 그런 것은 못 나간 사람들이 만든 변명이라고 답하고 있는데, 이를 통해 '그'의 입장에서 '지명 스님'은 '못 나간 사람들'에 속한다는 것을 알 수 있다.

④ '그'는 공부를 많이 했다는 스님이 대흥사에 있다는 것을 이해하지 못하며 공부를 많이 한 스님이라면 중앙청인 조계사에 있어야 한다고 말한다. 이를 통해 '그'의 입장에서 '중앙청'에 있는 스님들은 다른 곳에 있는 스님들보다 '공부를 많이 한 사람'임을 알 수 있다.

12 비문학 세부 내용 파악
난이도 ★☆☆

해설 | ② 1문단에 따르면 기술 복제 시대 전에 예술은 고급 예술만을 의미하였기에 예술 작품은 귀족과 같은 상층 사람들만 제한된 장소에서 감상할 뿐이었으나, 복제 기술이 발명된 이후에 예술 작품을 인테리어 소품이나 엽서, 일상의 생필품과 같이 실용적으로 사용하게 되었음을 알 수 있다. 따라서 기술 복제 시대 전에도 귀족은 예술 작품을 실용적으로 사용했다는 ②의 설명은 제시문의 내용과 부합하지 않는다.

오답분석 | ① 과거의 예술은 고급 예술만을 의미하고 진본성, 유일성을 가져야 한다고 보았다. 하지만 사진기와 같이 복제와 관련된 새로운 기술의 발명으로 인해 대중도 예술 작품을 공유할 수 있게 되었으며, 이는 대중이 예술 작품을 능동적으로 소비하고 실용적으로 사용하게 되는 변화를 가져왔다. 따라서 ①의 설명은 제시문의 내용과 부합한다.

③ 2문단 2~4번째 줄에 따르면 과거와 달리 기술 복제 시대에는 진본성이나 유일성이 예술 작품의 조건이 될 수 없다. 따라서 ③의 설명은 제시문의 내용과 부합한다.

④ 과거에는 예술 작품이 수동적인 감상의 대상이었으며, 진본성, 유일성을 가져야 한다고 보았기에 인테리어 소품과 같은 일상의 물품은 예술에 포함될 수 없었다. 그러나 2문단의 마지막 문장의 내용에 따르면, 기술 복제 시대에는 일상의 물품 역시 예술의 범주에 들어갈 수 있게 되었으므로 ④의 설명은 제시문의 내용과 부합한다.

13 비문학 내용 추론
난이도 ★★☆

해설 | ④ (가)와 (나)에 들어갈 내용으로 가장 적절한 것은 ④이다.

- (가): 1문단에서 실험 참가자들은 모두 중요하다고 생각하는 것(동영상 속 흰색 옷을 입은 사람들의 패스 횟수)에 주의를 기울이는 동안 고릴라 복장의 사람이 출현한 것을 인지하지 못했다. 이 실험을 통해 '인간은 중요하다고 생각하는 것 위주로 주의를 기울인다'라는 결론을 도출할 수 있다.

- (나): 2문단에서 오토바이 운전자가 밝은색 옷을 입으면 시각적으로 더 잘 보일 수는 있으나, 모든 자동차 운전자가 밝은색 옷을 입은 오토바이 운전자를 다 알아보는 것은 아니라고 말한다. 이는 바라보는 행위가 오토바이 운전자를 인지하기 위해 필요한 조건(필요조건)이긴 하나, 바라보는 것만으로 반드시 오토바이 운전자를 인지할 수 있는 것은 아니므로 바라보는 행위 자체가 인지하기에 충분한 조건(충분조건)일 수는 없다는 점을 의미한다.

필요조건과 충분조건에 대해 알아두자.

필요조건	- 어떤 명제가 성립하는 데 필요한 조건을 의미함 - 두 개의 명제 혹은 두 개 이상의 사건에 대해서 어느 하나를 옳다고 주장하지 않으면 다른 하나를 주장할 수 없을 때, 후자에 대한 조건으로 전자를 일컫는 말을 뜻함 **예** '김 씨는 남자이다'는 '김 씨는 아버지이다'의 필요조건이다.
충분조건	- 어떤 명제가 성립하는 데 충분한 조건을 의미함 - 두 개의 명제 혹은 두 개의 사건에 대해서 어느 하나를 참이라고 주장하는 것이 다른 하나를 주장하는 데에 충분한 조건을 말함. 이때 전자를 후자의 충분조건이라고 함 **예** '박 씨는 어머니이다'는 '박 씨는 여자이다'의 충분조건이다.

14 문학 시어 및 시구의 의미
난이도 ★☆☆

해설 | ③ 제시된 작품의 5~6구에서는 '수레 탄 사람들(왕이나 고귀한 신분의 사람들)'은 자신(꽃)을 알아주지 않고 '벌과 나비(하찮은 사람들)'만 자신에게 기웃거린다고 표현하고 있다. 이는 세상이 화자의 재능을 알아주지 않으며 자기의 주변에는 하찮은 사람들 뿐임을 드러내는 것이므로 '벌과 나비'를 '수레 탄 사람들'과 자신을 이어줄 수 있는 대상이라고 설명한 ⓒ의 내용은 적절하지 않다.

오답분석 | ① '만발한 꽃'은 화자의 완숙한 학문적 경지를 의미한다.

② '수레 탄 사람'은 화자에게 등용의 기회를 줄 왕이나 고귀한 신분의 사람들을 의미한다.

④ '천한 땅'은 '꽃(촉규화)'이 피어난 척박한 땅을 의미하기도 하며, '꽃'과 동일시되는 작가 최치원이 태어난 '신라'를 의미하기도 한다. 이를 통해 이국땅에서 변방의 소국 출신이라는 이유로 인정받지 못하는 처지를 한탄하고 있는 화자의 정서가 드러난다.

최치원, '촉규화'의 구성에 대해 알아두자.

선경(先景)	1~2구	촉규화가 피어 있는 묵정밭 가
	3~4구	화자의 완숙한 학문적 경지
후정(後情)	5~6구	자신을 알아주지 않는 세상
	7~8구	자신의 능력을 알아주지 않는 세상에 대한 한탄

15 문학 표현상의 특징과 효과 난이도 ★★☆

해설 ④ 제시된 작품에서 공감각적 심상을 활용한 구절은 확인할 수 없으므로 ④는 시에 대한 이해로 적절하지 않다. 참고로 '零下 十三度(영하 십삼도), 零下 二十度(영하 이십도)'와 같은 표현에 촉각적 심상이 활용되었으며, 이를 통해 시적 대상인 '나무'가 처한 시련과 고통의 상황을 드러내고 있다.

오답 분석 ① 시적 대상인 '나무'가 겨울의 고통을 견디는 모습을 '벌'을 받는 것으로 표현하며 의인화하였다. 또한 '나무'가 이와 같은 시련을 버티고 거부하는 것을 온몸이 으스러지도록 밀고 올라간다고 표현하여 인간처럼 주체적인 의지와 감정을 지닌 존재로 의인화하며 시상을 전개하고 있다.

② 감탄사 '아아'를 사용하여 나무의 끈질긴 생명력에 감동한 화자의 정서를 표현하고 있다.

③ 제시된 작품은 시간(계절)이 '겨울'에서 '봄'으로 흐름에 따라 시적 대상이 '헐벗은 나무(나목)'에서 '꽃 피는 나무'로 변화하는 과정을 그리고 있다.

👍 **이것도 알면 합격!**

황지우, '겨울-나무로부터 봄-나무에로'에서 '나무'의 의미에 대해 알아두자.

이 시에서 '겨울'은 1980년대 정치적으로 억압되어 있던 독재 시대를 의미하고, '봄'은 이러한 어두운 현실을 극복하는 시기를 말한다. 작가는 '나무'를 의인화하여 고통과 시련 속에서도 굴하지 않는 '나무'처럼 자유와 민주의 세상을 실현하기 위해서는 부정적 현실에 저항하며 이를 극복하고자 하는 민중의 의지가 있어야 함을 강조한다.

나무	강인한 생명력을 가진 민중
겨울-나무	부정적 현실 속에서 시련을 겪고 있는 상태
봄-나무	'겨울'이 주는 부정적 상황을 극복하여 생명력이 충분한 상태

16 비문학 글의 구조 파악 (문장 배열) 난이도 ★★☆

해설 ③ (다)-(가)-(라)-(마)-(나)의 순서가 가장 자연스럽다.

순서	중심 내용	순서 판단의 단서와 근거
(다)	겉모습을 단정히 하는 것을 가식, 허위라고 하는 어떤 자의 말을 전함	글의 중심 화제인 '겉모습을 단정히 하는 것'에 대한 비판적 관점을 제시함으로써 흥미를 유발함
(가)	젊은이들 중 일부는 앉고 서고 움직이는 예절을 마음에 내키는 대로 함	지시 표현 '이 말': (다)의 '어떤 자'가 한 말을 가리킴
(라)	예전에 필자도 예절을 익히지 않았기에 후회했으나 고치기가 어려움	지시 표현 '이 병': (가)의 젊은이들처럼 예절을 익히지 않고 마음에 내키는 대로 행동하는 것을 가리킴
(마)	겉모습이 단정하지 않은 아들의 모습을 지적함	키워드 '내 병통': (라)에서 필자가 예전에 예절을 익히지 못했던 것을 가리켜 '이 병'에 걸렸다고 표현하였는데, 필자의 아들도 겉모습이 단정하지 않은 것을 보고 (라)에 이어서 '내 병통'이 한 바퀴 돌아 네가 되었다고 표현함
(나)	겉모습이 단정해야만 자신의 마음을 안정시킬 수 있으며, 공경하는 마음을 가질 수 있음	필자가 아들에게 궁극적으로 전달하고자 하는 바를 정리하여 결론으로 제시함

17 비문학 작문 (고쳐쓰기) 난이도 ★☆☆

해설 ③ 3문단에서 예를 들어 설명한 내용에 따르면, 여성 주인공이 자신의 생각을 포기함으로써 태교 문제에 대한 내적 갈등이 해소된 것처럼 마무리되었다고 한다. 또한 ⓒ을 부각하여 사랑과 이해에 기반한 순종과 순응을 결혼 이주 여성이 갖추어야 할 덕목으로 묘사하였다고 설명한다. 이에 근거했을 때 ⓒ은 순종, 순응과 유사한 의미의 "남편의 의견을 따르는 여성 주인공의 모습"으로 고쳐 쓰는 것이 적절하다.

오답 분석 ① 1문단에서는 결혼 이주 여성이 직면한 여러 문제들을 다룰 기회가 마련되었다는 점에서 A 드라마를 긍정적으로 평가하였다. 이후 접속 부사 '하지만'을 사용한 것으로 보아 앞의 내용과 상반되는 부정적 평가가 제시될 것임을 추측할 수 있다. 따라서 ㉠에는 A 드라마에 대한 부정적 평가에 대한 내용이 들어가는 것이 적합하므로 ㉠을 ①과 같이 고치는 것은 적절하지 않다.

② 2문단에서 ⓒ 앞에는 A 드라마에서 결혼 이주 여성이 겪는 갈등의 원인을 제대로 규명하지 않는 것에 대한 비판이 제시되어 있으므로 ⓒ에는 그에 대한 해결 방식 또한 비구체적이라는 내용이 들어가는 것이 적합하다. 따라서 ⓒ을 구체적인 해결 방식을 언급하는 ②와 같이 고치는 것은 적절하지 않다.

④ 4문단에서는 A 드라마에서 갈등의 실질적인 원인이 은폐되고, 여성의 일방적 희생으로 갈등이 해소된 것처럼 마무리하는 것에 대해 비판하고 있다. 따라서 ⓔ에는 순종과 순응을 강요받아 하게 된 선택과 사실대로 재현되지 않은 갈등에 대한 내용이 들어가는 것이 어울리므로 ⓔ을 ④와 같이 고치는 것은 적절하지 않다.

18 비문학 내용 추론 난이도 ★★☆

해설 ① 자기지향적 동기만 말한 사람들을 ㉠, 타인지향적 동기만 말한 사람들을 ㉡, 둘 다 말한 사람들을 ㉢이라 가정할 때, 제시문에서 말한 결론을 정리하면 아래와 같다.

- 결론1: ㉠과 ㉢ 모두 ㉡보다 순찰 횟수가 더 많다.
- 결론2: ㉢은 ㉠보다 순찰 횟수가 더 많다.
  → 순찰 횟수: ㉢>㉠>㉡

이때 ①의 내용은 '㉠은 ㉡보다 행위의 적극성이 높다(순찰 횟수가 더 많다)'라고 정리할 수 있으므로 제시문에서 말한 '결론1'의 내용과 일치한다. 따라서 (가)에 들어갈 말로 가장 적절한 것은 ①이다.

오답 분석 ② '㉡은 ㉠보다 행위의 적극성이 높다(순찰 횟수가 더 많다)'는 제시문에서 말한 '결론1'의 내용과 일치하지 않으므로 (가)에 들어갈 말로 적절하지 않다.

③④ 자기지향적 동기나 타인지향적 동기가 행위의 적극성에 부정적인 영향을 주는지는 제시문을 통해 확인할 수 없으므로 ③, ④는 (가)에 들어갈 말로 적절하지 않다. 참고로, 자기지향적 동기가 행위의 적극성에 긍정적 영향을 준다는 내용은 맞는 설명이다.

19 비문학 관점과 태도 파악 난이도 ★★☆

해설 ② 갑~병에 대한 평가로 적절한 것은 ② 'ㄱ, ㄷ'이다.

- ㄱ: '갑'은 '우리 엄마'라는 표현이 형제가 아닌 화자와 청자가 공유하는 엄마를 지칭하므로 이상한 표현이라고 설명한다. 즉 '우리'를 화자와 청자 모두를 포함하는 개념으로 인식하는 것이다. 따라서 ㄱ은 '갑'의 견해에 대한 평가로 적절하다.

- ㄷ: '병'은 '우리 동네'라는 표현을 사용하는 것은 동네를 공유하는 공동체가 존재하기 때문이라고 설명한다. ㄷ은 '무인도'에서 혼자 살아온 사람이 그 섬을 '우리 마을'이라고 말하면 어색하게 느껴진다고 했는데, '병'의 의견에 따르면 이는 '무인도'를 공유하는 공동체가 존재하지 않기 때문이다. 이렇듯 ㄷ의 설명이 '병'의 입장을 약화한다고 볼 수 없기에 ㄷ은 '병'의 견해에 대한 평가로 적절하다.

- ㄴ: '을'은 청자가 사는 동네와 화자가 사는 동네가 다른 경우에도 '우리 동네'라는 표현을 쓸 수 있다고 말하면서 '우리 엄마'의 경우에도 마찬가지라고 설명한다. 이는 화자와 청자의 엄마가 동일한 경우뿐만 아니라 다른 경우에도 '우리 엄마'라는 표현을 쓸 수 있다는 의미이다. 즉, '을'은 '우리'라는 표현이 화자만 포함하는 것도 가능하다고 하였을 뿐 청자를 배제해야만 한다는 견해는 아니므로 ㄴ은 '을'의 견해에 대한 평가로 적절하지 않다.

20 비문학 관점과 태도 파악 난이도 ★★☆

해설 ④ A와 B의 주장에 대한 평가로 적절한 것은 ④ 'ㄱ, ㄴ, ㄷ'이다.

- ㄱ: 3문단에 따르면 A는 자기중심적 언어 이전(출생~약 2세까지)의 아이는 '환상적 사고' 단계에 머물러 있으며, 자신과 대상 세계를 구분하지 못하여 의사소통 행위가 불가능하다고 주장한다. 반면 B는 자기중심적 언어 이전(출생 이후 약 2세까지)의 상호작용을 의사소통 행위로 판단하므로 ㄱ의 평가는 적절하다.
- ㄴ: 1문단 끝에서 1~2번째 줄에 따르면 A는 8세경에 학령이 되면서 자기중심적 언어가 소멸한다고 주장한다. 반면 2문단 끝에서 1~4번째 줄에 따르면 B는 자기중심적 언어가 학령이 되면서 소멸하는 게 아니라 내면화되어 내적 언어를 구성한다고 하였다. 따라서 ㄴ의 평가는 적절하다.
- ㄷ: 1문단 끝에서 1~2번째 줄에 따르면 A는 '8세경'에 학령이 되면서 자기중심적 언어가 소멸하고 사회적 언어의 단계로 진입한다고 주장한다. 반면 3문단 끝에서 1~4번째 줄에 따르면 B는 '출생 이후 약 2세까지'의 의사소통 행위가 대화적 상호작용의 일종으로, 사회적 언어를 통해 수행된다고 하였다. 이를 통해 '사회적 언어'의 단계로 진입하는 시기에 대한 A와 B의 견해가 다르다는 것을 알 수 있으므로 ㄷ의 평가는 적절하다.

정답 및 취약점 확인

p.58

문항	정답	출제 포인트	약점 개념 확인	문항	정답	출제 포인트	약점 개념 확인
01	⑤	어법-문장	문장의 짜임	14	④	어법-문장	피동 표현
02	②	어법-한글 맞춤법	걸맞은, -ㄹ게, 익숙지, 데, 생각건대, 기대치도	15	②	어법-한글 맞춤법	띄어쓰기
03	①	문학-표현상의 특징	함민복 〈광고의 나라〉	16	②	어법-국어의 로마자 표기	Jongno, Yeouido, Silla
04	④	비문학-세부 내용 파악, 내용 추론		17	③	비문학-주제 및 중심 내용 파악	
05	③	어법-표준 발음법	표준 발음법 제12항	18	④	어법-한글 맞춤법	사이시옷의 표기
06	④	비문학-세부 내용 파악		19	⑤	혼합-내용 추리, 한자 성어	현진건 〈운수 좋은 날〉, 虛張聲勢, 晝夜長川, 勞心焦思, 切齒腐心, 晝夜不息, 輾轉反側
07	③	비문학-내용 추론		20	①	비문학-내용 추론	
08	①	비문학-세부 내용 파악		21	①	비문학-세부 내용 파악	
09	⑤	문학-작품의 종합적 감상	김선우 〈단단한 고요〉	22	③	어법-외래어 표기	재스민
10	③	비문학-글의 구조 파악		23	⑤	비문학-논지 전개 방식	
11	⑤	비문학-내용 추론, 세부 내용 파악		24	②	비문학-세부 내용 파악	
12	①	비문학-주제 및 중심 내용 파악		25	④	문학-작품의 종합적 감상	이병연 〈조발〉
13	②	어휘-혼동하기 쉬운 어휘	받치다, 받히다, 받치다				

---

01 어법 문장 (문장의 짜임)

난이도 ★★☆

해설 ⑤ '달리기를 거른'은 '거르다'의 어간 '거르-'에 관형사형 전성 어미 '-ㄴ'이 결합한 관형절로, 명사 '기억'을 수식하고 있다. 또한 '(달리기를 거른) 기억이 없다'는 주어 '나는'의 서술어 기능을 하는 서술절이다. 따라서 안긴문장의 유형이 다른 것은 ⑤이다.

오답분석 ①②③④ 모두 명사절이 안긴문장으로 있는 문장이다.

① '아이들은 장난을 좋아하기'는 '좋아하다'의 어간 '좋아하-'에 명사형 전성 어미 '-기'가 결합한 명사절로, 의존 명사 '마련'을 수식하고 있다.

② '버스를 놓치기'는 '놓치다'의 어간 '놓치-'에 명사형 전성 어미 '-기'가 결합한 명사절로, '버스를 놓치기(가) 십상이다'의 구성으로 쓰여 서술절의 주어 역할을 하고 있다.

③ '저 하기'는 '하다'의 어간 '하-'에 명사형 전성 어미 '-기'가 결합한 명사절로, 의존 명사 '나름'을 수식하고 있다.

④ '비가 많이 오기'는 '오다'의 어간 '오-'에 명사형 전성 어미 '-기'가 결합한 명사절로, 의존 명사 '때문'을 수식하고 있다.

02 어법 한글 맞춤법 (맞춤법에 맞는 표기)

난이도 ★★☆

해설 ② • 걸맞는(×) → 걸맞은(○): '걸맞다'는 '두 편을 견주어 볼 때 서로 어울릴 만큼 비슷하다'를 뜻하는 형용사이다. 따라서 관형사형 전성 어미 '-는'은 '걸맞다'와 결합할 수 없으므로 '-은'으로 고쳐 써야 한다.

• 아니라는∨데: 이때 '데'는 '일'이나 '것'의 뜻을 나타내는 의존 명사이므로 앞말과 띄어 써야 한다.

오답분석 ① • 지나가는∨대로(○): 이때 '대로'는 '어떤 상태나 행동이 나타나는 그 즉시'를 뜻하는 의존 명사이므로 앞말과 띄어 써야 한다.

• 올게(○): 이때 '올게'는 '오다'의 어간 '오-'와 어떤 행동에 대한 약속이나 의지를 나타내는 종결 어미 '-ㄹ게'가 결합한 표현이다. 'ㄹ'로 시작하는 어미는 뒷말이 된소리로 소리 나더라도 예사소리로 적어야 한다.

③ • 익숙지(○): '익숙지'는 '익숙하지'의 준말로, '하' 앞의 받침의 소리가 [ㄱ]일 때는 '하'가 통째로 줄어들므로 '익숙지'로 적어야 한다.

• 살아가는∨데(○): 이때 '데'는 '일'이나 '것'의 뜻을 나타내는 의존 명사이므로 앞말과 띄어 써야 한다.

④ • 생각건대(○): '생각건대'는 '생각하건대'의 준말로, '하' 앞의 받침의 소리가 [ㄱ]일 때는 '하'가 통째로 줄어들므로 '생각건대'로 적어야 한다.

• 김∨선생님(○): '선생님'은 '선생'을 높여 이르는 명사이므로 앞말과 띄어 써야 한다.

• 존경받을∨만한: 이때 '만하다'는 '앞말이 뜻하는 동작이나 행동에 타당한 이유가 있음'을 나타내는 의존 명사 '만'에 접미사 '-하다'가 결합한 보조 용언으로 한 단어이다. 따라서 '존경받을'과는 띄어 쓰고, '만한'은 붙여 쓴다.

⑤ 기대치도(○): '기대치도'는 '기대하지도'의 준말로, 어간의 끝음절 '하'의 'ㅏ'가 줄어들고 'ㅎ'이 다음 음절의 첫소리와 어울려 거센소리로 발음되므로 거센 소리로 적어야 한다.

03 문학 표현상의 특징

난이도 ★★☆

해설 ① 제시된 작품의 '광고의 나라'는 행복과 희망만 가득 찼으나 절망이 꽃피는 공간이다. ㉠에는 이러한 '광고의 나라'에 살고 싶지 않다는 의미를 반대로 표현하는 반어법이 활용되었다. 이와 같은 표현 기법이 활용된 것은 ①로, 임이 떠날 때 화자가 매우 슬플 것이라는 의미를 반대로 표현한 반어법이 활용되었다.

② 의태어 '주저리주저리'가 활용된 표현이다.

③ 연결어 없이 나의 '마음'을 '나그네'에 간접적으로 빗댄 은유법이 활용되었다.

④ 연결어 '듯이'를 사용하여 가는 '나그네'의 모습을 구름에 가는 '달'의 모습에 직접적으로 빗댄 직유법이 활용되었다.

⑤ 무생물인 '어둠'이 마치 생물처럼 새, 돌, 꽃을 낳는다고 표현한 활유법이 사용되었다.

👍 이것도 알면 **합격!**

함민복 '광고의 나라'의 주제와 특징을 알아두자.

1. 주제: 자본주의적 세계에 대한 환상과 물신주의에 대한 비판
2. 특징
   • 운문과 산문이 교차되며 시상이 전개됨
   • 이상의 '오감도'에 대한 패러디가 등장함

---

04 비문학 세부 내용 파악, 내용 추론   난이도 ★★★

해설   ④ 3문단에서 유전학과 뇌과학 같은 생물학적 방법론이 발전함에 따라 성격에 대한 접근법이 새로운 국면을 맞이했음을 설명하고 있다. 특히 3문단 마지막 문장에서 인간의 행동에 영향을 미치는 보편적 특성을 발견하려 했고 그 결과로 특성론적 성격 이론이 확립되었음을 알 수 있는데, 이는 인간의 보편적 특성을 통해 인간의 성격을 설명하려는 이론이 나타났음을 의미한다. 따라서 제시문에 대한 이해로 적절한 것은 ④이다.

① 1문단 5~6번째 줄에서 개인이 욕구를 조절하는 방식을 성격으로 보았다는 것을 통해 정신 역동학을 주장한 프로이트는 개인이 자신의 요구를 적절한 방법으로 해결하는 데 관심을 두었음을 추론할 수 있다. 하지만 1문단 마지막 문장을 통해 정신 역동학은 성격을 유형화하려고 시도하지 않았음을 알 수 있으므로 ①은 적절하지 않은 추론이다.

② 1문단 5~6번째 줄에서 개인의 욕구 억압 조절 문제에 관심을 가진 것은 정신 역동학자들임을 알 수 있고, 3문단 3번째 줄에서 부모의 양육 방식을 강조한 것 역시 정신 역동학자들임을 알 수 있다. 따라서 생물학적 방법론이 욕구 억압 조절 문제에 관심을 가졌으며 부모의 양육 태도를 강조했다는 ②는 적절하지 않은 추론이다.

③ 2문단 3~5번째 줄을 통해 집단의 구성원들에게 존재하는 무의식 수준의 보편적인 원리가 성격 형성에 영향을 미친다고 본 것은 융임을 알 수 있으므로 ③은 적절하지 않은 추론이다.

⑤ 2문단 끝에서 3~5번째 줄을 통해 대립하는 힘이 정신적 에너지를 생성하는 것은 융이 주장한 대립 원리임을 알 수 있다. 하지만 생물학적 방법론에서 제시한 외향성과 내향성이 대립 원리에 포함되는지는 제시문을 통해 알 수 없다. 또한 2문단 끝에서 1~2번째 줄을 통해 융의 주장을 바탕으로 유형론적 성격 이론이 만들어졌음을 알 수 있으므로 ⑤는 적절하지 않은 추론이다.

---

05 어법 표준 발음법   난이도 ★☆☆

해설   ③ 자료4에 따르면 'ㅎ' 뒤에 'ㄴ'이 결합되는 경우에는 'ㅎ'을 [ㄴ]으로 발음한다. 따라서 'ㅎ' 뒤에 'ㄴ'이 결합되는 경우에 'ㅎ'을 발음하지 않는다는 ③은 옳지 않은 규칙이다.

① 자료3에 따르면 'ㅎ(ㄶ, ㅀ)' 뒤에 'ㅅ'이 결합되는 경우에는 'ㅅ'을 [ㅆ]으로 발음한다.

---

② 자료2에 따르면 'ㄶ, ㅀ' 뒤에 'ㄴ'이 결합되는 경우에는 'ㅎ'을 발음하지 않는다. 참고로, [뚫는 → 뚤른]의 변화는 'ㄹ' 뒤에 오는 'ㄴ'이 'ㄹ'로 바뀌는 유음화의 결과이다.

④ 자료5에 따르면 'ㅎ(ㄶ, ㅀ)' 뒤에 모음으로 시작되는 어미나 접미사가 결합되는 경우에는 'ㅎ'을 발음하지 않는다.

⑤ 자료1에 따르면 'ㅎ(ㄶ, ㅀ)' 뒤에 'ㄱ, ㄷ, ㅈ'이 결합되는 경우에는 뒤 음절 첫소리와 합쳐서 [ㅋ, ㅌ, ㅊ]으로 발음한다.

👍 이것도 알면 **합격!**

받침 'ㅎ'의 발음에 대해 알아두자.

1. 'ㅎ(ㄶ, ㅀ)' 뒤에 'ㄱ, ㄷ, ㅈ'이 결합되는 경우에는, 뒤 음절 첫소리와 합쳐서 [ㅋ, ㅌ, ㅊ]으로 발음한다.
   예 놓고[노코], 좋던[조ː턴], 쌓지[싸치], 많고[만ː코], 않던[안턴], 닳지[달치]
2. 'ㅎ(ㄶ, ㅀ)' 뒤에 'ㅅ'이 결합되는 경우에는, 'ㅅ'을 [ㅆ]으로 발음한다.
   예 닿소[다ː쏘], 많소[만ː쏘], 싫소[실쏘]
3. 'ㅎ' 뒤에 'ㄴ'이 결합되는 경우에는, [ㄴ]으로 발음한다.
   예 놓는[논는], 쌓네[싼네]
4. 'ㄶ, ㅀ' 뒤에 'ㄴ'이 결합되는 경우에는, 'ㅎ'을 발음하지 않는다.
   예 않네[안네], 않는[안는], 뚫네[뚤네 → 뚤레], 뚫는[뚤는 → 뚤른]
5. 'ㅎ(ㄶ, ㅀ)' 뒤에 모음으로 시작된 어미나 접미사가 결합되는 경우에는, 'ㅎ'을 발음하지 않는다.
   예 놓아[노아], 쌓이다[싸이다], 많아[마ː나], 닳아[다라], 싫어도[시러도]

---

06 비문학 세부 내용 파악   난이도 ★☆☆

해설   ④ 1문단 마지막 문장에서 표현적 글쓰기가 효과적인 이유는 참고 발설하지 않은 취약한 측면을 찾아내고 그것을 경청할 기회를 주기 때문이라고 설명하고 있다. 따라서 글에 대한 이해로 적절한 것은 ④이다.

① 1문단 1~2번째 줄을 통해 표현적 글쓰기는 고통스러운 감정을 마주해야 하는 것임을 알 수 있다. 따라서 고통스러운 감정을 피하는 데 효과가 있다는 ①의 이해는 적절하지 않다.

② 1문단 3~4번째 줄을 통해 자수성가를 칭송하고 강인한 사람을 미화하는 것은 우리가 현재 살고 있는 세상에 대한 설명임을 알 수 있다. 하지만 이를 위해 표현적 글쓰기가 필요하다고 한 부분은 제시문에서 확인할 수 없다. 따라서 ②의 이해는 적절하지 않다.

③ 2문단 1~3번째 줄을 통해 표현적 글쓰기는 타인을 염두에 두지 않으며, 타인을 의식하고 스스로 검열하는 것은 타인이 볼 글을 쓸 때에 대한 설명임을 알 수 있다. 따라서 ③의 이해는 적절하지 않다.

⑤ 2문단 끝에서 2~3번째 줄에서 표현적 글쓰기는 두서없이 쓴 후 버리면 된다고 설명하고 있다. 따라서 표현적 글쓰기가 간직하도록 고안되었다는 ⑤의 이해는 적절하지 않다.

---

07 비문학 내용 추론   난이도 ★★★

해설   ③ ㉠, ㉡에 들어갈 내용으로 적절한 것은 ③이다.

• ㉠: 1문단의 내용에 따르면 B가 A의 제안을 수용하면 두 사람은 A가 제안한 액수의 돈을 각각 받게 되고, B가 A의 제안을 거절하면 아무도 돈을 받지 못한다. 따라서 A가 1,000원을 제안한 상황에서 B가 그 제안을 수용한다면 1,000원을 받게 되고, 거절한다면 돈을 받지 못할 것임을 추론할 수 있다. 따라서 ㉠에 들어갈 말로 적절한 것은 '(A가) 제안한 1,000원을 받든가, 한 푼도 받지 못하든가'이다.

- ⓒ: 2문단의 내용에 따르면 사람들은 낮은 액수(총액의 25% 미만)를 제안받을 경우 그 제안을 거절하는 경향을 보인다. 이러한 현상을 통해 인간은 자신의 이익이 최대화되지 않더라도 제안이 불공평하다면 거절하는 것으로 보인다고 설명하는데, 이는 공정성이 선택에 개입된 것으로 인간이 경제적 이익에 의해서만 행동을 선택하지 않음을 의미한다. 따라서 ⓒ에 들어갈 말로 적절한 것은 '인간의 행동이 경제적 이득에 의해서만 움직이지 않는다'이다.

08 비문학   세부 내용 파악   난이도 ★☆☆

해설 ① '나이브 아트'에 대한 설명으로 적절한 것은 'ㄱ'이므로 답은 ①이다.
- ㄱ: 2문단 2~4번째 줄을 통해 '앙리 루소, 앙드레 보샹' 등이 나이브 아트 예술가로 분류됨을 알 수 있다.

오답
분석
- ㄴ: 1문단 마지막 문장을 통해 나이브 아트가 특정한 유파를 가리키기보다 작가의 경향을 가리키는 말임을 알 수 있다. 따라서 나이브 아트가 특정한 유파를 가리킨다는 'ㄴ'의 설명은 적절하지 않다.
- ㄷ: 2문단 마지막 문장을 통해 나이브 아트 작가들은 서양 미술의 기본 규칙에 구속되지 않았음을 알 수 있다. 따라서 나이브 아트 작가들이 서양 미술의 기본 규칙을 따르고자 한다는 'ㄷ'의 설명은 적절하지 않다.
- ㄹ: 3문단 마지막 문장을 통해 나이브 아트가 현대 미술의 탄생에 지대한 영향을 끼쳤음을 알 수 있다. 따라서 현대 미술이 나이브 아트의 탄생에 영향을 끼쳤다는 'ㄹ'의 설명은 적절하지 않다.

09 문학   작품의 종합적 감상 (시)   난이도 ★☆☆

해설 ⑤ 제시된 작품은 도토리가 묵이 되어 가는 과정을 묘사하고 있을 뿐, 자연과의 교감에 대한 내용은 확인할 수 없다.

오답
분석
- ①② 1연에서 '~는 소리'와 같은 표현을 반복적으로 사용하며 나무 위의 도토리가 땅에 떨어진 후 가루가 되고 묵으로 다시 엉기는 과정을 청각적 이미지를 중심으로 형상화하고 있다.
- ③ 3연에서 '조용하고 잠잠한 상태'를 의미하는 '고요'와 상반되는 의미의 '시끄러운'을 함께 사용하는 역설적 발상을 통해 도토리묵의 개성적 이미지를 강조하고 있다.
- ④ 도토리가 마치 사람처럼 저희끼리 소근대며 어루만져 준다는 등의 표현을 통해 도토리를 의인화하였음을 알 수 있다.

👍 이것도 알면 **합격!**

김선우, '단단한 고요'에 대해 알아두자.
1. 주제: 도토리묵이 완성되어 가는 과정에 대한 통찰
2. 특징
- 시적 대상을 의인화하고 도토리묵 제조 과정을 감각적 이미지를 사용하여 다채롭게 표현함
- 유사한 통사 구조와 동일한 시어를 반복하여 운율을 형성함
- 역설적 표현을 활용해 대상에 대한 작가의 개성적 인식을 드러냄
3. 구조

1연	도토리묵이 만들어지는 과정
2연	완성된 도토리묵의 형상
3연	도토리묵의 개성적인 이미지

10 비문학   글의 구조 파악 (문단 배열)   난이도 ★☆☆

해설 ④ (가)~(라)를 논리적 순서에 맞게 나열한 것은 ④ '(다) – (가) – (라) – (나)'이다.

순서	중심 내용	순서 판단의 단서와 근거
(다)	애착은 시간이 흐르고 멀리 떨어져 있어도 유지되는 강력한 정서적 유대감을 의미함	접속어나 지시어로 시작하지 않으며 글의 중심 화제인 '애착'을 정의함
(가)	연구 초기에 존 볼비는 아이가 엄마와 붙어 있으려는 이유가 먹을 것을 얻기 위함이라고 생각했음	지시 표현 '이 현상': (다)에서 제시한 '애착'을 가리킴
(라)	아이가 엄마와 분리되면 다른 사람이 먹을 것을 주더라도 고통이 해소되지 않는다는 사실이 발견됨	접속어 '하지만': (가)에서 언급한 존 볼비의 예상과는 다른 연구 결과가 나왔음을 설명함
(나)	아이와 엄마 간의 애착 관계는 아이의 건강한 발달과 생존에 영향을 주는 요소임	키워드 '연구를 이어간 끝에': (가)와 (라)에 이어 존 볼비가 지속적으로 연구하며 밝혀낸 사실에 대해 설명함

11 비문학   내용 추론, 세부 내용 파악   난이도 ★★☆

해설 ⑤ 3문단 2~4번째 줄을 통해 인공 지능이 스스로의 오류를 교정하고 최적화하는 머신 러닝 기능을 탑재하고 있다는 것은 알 수 있다. 하지만 2문단 끝에서 1~4번째 줄에서 챗지피티가 성찰성의 한계를 갖고 있으며 사실은 매우 형편없는 자기반성 능력을 갖춘 인공 지능이라고 하였고, 3문단 5~6번째 줄에서 머신 러닝 메커니즘은 인간 사용자의 특성과 의사에 따라 좌우된다고 설명하였다. 이를 통해 인공 지능이 스스로 양질의 정보를 가려내는 데에는 한계가 있을 것임을 추론할 수 있으므로 ⑤는 제시문에 대한 이해로 적절하지 않다.

오답
분석
- ① 제시문 전체에서 인공 지능이 발전하고 있는 시기에 인간이 인공 지능과 공존하기 위해서는 인공 지능을 지혜롭게 사용해야 한다고 주장하고 있다. 따라서 ①은 제시문에 대한 이해로 적절하다.
- ② 3문단 2~6번째 줄에서 통해 인공 지능은 스스로 오류를 교정하고 최적화하는 머신 러닝 기능을 탑재하고 있으나, 이것이 인간 사용자의 특성과 의사에 따라 좌우될 수 있음을 설명하고 있으므로 ②는 제시문에 대한 이해로 적절하다.
- ③ 2문단 4~6번째 줄에서 인공 지능이 잘 할 수 있는 일은 인간이 할 줄 몰라도 되는 것이 아니라고 설명하고 있다. 이로 미루어 보아 인공 지능이 글쓰기를 잘 수행하더라도 인간이 글쓰기 능력을 갖추고 있어야 함을 추론할 수 있으므로 ③은 제시문에 대한 이해로 적절하다.
- ④ 2문단 끝에서 3~4번째 줄에서 인공 지능을 지혜롭게 사용하기 위해서 인공 지능이 가진 성찰성의 한계를 이해해야 한다고 주장하고 있으므로 ④는 제시문에 대한 이해로 적절하다.

12 비문학   주제 및 중심 내용 파악   난이도 ★☆☆

해설 ① (가)의 첫 문장에서 문장은 세상에서 유일하게 귀천과 빈부의 기준으로 높고 낮음이 정해지지 않는다고 설명하고 있으므로 ①은 적절하지 않은 이해이다.

② (나)에서는 글쓰기의 본령이 자신의 개성을 잃어버리지 않는 것이
라고 설명하고 있다.

③ (다)에서는 글의 목적이 뜻을 나타내는 것이며, 뜻을 근엄하게 꾸
미거나 글자를 장중하게 만드는 것이 불필요한 행위라고 설명하
고 있다.

④ (라)에서는 글을 쓸 때 자기를 속이지 않도록 주의해야 한다고 설
명하고 있다.

⑤ (마)에서는 마음속에서 조화를 이룬 글만이 정교한 글이라고 설
명하고 있다.

| 받치다 | 1. '건더기와 액체가 섞인 것을 체나 거르기 장치에 따라서 액체만
을 따로 받아 내다'를 뜻하는 '밭다'를 강조하여 이르는 말
예 젓국을 밭쳐 놓았다.
2. 구멍이 뚫린 물건 위에 국수나 야채 따위를 올려 물기를 빼다.
예 잘 삶은 국수를 찬물에 헹군 후 체에 밭쳐 놓았다. |

---

13 어휘 혼동하기 쉬운 어휘 난이도 ★★☆

해설 ② 이장이 소에게 받쳐서(×) → 이장이 소에게 받혀서(○): '머리나
뿔 따위에 세차게 부딪히다'를 뜻하는 단어는 '받히다'이므로 '받
혀서'로 고쳐 써야 한다. 참고로, '받히다'는 '받다'에 피동 접미사
'-히-'가 결합한 표현이다.

① 상추를 채반에 밭쳤다(○): 이때 '밭쳤다'는 '구멍이 뚫린 물건 위에
국수나 야채 따위를 올려 물기를 빼다'를 뜻하는 '밭치다'의 활용
형으로 그 쓰임이 옳다.

③ 무릎 위에 턱을 받치고(○): 이때 '받치고'는 '물건의 밑이나 옆 따
위에 다른 물체를 대다'를 뜻하는 '받치다'의 활용형으로 그 쓰
임이 옳다.

④ 내복을 받쳐서 입으면(○): 이때 '받쳐서'는 '옷의 색깔이나 모양
이 조화를 이루도록 함께 하다'를 뜻하는 '받치다'의 활용형으로
그 쓰임이 옳다.

⑤ 백 근을 시장 상인에게 받혀도(○): 이때 '받혀도'는 '한꺼번에 많
은 양의 물품을 사게 하다'를 뜻하는 '받히다'의 활용형으로 그 쓰
임이 옳다.

👍 이것도 알면 **합격!**

'받히다, 받치다, 밭치다'의 의미를 알아두자.

받히다¹	머리나 뿔 따위에 세차게 부딪히다. 예 휠체어를 탄 여학생이 횡단보도를 건너다 신호등을 무시하고 달려오는 승용차에 받혀 크게 다쳤다.
받히다²	한꺼번에 많은 양의 물품을 사게 하다. 예 고추가 워낙 값이 없어서 백 근을 시장 상인에게 받혀도 변변 한 옷 한 벌 사기가 힘들다.
받치다¹	1. 먹은 것이 잘 소화되지 않고 위로 치밀다. 예 아침에 먹은 것이 자꾸 받쳐서 아무래도 점심은 굶어야겠다. 2. 단단한 곳에 닿아 몸의 일부분이 아프게 느껴지다. 예 맨바닥에서 잠을 자려니 등이 받쳐서 잠이 오지 않는다. 3. 화 따위의 심리적 작용이 강하게 일어나다. 예 그녀는 감정이 받쳐서 끝내는 울음을 터뜨렸다.
받치다²	1. 물건의 밑이나 옆 따위에 다른 물체를 대다. 예 쟁반에 커피를 받치고 조심조심 걸어오던 그녀의 모습이 아 직도 잊히지 않는다. 2. 옷의 색깔이나 모양이 조화를 이루도록 함께 하다. 예 이 조끼는 무난해서 어떤 셔츠에 받쳐 입어도 다 잘 어울린다. 3. 한글로 적을 때 모음 글자 밑에 자음 글자를 붙여 적다. 예 '가'에 'ㅁ'을 받치면 '감'이 된다. 4. 어떤 일을 잘할 수 있도록 뒷받침해 주다. 예 배경 음악이 그 장면을 잘 받쳐 주어서 전체적인 분위기가 훨씬 감동적이었다. 5. 비나 햇빛과 같은 것이 통하지 못하도록 우산이나 양산을 펴 들다. 예 아가씨들이 양산을 받쳐 들고 거리를 거닐고 있다.

---

14 어법 문장 (피동 표현) 난이도 ★★☆

해설 ④ 짚히는 바가 없다(×) → 짚이는 바가 없다(○): '헤아려 본 결과 어
떠할 것으로 짐작이 가다'를 뜻하는 단어는 '짚이다'이므로 '짚이
는'으로 고쳐 써야 한다.

① 두 문단으로 나뉜다(○): '나뉘다'는 '나누이다'의 준말로, '하나를
둘 이상으로 가르다'를 뜻하는 '나누다'에 피동 접미사 '-이-'가 결
합한 표현이다.

② 눈으로 덮인(○): '덮이다'는 '일정한 범위나 공간을 빈틈없이 휩
싸다'를 뜻하는 '덮다'에 피동 접미사 '-이-'가 결합한 표현이다.

③ 벌목꾼에게 베인 나무(○): '베이다'는 '날이 있는 연장 따위로 무엇
을 끊거나 자르거나 가르다'를 뜻하는 '베다'에 피동 접미사 '-이-'
가 결합한 표현이다.

⑤ 안개가 걷히고(○): '걷히다'는 '구름이나 안개 따위가 흩어져 없어
지다'를 뜻하는 '걷다'에 피동 접미사 '-히-'가 결합한 표현이다.

---

15 어법 한글 맞춤법 (띄어쓰기) 난이도 ★★☆

해설 ② 총금액(○): 이때 '총-'은 '전체를 아우르는' 또는 '전체를 합한'의
뜻을 나타내는 접두사이므로 뒷말과 붙여 쓴다.

① 못했다(×) → 못∨했다(○): 이때 '못'은 동사가 나타내는 동작을 할
수 없다거나 상태가 이루어지지 않았다는 부정의 뜻을 나타내는
부사이므로 뒷말과 띄어 쓴다.

③ 한달간(×) → 한∨달간(○): 이때 '달'은 한 해를 열둘로 나눈 것 가
운데 하나의 기간을 세는 단위를 뜻하는 의존 명사이므로 앞말과
띄어 쓴다. 참고로, '-간'은 '동안'의 뜻을 더하는 접미사이므로 앞
말에 붙여 쓴다.

④ 제문제에(×) → 제∨문제에(○): 이때 '제'는 '여러'의 뜻을 나타내
는 관형사이므로 뒷말과 띄어 쓴다.

⑤ 해야∨할∨지(×) → 해야∨할지(○): 이때 '-ㄹ지'는 추측에 대한
막연한 의문이 있는 채로 그것을 뒤 절의 사실이나 판단과 관련시
키는 데 쓰는 하나의 연결 어미이므로 붙여 써야 한다.

👍 이것도 알면 **합격!**

접미사 '-간'과 의존 명사 '간'의 차이를 알아두자.

| 접미사
'-간' | 다음과 같은 뜻으로 쓰일 때는 접미사이므로 앞말에 붙여 씀
1. '동안'의 뜻을 더하는 접미사
예 이틀간, 한 달간, 삼십 일간
2. '장소'의 뜻을 더하는 접미사
예 외양간, 대장간 |
| 의존 명사
'간' | 다음과 같은 뜻으로 쓰일 때는 의존 명사이므로 앞말과 띄어 씀
1. 한 대상에서 다른 대상까지의 사이
예 서울과 부산 간 야간열차
2. '관계'의 뜻을 나타내는 말
예 부모와 자식 간에도 예의를 지켜야 한다.
3. 앞에 나열된 말 가운데 어느 쪽인지를 가리지 않는다는 뜻을
나타내는 말
예 공부를 하든지 운동을 하든지 간에 열심히만 해라. |

16 어법 국어의 로마자 표기 난이도 ★★☆

해설 ② 단어의 로마자 표기가 옳은 것은 ②이다.
- 종로[종노] Jongno(○): '종로'는 '종'의 받침 'ㅇ'의 영향으로 '로'의 'ㄹ'이 'ㄴ'으로 발음되는 자음 동화(비음화)가 일어나므로 [종노]로 발음한다. 이때 자음 사이에서 일어나는 동화 작용의 결과는 로마자 표기에 반영하므로 'Jongno'로 표기해야 한다.
- 여의도[여의도/여이도] Yeouido(○): '여의도'의 '의'는 'ㅢ'로 발음하는 것이 원칙이나 'ㅣ'로 발음하는 것도 인정된다. 하지만 'ㅢ'는 'ㅣ'로 소리 나더라도 'ui'로 적어야 하므로 'Yeouido'로 표기해야 한다.
- 신라[실라] Silla(○): '신라'는 '라'의 'ㄹ'의 영향으로 '신'의 받침 'ㄴ'이 'ㄹ'로 발음되는 자음 동화(유음화)가 일어나므로 [실라]로 발음한다. 이때 자음 사이에서 일어나는 동화 작용의 결과는 로마자 표기에 반영하므로 'Silla'로 표기해야 한다.

17 비문학 주제 및 중심 내용 파악 난이도 ★★☆

해설 ③ 1문단 끝에서 4~8번째 줄을 통해 환경 운동 과정에서 발생하는 '올슨 패러독스'란 특별한 공동 이해관계를 바탕으로 소규모 그룹이 공동으로 일을 추진할 때, 애매한 일반적 이해를 가진 익명의 대규모 집단보다 더 뛰어난 추진력을 보이는 현상임을 알 수 있다. 또한 2문단 끝에서 1~4번째 줄을 통해 환경 운동이 완전히 보편적인 방향으로 발달하기 힘든 이유가 자신의 이해관계부터 생각하는 인간의 본성 때문에 근본적 긴장이 항상 사라지지 않기 때문임을 알 수 있다. 이로 미루어 보았을 때, 환경 운동에서 특별한 이해관계로 일을 추진하는 소규모 그룹이 대규모 집단보다 더 뛰어난 추진력을 발휘하는 올슨 패러독스는 개인의 이해관계를 우선시하는 인간의 본성에 의한 것이므로 근본적으로 해소되기 어려움을 추론할 수 있다. 따라서 ③은 제시문에 대한 이해로 적절하다.

오답 분석
① 2문단 6~7번째 줄을 통해 현대화 과정에서 이기적 이해관계를 넘어서서 환경 전체를 바라보는 안목이 발달했다고 설명하고 있다. 또한 인간의 자연 지배권과 관련된 내용은 제시문에서 확인할 수 없다.
② 1문단 2~5번째 줄을 통해 환경 운동의 초창기 목표는 전통적 자연 보호(특정 생물 집단 보전)의 좁은 생각을 극복하는 것이라고 설명하고 있다. 또한 환경 운동의 궁극적 목적과 관련된 내용은 제시문에서 확인할 수 없다.
④ 대규모 집단과 소규모 집단의 이해관계가 일치하는 경우와 관련된 내용은 제시문에서 확인할 수 없다.
⑤ 2문단 끝에서 4~5번째 줄을 통해 자신의 직접적인 생활 환경을 지키려는 각오(개인의 이기심)이 환경 정책에 결정적 영향을 미친다고 설명하고 있다. 또한 환경 운동에서의 공리주의 원칙과 관련된 내용은 제시문에서 확인할 수 없다.

18 문학 한글 맞춤법 (사이시옷의 표기) 난이도 ★★☆

해설 ④ 마굿간(×) → 마구간(○): '마구간[마:구깐]'은 '마구(馬廏)'에 '장소'의 뜻을 더하는 접미사 '-간(間)'이 결합한 단어로, 한자어로만 이루어진 파생어이므로 사이시옷을 받치어 적지 않아야 한다. 따라서 단어의 표기가 맞지 않는 것은 ④이다. 참고로 사이시옷은 합성어에서만 나타나는 현상이다.

오답 분석
① 인사말(○): '인사말[인사말]'은 '인사(人事)'와 '말'이 결합한 단어로, 한자어와 순우리말로 된 합성어이다. 앞말이 모음 'ㅏ'로 끝나고 뒷말의 첫소리가 'ㅁ'으로 시작되지만 발음상 'ㄴ' 소리가 덧나지 않으므로 사이시옷을 받쳐 적지 않아야 한다.

② 등굣길(○): '등굣길[등교낄/등굗낄]'은 '등교(登校)'와 '길'이 결합한 단어로, 한자어와 순우리말로 된 합성어이다. 앞말이 모음 'ㅛ'로 끝나고 뒷말의 첫소리 'ㄱ'이 된소리 [ㄲ]으로 발음되므로 사이시옷을 받쳐 적어야 한다.
③ 빨랫줄(○): '빨랫줄[빨래쭐/빨랟쭐]'은 '빨래'와 '줄'이 결합한 단어로, 순우리말로만 이루어진 합성어이다. 앞말이 모음 'ㅐ'로 끝나고 뒷말의 첫소리 'ㅈ'이 된소리 [ㅉ]으로 발음되므로 사이시옷을 받쳐 적어야 한다.
⑤ 셋방(○): '셋방[세:빵/섿:빵]'은 '세(貰)'와 '방(房)'이 결합한 단어로, 한자어로만 이루어진 합성어이다. 하지만 예외적으로 사이시옷을 받쳐 적는 경우에 해당하므로 사이시옷을 받쳐 적어야 한다.

19 문학 + 어휘 내용 추리, 한자 성어 난이도 ★☆☆

해설 ⑤
- ㉠: 김 첨지는 침묵으로 인한 불길함을 쫓아 버리기 위해 고함을 치며 허세를 부리고 있다. 따라서 ㉠에 들어갈 한자 성어로 적절한 것은 '실속은 없으면서 큰소리치거나 허세를 부림'을 뜻하는 '허장성세(虛張聲勢)'이다.
- ㉡: 김 첨지는 자신이 집에 왔음에도 계속해서 누워있는 아내에게 호통을 치고 있다. 따라서 ㉡에 들어갈 한자 성어로 적절한 것은 '밤낮으로 쉬지 않고 연달아'를 뜻하는 '주야장천(晝夜長川)'이다.

오답 분석
- 노심초사(勞心焦思): 몹시 마음을 쓰며 애를 태움
- 절치부심(切齒腐心): 몹시 분하여 이를 갈며 속을 썩임
- 주야불식(晝夜不息): 밤낮으로 쉬지 않음
- 전전반측(輾轉反側): 누워서 몸을 이리저리 뒤척이며 잠을 이루지 못함

20 비문학 내용 추론 난이도 ★★☆

해설 ① 1문단에서는 신석기 초반에 농사가 시작되면서 농사를 담당하고 출산을 하던 여성의 역할이 무엇보다 중요했음을 설명하고 있다. 이어서 2문단에서는 농경이 본격적으로 발전하고 집짐승을 기르기 시작함에 따라 남성들이 생산 활동의 주인공이 되고, 여성들은 보조자로 밀려났음을 설명하고 있다. 이로 미루어 보아 ㉠에는 남성과 여성의 위상과 역할이 변화되었다는 내용의 ①이 들어가는 것이 적절하다.

오답 분석
② 2문단 끝에서 2~4번째 줄에서 남성들이 생산 활동의 주인공이 됨에 따라 여성들은 보조자로 밀려났음은 알 수 있으나, 이는 남성과 여성의 사회적 위상과 역할의 차이를 설명하기 위한 것일 뿐이다. 이를 통해 여성이 생산 활동에서 완전히 배제되기 시작했는지는 추론할 수 없으므로 ②는 ㉠에 들어갈 내용으로 적절하지 않다.
③④⑤ 제시문을 통해 추론할 수 없다.

21 비문학 세부 내용 파악 난이도 ★★☆

해설 ① 1문단 3~6번째 줄을 통해 ㉠'헤이안 시대의 여성들'은 읽을거리를 늘리고, 자신들의 취향에 맞는 읽을거리를 얻기 위해 여성들만의 고유한 문학을 창작했음을 알 수 있다. 따라서 ㉠에 대한 설명으로 적절한 것은 ①이다.

오답 분석
② 2문단 끝에서 2~4번째 줄을 통해 ㉠'헤이안 시대의 여성들'이 자신들만의 언어로 문학 작품을 남겼음을 알 수 있다.

③ 3문단 4~6번째 줄을 통해 ⓐ'헤이안 시대의 여성들' 중 세이 쇼 나곤, 무라사키 부인과 같은 작가들이 언어와 정치 현장으로부터 떨어져 있었기 때문에 정치적 행위에 대해 소문 이상으로 묘사할 수 없었음을 알 수 있다.

④ 1문단 끝에서 2~3번째 줄을 통해 ⓐ'헤이안 시대의 여성들'의 글자인 가나분카쿠의 특징이 한자 구조가 거의 배제된 것임을 알 수 있다.

⑤ 1문단 1번째 줄에서 일본 문학 세계가 여자들에게 열려 있었다고 설명하고 있을 뿐, 문필 활동이 남성들의 전유물이었는지는 제시 문을 통해 확인할 수 없다. 또한 1문단 4~6번째 줄에서 ⓐ'헤이 안 시대의 여성들'은 여성들의 취향에 맞는 문학 작품을 향유하기 위해 작품을 창작했다고 설명하고 있으므로 남성적 취향의 독서 를 수행했다는 설명은 적절하지 않다.

22 　어법　외래어 표기　난이도 ★★★

해설　③ jasmine 재스민(○): 'jasmine'은 [ˈdʒæzmɪn]으로 소리 난다. 이때 [dʒ]는 모음 앞에서 'ㅈ'로 표기하고, [æ]는 'ㅐ'로 표기하므로 '재 스민'으로 표기하는 것이 옳다. 참고로 '재스민'을 '쟈스민'이나 '자 스민'으로 잘못 표기하지 않도록 주의해야 한다.

오답
분석
① buffet 부페(×) → 뷔페(○)

② ad lib 애드립(×) → 애드리브(○)

④ pamphlet 팜플렛(×) → 팸플릿(○)

⑤ conte 꽁트(×) → 콩트(○)

23 　비문학　논지 전개 방식　난이도 ★☆☆

해설　⑤ 제시문에서 설명하는 내용에 대한 실험 결과를 제시하는 부분은 확인할 수 없다.

오답
분석
① 2~4문단에서 '예를 들어'라고 서술하며 설명하는 내용에 대한 예 를 제시하고 있다.

② 2문단과 3문단에서 각각 상황이 사람을 선택하는 경우와 사람이 상황을 선택하는 경우를 대비하여 제시하고 있다.

③ 5문단에서 '점화 효과'에 대한 개념을 제시하고 있다.

④ 2문단과 3문단에서 각 상황에 대한 내용을 병렬적으로 제시하 고 있다.

24 　비문학　세부 내용 파악　난이도 ★★★

해설　② 4문단에서 경제적 불균형에 처해 상황이 사람을 지배하게 될 경우 에는 범죄를 저지를 수 있다고 설명하고 있으나, 대부분의 사람들 은 스스로 상황을 지배해 나가기 때문에 범죄를 저지르지 않는다 고 설명하고 있다. 따라서 경제적 불균형에 처하면 대부분의 사람 들이 상황을 지배할 수 없다는 ②는 제시문에 대한 이해로 적절하 지 않다.

오답
분석
① 제시문 전체에서 사람과 상황이 서로 영향을 미치는 방식에 대해 설명하고 있으므로 ①은 적절한 이해이다.

③ 2문단 끝에서 2~4번째 줄에서 부모의 학대로 인해 지속적인 피 해를 입고 있는 상황을 자신이 선택할 수 없는 절대적 상황의 예 시로 제시하고 있으므로 ③은 적절한 이해이다.

④ 3문단 3~5번째 줄에서 몸이 아프면 상황을 설명하고 조퇴를 하 는 것을 합리적인 판단을 하는 예시로 제시하고 있으므로 ④는 적절한 이해이다.

⑤ 5문단 1~3번째 줄에서 사람들이 공통적으로 갖고 있는 공격성 이 상황에 따라 다르게 점화된다고 설명하고 있으므로 ⑤는 적 절한 이해이다.

25 　문학　작품의 종합적 감상 (한시)　난이도 ★☆☆

해설　④ 제시된 작품에 대한 이해로 적절한 것은 ④ 'ㄱ, ㄷ, ㄹ'이다.

- ㄱ: '첫닭'이 울었다는 것은 새벽이 왔음을 의미하므로 '첫닭'은 시간적 배경을 드러내는 시어이다.

- ㄷ: '살짝이 살짝이'는 새벽을 틈타 주인이 모르게 길을 떠나려 는 '행인'의 조심스러운 심리를 나타낸 표현이다.

- ㄹ: 화자는 새벽에 조용히 떠나려는 '나그네'와 '나그네'를 보내 지 않으려 하는 '주인'의 모습을 관찰하고 있다.

오답
분석
- ㄴ: 닭 울음은 작품의 시간적 배경이 새벽임을 나타내는 역할을 할 뿐이다. 제시된 작품에서 '나그네'와 '주인'의 관계가 달라지는 부 분은 확인할 수 없다.

정답 및 취약점 확인

p.67

문항	정답	출제 포인트	문항	정답	출제 포인트
01	①	비문학-내용 추론	11	④	비문학-비판적 이해
02	③	비문학-내용 추론	12	③	비문학-화법, 내용 추론
03	⑤	비문학-내용 추론	13	①	비문학-내용 추론
04	③	비문학-관점과 태도 파악, 적용하기	14	③	비문학-내용 추론
05	④	비문학-주제 및 중심 내용 파악	15	②	비문학-관점과 태도 파악
06	④	비문학-내용 추론	16	①	비문학-내용 추론
07	①	비문학-내용 추론	17	④	비문학-작문
08	⑤	비문학-화법, 작문	18	③	비문학-적용하기
09	②	비문학-관점과 태도 파악	19	①	비문학-내용 추론
10	②	비문학-관점과 태도 파악, 비판적 이해	20	②	비문학-관점과 태도 파악, 비판적 이해

01 비문학 내용 추론

해설 ① 말벌이 둥지를 떠난 사이 원형으로 배치했던 솔방울들을 치우고 그 자리에 돌멩이들을 원형으로 배치하였더니 돌아온 말벌이 원형으로 배치된 돌멩이들의 중심으로 날아갔다고 했다. 이는 말벌이 방향을 찾을 때 솔방울이라는 물체의 재질이 아닌, 솔방울들로 만든 모양에 의존한 것임을 추론할 수 있다. 따라서 빈칸에 들어갈 내용은 '물체의 재질보다 물체로 만든 모양에 의존하여 방향을 찾는다'가 가장 적절하다.

02 비문학 내용 추론

해설 ③ • ㄱ: 두 번째 단락에서 사적 한계순생산가치란 한 기업이 생산과정에서 투입물 1단위를 추가할 때 그 기업에 직접 발생하는 순생산가치의 증가분이라고 했으므로 사적 한계순생산가치의 크기는 사회에 부가적인 편익을 발생시키는지의 여부와 무관하게 결정됨을 추론할 수 있다.
  • ㄴ: 두 번째 단락에서 사회적 한계순생산가치란 한 기업이 투입물 1단위를 추가할 때 발생하는 사적 한계순생산가치에 그 생산에 의해 부가적으로 발생하는 사회적 비용을 빼고 편익을 더한 것이라고 했으므로 어떤 기업이 투입물 1단위를 추가할 때 사회에 발생하는 부가적인 편익이나 비용이 없으면 사적 한계순생산가치와 사회적 한계순생산가치의 크기는 같음을 추론할 수 있다.

오답 • ㄷ: 두 번째 단락에서 사회적 한계순생산가치란 한 기업이 투입물
분석 1단위를 추가할 때 발생하는 사적 한계순생산가치에 그 생산에 의해 부가적으로 발생하는 사회적 비용을 빼고 편익을 더한 것이라고 했으므로 기업 A와 기업 B가 동일한 투입물 1단위를 추가했을 때 각 기업에 의해 사회에 부가적으로 발생하는 비용이 같더라도 편익의 차이에 따라 두 기업이 야기하는 사회적 한계순생산가치의 크기는 다를 수 있음을 추론할 수 있다.

03 비문학 내용 추론

해설 ⑤ 세 번째 단락에서 미분화된 표피세포가 그 안쪽의 피층세포층에 있는 두 개의 피층세포와 접촉하는 경우엔 뿌리털세포로 분화되어 발달하지만, 한 개의 피층세포와 접촉하는 경우엔 분화된 표피세포로 발달하고, 미분화된 표피세포가 서로 다른 형태의 세포로 분화되기 위해서는 유전자 A의 발현에 차이가 있어야 함을 알 수 있다. 따라서 ㉠을 설명하는 가설로 '미분화 표피세포가 어떤 세포로 분화될 것인지는 접촉하는 피층세포의 수에 따라 조절되는 유전자 A의 발현에 의해 결정된다.'가 가장 적절하다.

오답 ① 세 번째 단락에서 미분화된 표피세포에서 유전자 A가 발현되지 않
분석 으면 그 세포는 뿌리털세포로 분화되며 유전자 A가 발현되면 분화된 표피세포로 분화된다고 했으므로 분화될 세포에 뿌리털이 있는지에 따라 유전자 A의 발현 조절이 이루어진다는 것은 적절하지 않다.
② 세 번째 단락에서 미분화된 표피세포가 그 안쪽의 피층세포층에 있는 두 개의 피층세포와 접촉하는 경우엔 뿌리털세포로 분화되고, 한 개의 피층세포와 접촉하는 경우엔 분화된 표피세포로 분화된다고 했으므로 뿌리털세포와 분화된 표피세포는 동일한 세포임을 알 수 있다. 따라서 미분화된 세포가 어느 세포로부터 유래하였는지에 따라 분화가 결정된다는 것은 적절하지 않다.
③ 첫 번째 단락에서 한 개체를 구성하는 모든 세포는 동일한 유전자를 가지고 있으나 발생 과정에서 발현되는 유전자의 차이 때문에 다른 형태의 세포로 분화된다고 했으므로 미분화 표피세포가 유전자 A를 가지고 있는지에 따라 분화가 결정된다는 것은 적절하지 않다.
④ 세 번째 단락에서 미분화된 표피세포가 그 안쪽의 피층세포층에 있는 두 개의 피층세포와 접촉하는 경우엔 뿌리털세포, 한 개의 피층세포와 접촉하는 경우엔 분화된 표피세포로 분화된다고 했으므로 미분화된 표피세포가 뿌리털세포 또는 분화된 표피세포로 분화가 되는 것은 몇 개의 피층세포와 접촉하는지에 따라 결정되는 것임을 알 수 있다. 따라서 미분화 표피세포층과 피층세포층의 위치에 의해 분화가 결정된다는 것은 적절하지 않다.

04 비문학 관점과 태도 파악, 적용하기

해설 ③ · ㄱ: 제시된 사례는 로또 복권 1장을 사서 1등에 당첨될 확률은 낮지만, 가능한 모든 숫자 조합을 산다면 그중 하나는 당첨된다는 것이다. 따라서 이 사례는 가능한 모든 결과 중 하나는 확실히 일어난다는 (가)로 설명할 수 있으므로 적절한 판단이다.

· ㄴ: 제시된 사례는 어떤 사람이 교통사고를 당할 확률은 낮지만, 대한민국 전체로 보면 교통사고가 빈번히 발생한다는 것이다. 따라서 이 사례는 한 사람을 기준으로 할 때보다 충분히 많은 사람을 기준으로 할 때 어떤 사건이 발생할 확률이 매우 높을 수 있다는 (나)로 설명할 수 있으므로 적절한 분석이다.

오답분석 · ㄷ: 제시된 사례는 주사위를 수십 번 던질 때는 희박한 확률의 사건이라도 수십만 번 던졌을 때는 종종 일어날 수 있다는 것이다. 따라서 이 사례는 하나의 대상을 기준으로 할 때보다 충분히 많은 대상을 기준으로 할 때 어떤 사건이 발생할 확률이 매우 높을 수 있다는 (나)로 설명할 수 있으나, (가)로는 설명할 수는 없으므로 적절하지 않은 분석이다.

05 비문학 주제 및 중심 내용 파악

해설 ④ 제시된 글은 일반적으로 질병의 발생을 개인적인 요인에서 찾으려는 경향이 있지만, 질병의 성격을 파악하고 대처할 때 개인적 요인뿐만 아니라 사회적 요인도 함께 고려해야 한다는 내용이다. 따라서 글의 논지는 '질병의 성격을 파악하고 질병에 대처하기 위해서는 사회적인 측면을 고려해야 한다.'가 가장 적절하다.

오답분석 ① 병균이나 바이러스로 인한 신체적 이상 증상이 가정이나 지역사회에 위기를 야기할 수 있는 사회적 문제라는 것은 글의 내용과 부합하나, 전체 내용을 포괄할 수 없으므로 글의 논지로 적절하지 않다.

② 발병의 책임을 개인에게만 물어서는 안 된다는 것은 글의 내용과 부합하나, 전체 내용을 포괄할 수 없으므로 글의 논지로 적절하지 않다.

③ 질병에 대한 사회적 편견과 낙인이 오히려 더 심각한 문제일 수 있다는 것은 글의 내용과 부합하나, 전체 내용을 포괄할 수 없으므로 글의 논지로 적절하지 않다.

⑤ 글의 논지는 질병에 대처할 때 개인적 요인뿐만 아니라 사회적 요인도 함께 고려해야 한다는 것이므로 질병의 치료에 있어 개인적 차원보다 사회적 차원의 노력이 더 중요하다는 것은 글의 논지로 적절하지 않다.

06 비문학 내용 추론

해설 ④ · (가): 첫 번째 단락에서 원치 않는 결과를 제거하고자 할 때 그 결과의 원인이 필요조건으로서 원인이라면, 그 원인을 제거하여 결과가 일어나지 않게 할 수 있다고 했다. 따라서 (가)에 들어갈 예시는 원인에 해당하는 뇌염모기를 박멸한다면 결과에 해당하는 뇌염 발생을 막을 수 있다는 'ㄴ'이 적절하다.

· (나): 두 번째 단락에서 특정한 결과를 원할 때 그것의 원인이 충분조건으로서 원인이라면, 우리는 그 원인을 발생시켜 그것의 결과가 일어나게 할 수 있다고 했다. 따라서 (나)에 들어갈 예시는 콜라병이 총알에 맞는다면 그것이 깨지는 것은 분명하다는 'ㄷ'이 적절하다.

· (다): 세 번째 단락에서 필요충분조건으로서 원인의 경우, 원인을 일으켜서 그 결과를 일으키고 원인을 제거해서 그 결과를 제거할 수 있다고 했다. 따라서 (다)에 들어갈 예시는 물체에 힘이 가해지면 물체의 속도가 변하고, 물체에 힘이 가해지지 않는다면 물체의 속도는 변하지 않는다는 'ㄱ'이 적절하다.

07 비문학 내용 추론

해설 ① 첫 번째 단락에서 물리학적 언어와는 달리 매우 불명료하고 엄밀하게 정의될 수 없는 용어들을 발룽엔이라고 하고, 두 번째 단락에서 발룽엔이 개입될 경우 증거와 가설 사이의 논리적 관계에 대한 다양한 해석이 나오게 되므로 증거와 가설 사이의 논리적 관계가 무엇인지 결정할 수 없음을 알 수 있다. 따라서 ⊙에 들어갈 진술은 '과학적 가설과 증거의 논리적 관계를 정확하게 판단할 수 있다는 생각은 잘못된 것이다.'가 가장 적절하다.

오답분석 ②③④⑤ 발룽엔의 불명료한 정의로 인해 논리적 관계의 판단이 어렵다는 글의 내용과 무관하므로 적절하지 않다.

08 비문학 화법, 작문

해설 ⑤ 병의 두 번째 말에서 시 홈페이지에서 신청 게시판을 찾아가는 방법을 안내할 필요는 있지만, 이는 부족하므로 A시 공식 어플리케이션에서 바로 신청서를 작성하고 제출할 수 있도록 하자고 했다. 따라서 '신청 방법'을 시 홈페이지에서 신청 게시판을 찾아가는 방법을 삭제하고 A시 공식 어플리케이션을 통한 신청 방법으로 바꾸는 것은 적절하지 않은 수정이다.

오답분석 ①②③④ ①은 을의 두 번째 말에서 나온 의견, ②, ③은 을의 첫 번째 말에서 나온 의견, ④는 을과 병의 의견이 반영된 적절한 수정이다.

09 비문학 관점과 태도 파악

해설 ② · ㄴ. 우리나라 고대사의 기록은 근거를 댈 수 없는 경우가 많은데도 A는 그 기록을 자료로 역사서를 저술하였고, 사실 여부를 따져 보지도 않고 중국의 책들을 그대로 끌어다 인용하였다고 비판하고 있으므로 '역사서를 저술할 때에는 지역의 위치, 종족과 지명의 변천 등 사실을 확인해야 한다.'가 글의 주장으로 적절하다.

오답분석 · ㄱ. A의 역사서가 사실 여부를 따져 보지도 않고 중국의 책들을 그대로 끌어다 인용하였음을 비판하고 있으므로 역사서를 저술할 때 중국의 기록을 참조하더라도 우리 역사서를 기준으로 해야 한다는 것은 글의 주장으로 적절하지 않다.

· ㄷ. 역사서를 저술할 때에는 중국의 역사서에서 우리나라와 관계된 것들을 찾아내어 반영해야 한다는 것은 글의 내용과 무관하므로 글의 주장으로 적절하지 않다.

10 비문학 관점과 태도 파악, 비판적 이해

해설 ② B 가설에 따르면 주류 언론에서 상대적 소외감을 더 크게 느끼는 이념적 성향이 소셜미디어를 대안 매체로서 더 주도적으로 활용한다. 따라서 갑국의 주류 언론이 보수적 이념 성향이 강하다면 이는 진보 성향이 주류 언론에서 상대적 소외감을 더 크게 느껴 대안 매체의 활용가치를 더 크게 느낀다는 것이고, 실제로 갑국은 소셜미디어 상에서 진보 성향의 견해들이 두드러지게 나타난다고 했으므로 B 가설을 강화한다.

오답분석 ① A 가설에 따르면 소셜미디어 상에서 진보 성향의 견해들이 두드러지게 나타나는 이유는 진보 이념에서 중시하는 참여 민주주의의 가치가 소셜미디어의 특징과 잘 부합하기 때문이다. 즉, 진보 성향을 가진 사람들이 소셜미디어를 더 자주 이용한다는 것이다. 따라서 을국의 경우 트위터 사용자들이 진보 성향보다 보수 성향이 많았다는 사실은 A 가설을 약화한다.

③ A 가설은 갑국의 소셜미디어 사용자들의 다수가 진보적인 젊은 유권자라고 설명하고 있으나 B 가설은 주류 언론에 대해 소외된 집단이 소셜미디어를 주도적으로 활용할 가능성이 높다고 설명하고 있으므로 갑국의 젊은 사람들 중에 진보 성향의 비율이 높다는 사실은 A 가설은 강화하지만, B 가설과는 무관하다.

④ A 가설은 진보 성향과 소셜미디어의 특징이 잘 부합하기 때문에 진보 성향을 가진 사람들이 소셜미디어를 더 자주 이용한다는 것이고, B 가설은 주류 언론에 대해 상대적 소외감을 느끼는 집단이 소셜미디어를 활용한다는 것이다. 갑국에서 주류 언론보다 소셜미디어의 영향력이 강하다는 사실은 소셜미디어가 상대적 소외감을 느끼는 집단의 매체가 아니라는 것이므로 B 가설은 약화하고, A 가설과는 무관하다.

⑤ A 가설은 진보 성향과 소셜미디어의 특징이 잘 부합하기 때문에 진보 성향을 가진 사람들이 소셜미디어를 더 자주 이용한다는 것이고, B 가설은 주류 언론에 대해 상대적 소외감을 느끼는 집단이 소셜미디어를 활용한다는 것이다. 갑국에서 정치 활동을 많이 하는 사람들이 소셜미디어를 더 많이 사용한다는 사실은 A 가설과 B 가설 모두와 무관하므로 약화하지 않는다.

11 비문학 비판적 이해

해설 ④ 제시된 논증은 새로운 생물종은 평균적으로 100년 단위마다 약 20종이 출현하는데 지난 100년 간 지구상에서 새롭게 출현한 종을 찾아내지 못했다는 점을 근거로 한 종에서 분화를 통해 다른 종이 발생한다는 진화론이 거짓이라고 주장하고 있다. 따라서 사라지는 종의 수가 크게 늘고 있어 대멸종의 시대를 맞이하고 있다는 것은 제시된 논증과는 무관한 내용이므로 글의 논증에 대한 비판으로 적절하지 않다.

오답 분석
① 제시된 논증은 새로운 생물종은 평균적으로 100년 단위마다 약 20종이 출현하는데 지난 100년 간 생물학자들은 지구상에서 새롭게 출현한 종을 찾아내지 못했다는 점을 근거로 들고 있다. 따라서 100년 단위마다 약 20종이 출현한다는 것은 평균일 뿐이므로 언젠가 신생 종이 훨씬 많이 발생하는 시기가 올 수 있다는 것은 제시된 논증의 전제를 비판하는 내용이므로 글의 논증에 대한 비판으로 적절하다.

② 제시된 논증은 5억 년 전 이후 지구상에 출현한 생물종은 1억 종에 이른다는 점을 근거로 평균적으로 100년 단위마다 약 20종이 출현한다고 주장한다. 따라서 5억 년 전 이후부터 지구상에 출현한 생물종이 1,000만 종 이하일 수 있다는 것은 제시된 논증의 전제를 비판하는 내용이므로 글의 논증에 대한 비판으로 적절하다.

③ 제시된 논증은 지난 100년 간 생물학자들이 지구상에서 새롭게 출현한 종을 찾아내지 못했다는 점을 근거로 진화론은 거짓이라고 주장하고 있다. 따라서 생물학자가 새로 발견한 종이 신생 종인지 오래 전부터 존재했던 종인지 판단하기 어렵다면 제시된 논증의 전제가 성립하지 않으므로 글의 논증에 대한 비판으로 적절하다.

⑤ 제시된 논증은 지난 100년 간 생물학자들이 지구상에서 새롭게 출현한 종을 찾아내지 못했다는 점을 근거로 들고 있다. 따라서 생물학자들이 발견한 몇몇 종은 지난 100년 내에 출현한 종이라고 판단할 이유가 있다면 제시된 논증의 근거를 비판하는 내용이므로 글의 논증에 대한 비판으로 적절하다.

12 비문학 화법, 내용 추론

해설 ③ • ㄱ: 을은 장애인의 수에 비해 장애인 대상 가맹 시설의 수가 비장애인의 경우보다 적기 때문일 것이라는 의견을 제시했으므로 장애인의 수 대비 장애인 대상 가맹 시설의 수가 비장애인의 경우보다 적다면 장애인 스포츠강좌 지원사업의 실적 저조 원인으로 볼 수 있다. 따라서 장애인 및 비장애인 각각의 인구 대비 '스포츠강좌 지원사업' 가맹 시설 수를 확인하는 것은 적절하다.
• ㄴ: 병은 장애인 대상 강좌의 수강료가 높을 수 있어 바우처를 사용해도 자기 부담금이 크다면 장애인들은 스포츠강좌를 이용하기 어려울 것이라는 의견을 제시했으므로 장애인이 스포츠강좌를 이용할 때 자기가 부담해야 하는 비용이 비장애인의 경우보다 크다면 장애인 스포츠강좌 지원사업의 실적 저조 원인으로 볼 수 있다. 따라서 장애인과 비장애인 각각 '스포츠강좌 지원사업'에 참여하기 위해 본인이 부담해야 하는 금액을 확인하는 것은 적절하다.

오답 분석
• ㄷ: 정은 장애인 인구의 고령자 인구 비율이 비장애인 인구에 비해 높아 사업의 대상 연령 상한을 만 49세에서 만 64세로 높여야 한다는 의견을 제시했다. 따라서 만 50세에서 만 64세까지의 장애인 중 스포츠강좌 수강을 희망하는 인구와 만 50세에서 만 64세까지의 비장애인 중 스포츠강좌 수강을 희망하는 인구를 확인하는 것은 적절하지 않다.

13 비문학 내용 추론

해설 ① 첫 번째 단락에서 공기의 수증기가 포화상태에 이르는 온도인 이슬점 온도보다 더 낮은 온도에서는 수증기가 응결하여 구름이 생성되거나 비가 내린다고 했고, 두 번째 단락에서 공기가 일정 높이까지 상승하여 이슬점 온도에 도달한 후에는 공기 내 수증기가 포화하면 온도가 내려가며 공기의 상승 과정에서 공기 속 수증기는 구름을 형성하거나 비를 내리며 소모된다고 했다. 따라서 공기의 온도가 이슬점 온도에 도달한 이후부터는 공기가 상승할수록 공기 속 수증기가 구름이나 비를 통해 소모되어 공기 내 수증기량은 줄어든다는 것을 추론할 수 있다.

오답 분석
② 첫 번째 단락에서 공기가 상승하면 온도가 내려가며 온도가 내려갈수록 공기가 최대로 가질 수 있는 수증기량은 줄어든다고 했고, 이슬점 온도는 공기의 수증기가 포화상태에 이르는 온도라고 했다. 따라서 공기가 상승하여 이슬점 온도에 도달하는 고도는 공기 내 수증기량과 상관이 있을 것임을 추론할 수 있다.

③ 세 번째 단락에서 한랭 다습한 오호츠크해 고기압에서 불어오는 북동풍이 태백산맥을 넘을 때 푄 현상이 일어나 영서지방에 고온 건조한 높새바람이 분다고 했으므로 높새바람을 따라 이동한 공기 덩어리가 지닌 수증기량은 이동하기 전보다 감소한다는 것을 추론할 수 있다.

④ 첫 번째 단락에서 습윤 기온감률은 공기의 수증기가 포화상태일 경우에 적용된다고 했으므로 공기 내 수증기량이 증가하면 습윤 기온감률이 적용되기 시작하는 고도는 낮아질 것임을 추론할 수 있다.

⑤ 첫 번째 단락에서 건조 기온감률은 습윤 기온감률에 비해 고도 차이에 따른 온도 변화가 더 크다고 했고, 두 번째 단락에서 공기의 온도는 공기가 산을 넘을 때 건조 기온감률에 따라 내려가다가 이슬점 온도에 도달한 후에는 습윤 기온감률에 따라 내려가며 이 공기가 산을 넘어 하강할 때는 건조 기온감률에 따라 올라간다고 했다. 따라서 동일 고도라도 상승하는 공기는 건조 기온감률이 적용되어 온도가 천천히 내려가고 하강하는 공기는 습윤 기온감률이 적용되어 상대적으로 온도가 빠르게 올라간다면, 공기의 온도는 공기가 상승할 때가 하강할 때보다 낮을 수 있음을 추론할 수 있다.

해설 ③ A는 울음소리를 내고 울음주머니를 가지고 있으므로 음탐지와 초음파탐지 방법 모두로 위치를 찾을 수 있으며, B는 울음소리만 내고 울음주머니가 없으므로 음탐지 방법으로만 위치를 찾을 수 있다. 따라서 〈실험 결과〉에서 A를 넣은 경우와 B를 넣은 경우 사이에 유의미한 차이가 없었던 방 1과 3에서는 음탐지 방법이 사용되었고, A를 넣은 경우는 공격하였으나 B를 넣은 경우는 공격하지 않았던 방 2에서는 초음파탐지 방법이 사용되었음을 추론할 수 있다.

- ㄱ: 로봇개구리 소리만 들리는 방 1에서는 음탐지 방법이 사용된 반면, 다른 위치에서 로봇개구리 소리와 같은 소리가 추가로 들리는 방 2에서는 음탐지 방법이 아닌 초음파탐지 방법이 사용되었다. 따라서 방 2와 같이 음탐지 방법이 방해를 받는 환경에서는 X가 초음파탐지 방법을 사용한다는 가설이 강화되므로 적절한 판단이다.

- ㄴ: 방 2와 3 모두 로봇개구리가 있는 곳과 다른 위치에서 소리가 추가로 들리는 환경이지만, 로봇개구리 소리와 같은 소리가 추가로 들리는 방 2에서는 초음파탐지 방법이, 로봇개구리 소리와 전혀 다른 소리가 추가로 들리는 방 3에서는 음탐지 방법이 사용되었다. 따라서 X가 소리의 종류를 구별할 수 있다는 가설이 강화되므로 적절한 판단이다.

오답 분석
- ㄷ: 로봇개구리 소리와 전혀 다른 소리가 추가로 들리는 방 3에서 X가 초음파탐지 방법을 사용했다면 B는 공격하지 않았어야 하지만, 방 1과 마찬가지로 A와 B 사이에 유의미한 차이가 없었으므로 음탐지 방법으로 로봇개구리의 위치를 알아냈음을 추론할 수 있다. 따라서 수컷 개구리의 울음소리와 전혀 다른 소리가 들리는 환경에서는 X가 초음파탐지 방법을 사용한다는 가설이 강화되지 않으므로 적절하지 않은 판단이다.

해설 ② · ㄴ: 을은 기술이란 용어의 적용을 근대 과학혁명 이후에 등장한 과학이 개입한 것들로 한정하는 것이 합당하다고 주장하고, 병은 근대 과학혁명 이전에 인간이 곡식을 재배하고 가축을 기르기 위해 고안한 여러 가지 방법들도 기술이라고 불러야 마땅하다고 주장하고 있으므로 을은 '모든 기술에는 과학이 개입해 있다.'라는 주장에 동의하지만, 병은 그렇지 않음을 알 수 있다.

오답 분석
- ㄱ: 갑은 물질로 구현되는 것, 을은 근대 과학혁명 이후에 등장한 과학이 개입한 것, 병은 과학이 개입한 것뿐만 아니라 과학이 개입하지 않으면서 시행착오를 통해 발전된 것을 기술의 범위로 적용하고 있다. 이때 갑이 제시하는 기술의 범위에 을과 병이 제시하는 기술의 범위인 '과학이 개입한 것'을 포함하는지 알 수 없으므로 기술을 적용하는 범위가 갑이 가장 넓고 을이 가장 좁은지는 알 수 없다.

- ㄷ: 병은 기술이 과학과 별개로 수많은 시행착오를 통해 발전해 나가기도 하므로 인간이 곡식을 재배하고 가축을 기르기 위해 고안한 여러 가지 방법들도 기술이라고 불러야 마땅하다고 주장한다. 이때 갑은 기술이라고 부를 수 있는 것은 모두 물질로 구현되는 것이라고 주장하고 있으므로 시행착오를 통해 고안된 여러 가지 방법으로 물질이 구현된다면 이를 기술로 인정할 것이다. 따라서 병은 시행착오를 거쳐 발전해온 옷감 제작법을 기술로 인정하고, 갑은 물질 구현의 여부에 따라 기술로 인정할 수 있음을 알 수 있다.

해설 ① 첫 번째 단락에서 주주총회는 1주 1의결권 원칙이 적용된다고 했고, 두 번째 단락에서 단순투표제로 3인의 후보 중 2인의 이사를 선출하는 경우 후보자별 세 건의 안건을 각각 의결한다고 했으므로 단순투표제에서 한 안건에 대해 1주당 의결권의 수와 그 의결로 선임할 이사의 수는 모두 1임을 알 수 있다. 세 번째 단락에서 복수의 이사를 한 건으로 의결하는 집중투표제로 8인의 후보 중 5인의 이사를 선출하는 경우 25주를 가진 주주는 125개의 의결권, 즉 1주당 5개의 의결권을 가진다고 했으므로 집중투표제에서 한 안건에 대해 1주당 의결권의 수는 그 의결로 선임할 이사의 수와 동일함을 알 수 있다.

오답 분석
② 세 번째 단락에 따르면 집중투표제로 이사를 선임할 경우 주주는 그 의결로 선임될 이사의 수만큼 의결권을 가진다. 이때 1인의 이사를 선출한다면 많은 의결권을 가진 대주주가 원하는 사람이 선임될 가능성이 높지만, 선임될 이사의 수가 많아지면 다른 주주들이 특정 후보에게 집중 투표하여 선임될 가능성을 높임으로써 대주주가 원하지 않는 사람이 이사로 선임될 수도 있다. 따라서 집중투표제에서 대주주는 한 건의 의결로 선임될 이사의 수가 많아지지 않기를 원할 것임을 알 수 있다.

③ 세 번째 단락에서 집중투표제를 시행한다면 각 주주는 자신의 의결권을 자신이 원하는 후보에게 집중 투표하여 이사 선임 가능성을 높일 수 있다고 했다. 따라서 집중투표제로 이사를 선임하는 경우 소액주주가 본인이 원하는 최소 1인의 이사를 선임할 수 있는 것이 아닌, 그 가능성을 높일 수 있는 것임을 알 수 있다.

④ 마지막 단락에서 집중투표제는 옵트아웃 방식으로, 주식회사의 정관에 집중투표를 배제하는 규정이 없어야 그 제도를 시행할 수 있다고 했다. 따라서 정관에 집중투표제에 관한 규정이 없다면 이를 배제하는 규정도 없다는 것이므로 주주는 이사를 선임할 때 집중투표를 청구할 수 있음을 알 수 있다.

⑤ 두 번째 단락에서 단순투표제에 따르면 각 의결에서 찬성 수를 가장 많이 받은 후보를 이사로 선임한다고 했으므로 전체 의결권의 과반수를 얻어야만 이사로 선임되는 것은 아님을 알 수 있다.

해설 ④ 술탄 메흐메드 2세는 성소피아 대성당을 파괴하지 않고 이슬람 사원으로 개조하거나 그리스 정교회 수사에게 총대주교직을 수여하는 등 이슬람 문화의 발전을 위해 기존 기독교의 잔재를 재활용하려고 했음을 알 수 있다. 또한 역대 비잔틴 황제들이 제정한 법을 그가 주도하고 있던 법제화의 모델로 이용하였던 것이라고 했으므로 '단절을 추구'한다는 것은 내용과 연결되지 않는다. 따라서 '연속성을 추구하는 정복왕 메흐메드 2세의 의도에서 비롯된 것'으로 수정하는 것이 적절하다.

오답 분석
① '지금까지 이보다 더 끔찍했던 사건은 없었으며'라는 내용은 비잔틴 제국의 수도 콘스탄티노플이 오스만인들에 의해 함락되었다는 소식이 전해졌다는 내용과 연결된다.

② '1,100년 이상 존재했던 소아시아 지역의 기독교도 황제가 사라졌다'는 내용은 비잔틴 제국의 황제가 전사하였다는 내용과 연결된다.

③ '기독교의 제단뿐만 아니라 그 이상의 것들도 활용했다'는 내용은 비잔틴 황제들이 제정한 법을 이용했다는 내용과 연결된다.

⑤ '오스만 제국이 유럽으로 확대될 것이라는 자신의 확신을 보여주었다'는 내용은 로마 제국의 진정한 계승자임을 선언하고 싶었다는 내용과 연결된다.

18   비문학   적용하기

해설   ③ 폭군은 욕심 때문에 마음이 흔들리고 백성들의 힘을 모두 박탈하여 자기 일신만을 받드는 자이고, 혼군은 간사한 이를 분별하지 못하여 나라를 망치는 자이다. 당의 덕종은 인자와 현자들을 알아보지 못하고, 간사한 소인배들의 아첨에 쉽게 빠져들었으므로 폭군이 아니라 혼군의 예임을 알 수 있다.

오답
분석
① 왕도정치는 군주의 재능과 지혜가 모자라더라도 현자를 임용하여 백성을 교화한다고 했고, 상의 태갑은 이윤, 주의 성왕은 주공에게 정사를 맡김으로써 백성을 교화하고 인의의 도를 닦았으므로 왕도정치의 예임을 알 수 있다.

② 패도정치는 인의의 이름만 빌려 권모술수의 정치를 행하여 백성들로 하여금 도덕적 교화를 이루지 못한다고 했고, 진 문공과 한 고조는 백성을 부유하게 하였으나 권모술수에 능하였을 뿐 백성을 교화시키지 못했으므로 패도정치의 예임을 알 수 있다.

④ 혼군은 정치를 잘해보려는 뜻은 가지고 있으나 간사한 이를 분별하지 못하여 나라를 망치는 자라고 했고, 송의 신종은 왕도정치를 회복하고자 했으나 왕안석에게 빠져 사악한 이들이 뜻을 이루어 전란의 조짐까지 야기했으므로 혼군의 예임을 알 수 있다.

⑤ 용군은 우유부단하여 구습만 고식적으로 따르다가 나날이 쇠퇴하고 미약해지는 자라고 했고, 주의 난왕, 당의 희종, 송의 영종 등은 구습만을 답습하면서 한 가지 선책도 제출하지 못한 채 나라가 망하기를 기다리고 있던 자들이라고 했으므로 용군의 예임을 알 수 있다.

19   비문학   내용 추론

해설   ① 두 번째 단락에서 X의 예측 결과와 석방 후 2년간의 실제 재범 여부를 비교한 결과 재범을 저지른 사람이든 그렇지 않은 사람이든, 흑인은 편파적으로 고위험군으로 분류된 반면 백인은 편파적으로 저위험군으로 분류되는 오류가 나타났다고 했다. 이때 고위험군으로 잘못 분류된 것은 재범을 저지를 것으로 예측되었으나 실제로는 저지르지 않은 사람, 저위험군으로 잘못 분류된 것은 재범을 저지르지 않을 것으로 예측되었으나 실제로는 저지른 사람을 의미함을 알 수 있다.

• (가), (나): 잘못 분류되었던 사람의 비율이 백인보다 흑인이 컸던 것은 흑인이 편파적으로 고위험군으로 분류된 경우이다. 따라서 (가)와 (나)에 들어갈 말은 "2년 이내 재범을 '저지르지 않은' 사람 중에서 '고위험군'으로 잘못 분류되었던 사람의 비율이 흑인의 경우 45%인 반면 백인은 23%에 불과했고"가 적절하다.

• (다), (라): 잘못 분류되었던 사람의 비율이 흑인보다 백인이 컸던 것은 백인이 편파적으로 저위험군으로 분류된 경우이다. 따라서 (다)와 (라)에 들어갈 말은 "2년 이내 재범을 '저지른' 사람 중에서 '저위험군'으로 잘못 분류되었던 사람의 비율은 흑인의 경우 28%인 반면 백인은 48%로 훨씬 컸다"가 적절하다.

20   비문학   관점과 태도 파악, 비판적 이해

해설   ② • ㄷ: ⓒ은 다른 흑인들이 만들어낸 기저재범률이 이와 전혀 상관없는 흑인범죄자의 형량이나 가석방 여부에 영향을 주는 문제가 반복될 것이기 때문에 X의 지속적인 사용이 미국 사회의 인종차별을 고착화한다는 내용이다. 따라서 X가 특정 범죄자의 재범률을 평가할 때 사용하는 기저재범률이 동종 범죄를 저지른 사람들로부터 얻은 것이라면, 인종이 아닌 해당 범죄자와 관련성 있는 데이터를 토대로 위험지수를 판정한다는 것으로 ⓒ은 강화되지 않으므로 적절한 평가이다.

오답
분석
• ㄱ: ⓐ은 백인의 경우 위험지수 1로 평가된 사람이 가장 많고 10까지 그 비율이 차츰 감소한 데 비하여 흑인의 위험지수는 1부터 10까지 고르게 분포되었으므로 X가 흑인과 백인을 차별한다는 내용이다. 따라서 강력 범죄자 중 위험지수가 10으로 평가된 사람의 비율이 흑인과 백인 사이에 차이가 없다 해도 ⓐ은 강화되지 않으므로 적절하지 않은 평가이다.

• ㄴ: ⓑ은 X가 흑인과 백인 간에 차이가 있는 기저재범률을 근거로 재범 가능성을 예측하기 때문에 인종 간 재범 가능성 예측의 오류 차이가 발생한다는 내용이다. 따라서 흑인의 기저재범률이 높을수록 흑인에 대한 X의 재범 가능성 예측이 더 정확해진다 해도 ⓑ은 약화되지 않으므로 적절하지 않은 평가이다.

답안지 활용 방법

1. 맞은 것은 ○, 찍었는데 맞은 것은 △, 틀린 것은 × 를 문번에 표시하며 채점합니다.
2. △, × 가 표시된 문제는 반드시 해설로 개념을 익히고, 다시 한번 풀어 봅니다.
3. 점선을 따라 답안지를 잘라내어 사용하실 수도 있습니다.

___회

문번	제1과목			
01	①	②	③	④
02	①	②	③	④
03	①	②	③	④
04	①	②	③	④
05	①	②	③	④
06	①	②	③	④
07	①	②	③	④
08	①	②	③	④
09	①	②	③	④
10	①	②	③	④
11	①	②	③	④
12	①	②	③	④
13	①	②	③	④
14	①	②	③	④
15	①	②	③	④
16	①	②	③	④
17	①	②	③	④
18	①	②	③	④
19	①	②	③	④
20	①	②	③	④

○: 개 △: 개 X: 개

___회

문번	제1과목			
01	①	②	③	④
02	①	②	③	④
03	①	②	③	④
04	①	②	③	④
05	①	②	③	④
06	①	②	③	④
07	①	②	③	④
08	①	②	③	④
09	①	②	③	④
10	①	②	③	④
11	①	②	③	④
12	①	②	③	④
13	①	②	③	④
14	①	②	③	④
15	①	②	③	④
16	①	②	③	④
17	①	②	③	④
18	①	②	③	④
19	①	②	③	④
20	①	②	③	④

○: 개 △: 개 X: 개

___회

문번	제1과목			
01	①	②	③	④
02	①	②	③	④
03	①	②	③	④
04	①	②	③	④
05	①	②	③	④
06	①	②	③	④
07	①	②	③	④
08	①	②	③	④
09	①	②	③	④
10	①	②	③	④
11	①	②	③	④
12	①	②	③	④
13	①	②	③	④
14	①	②	③	④
15	①	②	③	④
16	①	②	③	④
17	①	②	③	④
18	①	②	③	④
19	①	②	③	④
20	①	②	③	④

○: 개 △: 개 X: 개

___회

문번	제1과목			
01	①	②	③	④
02	①	②	③	④
03	①	②	③	④
04	①	②	③	④
05	①	②	③	④
06	①	②	③	④
07	①	②	③	④
08	①	②	③	④
09	①	②	③	④
10	①	②	③	④
11	①	②	③	④
12	①	②	③	④
13	①	②	③	④
14	①	②	③	④
15	①	②	③	④
16	①	②	③	④
17	①	②	③	④
18	①	②	③	④
19	①	②	③	④
20	①	②	③	④

○: 개 △: 개 X: 개

___회

문번	제1과목			
01	①	②	③	④
02	①	②	③	④
03	①	②	③	④
04	①	②	③	④
05	①	②	③	④
06	①	②	③	④
07	①	②	③	④
08	①	②	③	④
09	①	②	③	④
10	①	②	③	④
11	①	②	③	④
12	①	②	③	④
13	①	②	③	④
14	①	②	③	④
15	①	②	③	④
16	①	②	③	④
17	①	②	③	④
18	①	②	③	④
19	①	②	③	④
20	①	②	③	④

○: 개 △: 개 X: 개

___회

문번	제1과목			
01	①	②	③	④
02	①	②	③	④
03	①	②	③	④
04	①	②	③	④
05	①	②	③	④
06	①	②	③	④
07	①	②	③	④
08	①	②	③	④
09	①	②	③	④
10	①	②	③	④
11	①	②	③	④
12	①	②	③	④
13	①	②	③	④
14	①	②	③	④
15	①	②	③	④
16	①	②	③	④
17	①	②	③	④
18	①	②	③	④
19	①	②	③	④
20	①	②	③	④

○: 개 △: 개 X: 개

___회

문번	제1과목			
01	①	②	③	④
02	①	②	③	④
03	①	②	③	④
04	①	②	③	④
05	①	②	③	④
06	①	②	③	④
07	①	②	③	④
08	①	②	③	④
09	①	②	③	④
10	①	②	③	④
11	①	②	③	④
12	①	②	③	④
13	①	②	③	④
14	①	②	③	④
15	①	②	③	④
16	①	②	③	④
17	①	②	③	④
18	①	②	③	④
19	①	②	③	④
20	①	②	③	④

○: 개 △: 개 X: 개

___회

문번	제1과목			
01	①	②	③	④
02	①	②	③	④
03	①	②	③	④
04	①	②	③	④
05	①	②	③	④
06	①	②	③	④
07	①	②	③	④
08	①	②	③	④
09	①	②	③	④
10	①	②	③	④
11	①	②	③	④
12	①	②	③	④
13	①	②	③	④
14	①	②	③	④
15	①	②	③	④
16	①	②	③	④
17	①	②	③	④
18	①	②	③	④
19	①	②	③	④
20	①	②	③	④

○: 개 △: 개 X: 개

답안지

___회

문번	제1과목
01	① ② ③ ④ ⑤
02	① ② ③ ④ ⑤
03	① ② ③ ④ ⑤
04	① ② ③ ④ ⑤
05	① ② ③ ④ ⑤
06	① ② ③ ④ ⑤
07	① ② ③ ④ ⑤
08	① ② ③ ④ ⑤
09	① ② ③ ④ ⑤
10	① ② ③ ④ ⑤
11	① ② ③ ④ ⑤
12	① ② ③ ④ ⑤
13	① ② ③ ④ ⑤
14	① ② ③ ④ ⑤
15	① ② ③ ④ ⑤
16	① ② ③ ④ ⑤
17	① ② ③ ④ ⑤
18	① ② ③ ④ ⑤
19	① ② ③ ④ ⑤
20	① ② ③ ④ ⑤
21	① ② ③ ④ ⑤
22	① ② ③ ④ ⑤
23	① ② ③ ④ ⑤
24	① ② ③ ④ ⑤
25	① ② ③ ④ ⑤

O: 개 △: 개 X: 개

MEMO

MEMO

MEMO

2024 대비 최신개정판

해커스공무원

최신 1개년
기출문제집
국어

개정 7판 1쇄 2023년 9월 15일

지은이	해커스 공무원시험연구소
펴낸곳	해커스패스
펴낸이	해커스공무원 출판팀

주소	서울특별시 강남구 강남대로 428 해커스공무원
고객센터	1588-4055
교재 관련 문의	gosi@hackerspass.com
	해커스공무원 사이트(gosi.Hackers.com) 교재 Q&A 게시판
	카카오톡 플러스 친구 [해커스공무원 노량진캠퍼스]
학원 강의 및 동영상강의	gosi.Hackers.com

ISBN	979-11-6999-449-1 (13710)
Serial Number	07-01-01

공무원 교육 1위,
해커스공무원 gosi.Hackers.com

해커스공무원

· **해커스공무원 학원 및 인강**(교재 내 인강 할인쿠폰 수록)
· 해커스 스타강사의 **공무원 국어 무료 동영상강의**
· 내 점수와 석차를 확인하는 **모바일 자동 채점 및 성적 분석 서비스**
· 시험에 또 나올 **기출 한자 성어 200** 및 다회독에 최적화된 **회독용 답안지**
· '회독'의 방법과 공부 습관을 제시하는 **해커스 회독증강 콘텐츠**(교재 내 할인쿠폰 수록)